JUAN VILLORO
EL VÉRTIGO HORIZONTAL

Nacido en la Ciudad de México en 1956, Juan Villoro
es el novelista más destacado de México. Es periodista
y autor de media docena de novelas premiadas. En 2004
recibió el Premio Herralde por su novela *El testigo*.

EL VÉRTIGO HORIZONTAL
UNA CIUDAD LLAMADA MÉXICO

EL VÉRTIGO HORIZONTAL
UNA CIUDAD LLAMADA MÉXICO

JUAN VILLORO

VINTAGE ESPAÑOL

Penguin
Random House
Grupo Editorial

Primera edición: junio de 2021

© 2018, Juan Villoro
© 2021, Penguin Random House Grupo Editorial USA, LLC
8950 SW 74th Court, Suite 2010
Miami, FL 33156

Diseño de la cubierta: produccioneditorial.com

Impreso en Estados Unidos / *Printed in USA*

ISBN: 978-0-593-31424-1

21 22 23 24 25   10 9 8 7 6 5 4 3 2

A la memoria de Sergio González Rodríguez

De aquestas cosas que sin arte expreso,
que admira el verlas y deleitan tanto,
de que puedo hacer largo proceso,
    cuando las considero, bien me espanto,
porque tienen consigo una extrañeza
que a alcanzar lo que son no me levanto.
              JUAN DE LA CUEVA, "Epístola al
              licenciado Sánchez de Obregón,
              primer corregidor de México"

No nos une el amor sino el espanto;
será por eso que la quiero tanto.
              JORGE LUIS BORGES, "Buenos Aires"

en los que tenían hijos en la escuela. / El que se quedó sin pila. / El que salió a la calle a ofrecer su celular. / El que entró a robar a un comercio abandonado y se arrepintió en un centro de acopio". Cada verso podría ser un tuit; el poema, otro modo de hacer crónica. Las descripciones de los pobladores luego del temblor pueden nombrar, una por una, lo que hace el escritor-ciudadano.

Poco después de leer el manuscrito, mejor dicho, el palimpsesto de Villoro, apareció un libro sobre otra ciudad multicultural que tuvo sus órdenes (nunca uno solo), el de Jorge Carrión sobre Barcelona. Allí se me volvió más claro el método del cronista mexicano. ¿Por qué, si las metrópolis se definen por los peatones y la cantidad de coches, la velocidad o el tráfico, analizar la capital catalana a través de los pasajes? Porque en cada pasaje, dice Carrión, "está la afirmación y la negación de la ciudad entera". Esos pasadizos, hipervínculos, atajos entre lugares o conceptos no son ni caminos ni calles, ignoran o eluden en pausa el vértigo del tráfico. Los pasajes de Barcelona son notas a pie de página, túneles que nos llevan "a lo que hay debajo de la página, del texto urbano".

Villoro y Carrión, seguidores heterodoxos de Walter Benjamin, disciernen sentidos metropolitanos hurgando en los rodeos con que sus ciudades, si no se organizan, al menos se vuelven legibles. Sus ejes de referencia están más cerca de los papeles rotos en las calles, lo que la gente se narra, sus modos de pasear y de inventar pasajes que de los mapas sin basura, la distribución de la Ciudad de México en delegaciones administrativas y otras arbitrariedades.

El vértigo horizontal es un libro que se conecta con los trazados familiares, los ritos de los habitantes, sus procesiones sagradas y laicas, incluso las profanadoras, como las contadas por los merolicos y Paquita la del Barrio. Villoro ofrece explicaciones, se le nota a menudo que leyó sociología y economía de la capital mexicana. Sin embargo, persigue sobre todo rearmar nuestros vínculos con la urbe a fuerza de apuntes sobre lo que nos entrelaza, lo que nos hace de aquí. Este libro se coloca en un pasaje intermedio entre sus tuits célebres, publicados luego en diarios y revistas, y sus novelas o las de tantos otros empeñados en descifrar el Distrito Federal y ahora la Ciudad de México.

"Eres del lugar donde recoges la basura", escribió después del sismo de septiembre de 2017, "El que regala sus medicinas porque ya se curó de espanto", "El que fue por sus hijos a la escuela. / El que pensó

Mixcoac vivido por el autor en su infancia con ceremonias en que se celebra el Grito de Independencia o se consagra a próceres nacionales (Obregón) y extranjeros (Hernán Cortés). Como experto que participó en el grupo redactor de la reciente Constitución de la Ciudad de México, Villoro detecta claves de cómo se escribió y se la olvidó. Contrasta desmesuras oficiales con historias de quienes administran monotonías cotidianas: el encargado, los conscriptos, los luchadores, "el instalador accidental" que decora un estacionamiento público o cuelga zapatos de un cable de luz.

Son, a veces, investigaciones densas como las que —dice Clifford Geertz— distinguen a los antropólogos; por ejemplo, la muy documentada sobre los niños de la calle. Pero la mirada es igualmente incisiva en los relatos más lúdicos sobre Tepito, el Chopo, la burocracia capitalina, las ferias y los parques temáticos. El placer del texto proviene de esta mezcla desinhibida de estilos y de incertidumbres.

Hay algo de reto al fracaso en tratar de escribir *un* libro sobre "una ciudad que se vive de millones de modos diferentes". Villoro lo intenta haciéndose cargo de distintas generaciones de una misma familia, sin desentenderse de las peripecias de la suya. En este palimpsesto de memorias, de casas abandonadas y otras que se habitan como si lo estuvieran, de infinitos variadísimos traspatios, azoteas intermedias, zotehuelas, cafés y los poemas que los evocan, de gasolineras vecinas a mausoleos de héroes, templos de las causas perdidas y sencillas intemperies, casi resulta escandaloso, dice el autor, que tantas ciudades "lleven el mismo nombre".

"Lo infinito requiere de estrategias para volverse próximo": hacer cercano lo desconcertante, lo que suma lejanías es la astucia del cronista. Pero ¿cómo armar un libro, una interpretación coherente o al menos creíble con este "periodismo de inmersión" en territorios y ruinas tan diversos? No hay interpretación, pero sí hay libro. Su estrategia es asediar los puntos en que se manifiesta el desorden de modos en que parece urbano, detrás de las marcas y los logotipos, esos "toponímicos de Ninguna Parte", como los llamó John Berger.

Prólogo
Hacer que la aglomeración parezca ciudad
Néstor García Canclini

Nos provocan incomodidad algunos estudios de las ciencias sociales a quienes habitamos la megalópolis: ¿es creíble el orden con que agrupan los datos, la organización tan razonada de las cifras, de los comportamientos, de las curvas de accidentes y robos a lo largo de los años, para quienes ensayamos a diario, a distintas horas del día y de la noche, caminos menos inseguros, e intentamos soportar el tránsito y otros caos, hallar sentido y alivio en el gran desorden?

No faltan en este libro estadísticas ni las versiones inmobiliarias y policiales en las que se intenta explicar la Ciudad de México; pero para descifrar "el hartazgo y los caprichos de vivir en este sitio", donde "la figura del *flâneur* que pasea con intenciones de perderse en pos de una sorpresa fue sustituida por la del deportado" (no puede volver a casa), Juan Villoro reúne a los que narraron la urbe y discute con ellos. Conoce a los testigos que la documentaron cuando sólo era el Centro Histórico, pasa por "la ciudad de casas bajas" e indaga a dónde vamos cuando se alzan torres de más de 250 metros. ¿Estaremos exagerando cuando creemos excepcional este amontonamiento?

La duda es puesta a prueba por el libro *El vértigo horizontal* al comparar nuestra megalópolis con datos y narraciones sobre Buenos Aires y Nueva York o al recordar qué les asombró en otro tiempo a muchos extranjeros en la capital mexicana. Trenza etnografías del

EL VÉRTIGO HORIZONTAL

"Voy a México", dice alguien que está en México. Todo mundo entiende que se dirige a la capital, que en su voracidad aspira a confundirse con el país entero.

Extrañamente, ese lugar existe.

Entrada al laberinto:
El caos no se improvisa

Durante cerca de veinte años he escrito sobre la Ciudad de México, mezclando la crónica con el ensayo y el recuerdo personal. El sincretismo del paisaje –la vulcanizadora frente a la iglesia colonial, el rascacielos corporativo junto a la caseta metálica de un puesto de tacos– me llevó a adoptar un género híbrido, respuesta natural ante un entorno donde el presente se deja afectar por estímulos que vienen del mundo prehispánico, el Virreinato, la cultura moderna y la posmoderna. ¿Cuántos tiempos contiene la Ciudad de México?

El territorio es tan extenso que produce la ilusión de tener distintos husos horarios. A inicios de 2001 estuvimos a punto de que eso ocurriera. El recién nombrado presidente Vicente Fox propuso un horario de verano y el jefe de Gobierno del entonces Distrito Federal, Andrés Manuel López Obrador, se negó a acatarlo. Como hay avenidas donde una acera está en la Ciudad de México y otra en el área conurbada, que pertenece al Estado de México, se creó la posibilidad de ganar o perder una hora al cruzar la calle. Los políticos mantuvieron con terquedad sus respectivas posturas cronológicas hasta que, por desgracia, la Suprema Corte de Justicia de la Nación consideró que era absurdo tener dos horarios y perdimos la oportunidad de caminar unos metros para pasar de la hora federal a la hora capitalina.

En este valle de pasiones, el espacio se somete a las mismas vacilaciones que el tiempo, comenzando por la nomenclatura. Durante décadas nos referimos a la "ciudad de México" para hablar de las dieciséis delegaciones que integraban el Distrito Federal y las colonias que se le habían unido desde el Estado de México. La expresión era un apodo, de modo que los académicos aconsejaban escribir *ciudad* con minúscula. A partir de 2016 el DF se transformó en Ciudad de México y adquirió los poderes que tienen los demás estados de la República, pero su nombre siguió siendo ambiguo, pues no abarca toda la metrópolis (como lo hacía el mote de *ciudad de México*), sino una parte, lo que antes era el Distrito Federal. ¡Bienvenidos al Valle de Anáhuac, la zona donde el espacio y el tiempo se confunden!

El sincretismo ha sido nuestra más socorrida fórmula para "hacer ciudad". Esto se aplica a las construcciones, pero también a los recuerdos. Las distintas generaciones de una misma familia convierten la ciudad en un palimpsesto de la memoria, donde la abuela encuentra misterios ocultos para la nieta.

Tomemos de ejemplo la esquina de Eje Central (antes San Juan de Letrán) con Madero, en el corazón de la capital. Mi abuela paterna vivía frente a la Alameda Central y consideraba "moderno" ir al Palacio de Bellas Artes, ese extraño despliegue de mármoles que su generación asociaba con fantasías otomanas y la mía con un casino en Las Vegas. Para mi madre, la modernidad de esa zona era representada por la cafetería Lady Baltimore, de inspiración europea. Para mí, el contundente sello de los tiempos es la Torre Latinoamericana, que se alza en esa esquina y fue edificada el año de mi nacimiento, 1956. Por último, para mi hija, la marca de novedad está frente a la Torre, en la Frikiplaza, centro comercial de tres pisos consagrado al manga, el animé y otros productos de la cultura popular japonesa. En ese rincón de la ciudad coexisten las "modernidades" de cuatro generaciones de mi familia. Más que en un tiempo y un lugar determinados, vivimos en la suma y la intersección de distintos tiempos y lugares, un códice tanto físico como memorioso de los destinos cruzados.

Sin saber que comenzaba un libro, concebí el primero de estos textos en 1993, cuando viajé a Berlín para presentar la traducción al alemán de *El disparo de argón*. Como mi novela aspiraba a ser un mapa secreto del DF, la editora me recomendó un número de la revista *Kursbuch* que incluía un ensayo sobre el urbanismo soviético del filósofo ruso-alemán Boris Groys: "El metro como utopía". Fue un descubrimiento decisivo. De manera sorprendente, el subsuelo soviético tenía un espejo en nuestro Sistema de Transporte Colectivo.

Al año siguiente pasé un semestre en la Universidad de Yale. Guiado por el texto de Groys y una antología preparada por Klaus R. Scherpe, *Die Unwirklichkeit der Städte (La irrealidad de las ciudades)*, que encontré en el laberinto de la Biblioteca Sterling y que buscaba entender la ciudad como un discurso unitario, escribí un ensayo sobre el metro mexicano. Fue el inicio de un proyecto que a lo largo de los años y sus mudanzas crecería tanto como su tema, sin un plan que contuviera su expansión. Ante la proliferación de cuartillas, en algún momento pensé que no necesitaba un corrector de estilo sino un urbanista.

El vértigo horizontal incorpora diversos recursos testimoniales. Es el libro donde más géneros he mezclado y en cierta forma está constituido por varios libros. Su estructura obedece a un criterio de *zapping*. Los episodios no avanzan de manera lineal, sino conforme al zigzag de la memoria o los rodeos que provoca el tráfico urbano.

El lector puede seguirlo de principio a fin o elegir, al modo de un paseante o un viajero del metro, las rutas que más le interesen: los personajes, los lugares, los sobresaltos, las ceremonias, las travesías, las historias personales (todas lo son, pero los pasajes ordenados bajo el rubro "Vivir en la ciudad" insisten más en este aspecto).

Una ciudad de casas bajas

Michael Ondaatje se refiere en un ensayo a uno de los muchos episodios en los que Jean Valjean es perseguido en *Los miserables*. Victor Hugo describe con el más estricto realismo las calles de París por las que el fugitivo huye de la policía hasta que se sabe acorralado. ¿Qué hacer para salvarlo? El escritor inventa una calle para que escape por ahí.

Ignoro si Ondaatje acierta en un sentido topográfico al afirmar que el personaje huye por una vía inexistente, pero acierta en un sentido literario: la ficción abre un hueco para el héroe.

No ocurre lo mismo en este libro. Aunque en numerosos embotellamientos he querido agregarle una salida imaginaria a las copiosas calles de la ciudad, he optado por el testimonio y lo que mi memoria me presenta como verdadero.

¿Qué tan cierto es lo que cuento? Tan cierto o tan falso como la imagen que podemos tener de una ciudad que se vive de millones de modos diferentes. Sería incongruente interpretar de manera rígida una metrópolis que desafía las señas de orientación. ¿Hay un concepto que la defina?

Cuando Pierre Eugène Drieu La Rochelle llegó con sus muchos nombres a Argentina, quiso conocer la pampa. El viajero francés definió esos pastizales sin fin con insólita puntería. Dijo estar ante un "vértigo horizontal".

Juan José Saer observa al respecto:

> Hay un resabio postsimbolista en esa expresión, que a mi juicio gana mucho cuando es proferida lentamente y entrecerrando levemente los ojos, tal vez haciendo un largo ademán mesurado, ligeramente ondulatorio, con la mano derecha elevada ante sí mismo, como si el borde inferior de la palma remara en el aire, el brazo levemente estirado. El efecto causado por esa expresión será sin duda intenso, pero la expresión es falsa.

Este irónico pasaje de *El río sin orillas* ajusta cuentas con el extranjero que dejó la más célebre definición de la pampa. Saer descubre suficientes relieves y obstáculos en la llanura para juzgar que la frase de Drieu es "una figura poética afortunada, pero un error de percepción".

La Ciudad de México se ha extendido en forma avasallante. En setenta años su territorio se ha vuelto setecientas veces mayor. ¿Cómo atrapar esta desmesura? Me sirvo de la expresión de Drieu La Rochelle por una causa similar a la que provoca la ironía de Saer: la frase define nuestro entorno, pero está dejando de ser cierta. Mis primeros recuerdos de la capital provienen de 1960, cuando tenía cuatro años. Durante el siguiente medio siglo, la urbe tuvo una expansión claramente horizontal, una marea de casas bajas. La Torre Latinoamericana se mantenía como la solitaria afirmación de que la verticalidad era posible, aunque poco aconsejable para un territorio sísmico, a 2200 metros de altura, al que el agua llega por bombeo. "Crecer" significaba "extenderse".

El novelista Carlos Gamerro argumenta a propósito de Buenos Aires: "Para una ciudad que en más de cuatrocientos años no ha conseguido sobreponerse a la opresiva horizontalidad de pampa y río, cualquier elevación considerable adquiere un carácter un poco sagrado, un punto de apoyo contra la gravedad aplastante de las dos llanuras interminables y el cielo enorme que pesa sobre ellas".

En la Ciudad de México la dimensión simbólica de la naturaleza es la opuesta. No estamos ante un río tan ancho que parece un mar ni ante un llano infinito. Sus fundadores provenían de una gruta y se instalaron en medio de montañas.

De acuerdo con la leyenda, la tribu de Aztlán salió de Nayarit, en la costa pacífica, para dirigirse a la zona central, remontando abruptas serranías. El Valle de Anáhuac se abrió ante ellos como una insólita meseta rodeada de volcanes, donde una laguna proveía agua. El término *altiplano*, que usamos para nuestra peculiar geografía, se refiere, precisamente, a la horizontalidad de altura.

Si, como afirma Gamerro, los altos edificios representan en Buenos Aires un desafío a la pampa y al Río de la Plata, en México la horizontalidad ha sido entre nosotros una manera de señalar que los edificios no deben competir con las montañas.

Durante el siglo XX, los brotes de verticalidad tuvieron poca fortuna. En los años sesenta, Mario Pani, uno de los principales arquitectos del país, diseñó la Unidad Habitacional Tlatelolco. A diferencia de lo que había hecho en otros conjuntos residenciales, construyó verdaderos rascacielos. El proyecto tenía extraordinaria fuerza simbólica porque se incorporaba a la Plaza de las Tres Culturas, donde conviven los basamentos de una ciudadela prehispánica, una iglesia colonial y la torre que durante años albergó la Secretaría de Relaciones Exteriores, obra del arquitecto Pedro Ramírez Vázquez, especialista en edificios consagrados a diversas variantes del poder: el Estadio Azteca, el Museo Nacional de Antropología y la nueva Basílica de Guadalupe.

Tlatelolco, zona pionera en edificios altos, adquirió trágica reputación en 1968, cuando la Plaza de las Tres Culturas se convirtió en la piedra de los sacrificios donde se reprimió el movimiento estudiantil. Diecisiete años después, fue uno de los espacios más castigados por el terremoto. Lugar marcado por el drama, Tlatelolco sugería que la verticalidad acaba mal.

Otros intentos de elevación tuvieron suerte similar. En 1966 el empresario Manuel Suárez y Suárez adquirió el pacífico Parque de la Lama, en la colonia Nápoles, y planeó algo que parecía (y era) delirante: el edificio más alto de América Latina. En 1979 ese mamotreto alcanzó doscientos siete metros, pero no era sino un cascarón. Prometía un albergue que no llegó a existir, el Hotel de México. Durante años, el edificio interrumpió el paisaje como una demostración de que la inmensidad fracasa entre nosotros. En la revista *Viceversa*, un grupo de jóvenes escritores propuso sembrar enredaderas para convertirlo en un jardín vertical, compensando el parque perdido con el adefesio. Finalmente, en 1992, de acuerdo con las exigencias de la hora, se transformó en el World Trade Center. La historia de este inmueble revela lo difícil que ha sido construir con éxito hacia arriba.

Durante dos décadas, el sismo de 1985 dominó las reflexiones urbanas y produjo una moratoria de edificios altos. Pero el olvido es aliado de la especulación y la ciudad ha comenzado a ganar altura. Incluso la vialidad se define por obras elevadas, como las supervías y el segundo piso del Periférico.

El solitario predominio de la Torre Latinoamericana y el "renacimiento" del Hotel de México como World Trade Center fueron eclipsados en 1996 por la Torre Arcos Bosques, conocida como El Pantalón. En el crepúsculo, la sombra de este edificio, diseñado en Santa Fe por el arquitecto Teodoro González de León, se extiende en forma espectacular sobre una ciudad todavía baja.

Otro alarde de verticalidad llegó en Paseo de la Reforma con la Torre Mayor, que de 2003 a 2010 fue el edificio más alto de América Latina. A su lado, proliferaron otros edificios, que alteraron el paisaje urbano sin alcanzar el gigantismo de Panamá, donde en 2016 se alzaban diecinueve de los veinticinco edificios más altos de América Latina, quince de ellos construidos después de la Torre Mayor.

Sin embargo, la dilatada expansión horizontal tiene los días contados. En la colonia Xoco, cerca de la casa donde escribo estas líneas, se abre un inmenso agujero que pretende servir de base a la edificación más alta de la ciudad: la Torre Mítikah, cuyos sesenta y dos pisos aspiran a alcanzar doscientos sesenta y siete metros de altura. La tierra que se ha extraído de ahí podría llenar el Estadio Azteca. El proyecto, diseñado por el arquitecto argentino César Pelli, autor de las rutilantes torres de Kuala Lumpur, ha sido impugnado por ecologistas, se ha detenido por problemas para cubrir el presupuesto de cien millones de dólares y ahora se encuentra en preventa. Previsiblemente, este portento no sólo traerá congestiones de coches, sino también de helicópteros.

La ciudad que se extendía al modo de un océano asume ahora otra metáfora rectora: la selva. Mientras crece la nueva maleza, el territorio es una suerte de pantano, una marea estancada entre palafitos que ganan altura.

La voracidad vertical anuncia otra ciudad, marcada por la avaricia inmobiliaria y los infiernos corporativos. El agua potable que llega desde trescientos kilómetros de distancia y sube con grandes trabajos hidráulicos al valle aún tendrá que recorrer los sesenta y dos pisos de la Torre Mítikah. En el acaudalado barrio de Santa Fe se han desplomado edificios construidos sobre un terreno arenoso, donde solía haber minas. La Ciudad de México muere de "éxito" inmobiliario. "Con usura no hay casa de buena piedra", escribió Ezra Pound.

Los muchos modos de una ciudad

Cuando el escritor venezolano Adriano González León visitó la Ciudad de México se sorprendió al encontrar este letrero: "Materialistas: Prohibido estacionarse en lo absoluto". El autor de *País portátil* tardó en entender que había llegado a un sitio donde el materialismo no es una corriente filosófica, sino un trabajo de carga y descarga. La mención al absoluto indicaba que los camiones no debían estacionarse ni un ratito. Aquel letrero era en realidad una profecía del estancamiento urbano: hoy en día los materialistas se han estacionado en lo absoluto.

Después de veinte años de escribir sobre la ciudad, busqué una noción de límite y la encontré en el paisaje. Retrato el último medio siglo de una inmensa ciudad baja. Cada ladrillo que gana altura, reclama el término de este trabajo. Por lo demás, el hecho de que en 2016 haya dejado de ser Distrito Federal para convertirse en Ciudad de México también representa el fin de una era.

Kierkegaard señaló que la vida ocurre hacia delante, pero se entiende hacia atrás. Las explicaciones siempre son retrospectivas. De acuerdo con la mitología prehispánica, los primeros pobladores del Valle de Anáhuac perseguían una imagen profética: el águila devorando una serpiente. Esta conjunción simbólica del aire y la tierra fue avistada a orillas del lago de Texcoco. El sentido visionario de llegar ahí se había cumplido. Sin embargo, como señala el arqueólogo Eduardo Matos Moctezuma, lo interesante es que la historia es posterior a la llegada de los peregrinos. Los fundadores de Tenochtitlan se asentaron a orillas del lago, pero les faltaba la explicación que los justificara.

Pueblo advenedizo, el mexica o azteca carecía de una tradición que lo realzara. Para dotarse a sí mismo de una epopeya fundadora, se asignó pasados míticos *ajenos*, el de los toltecas y el de los teotihuacanos. En el siglo xv, los mexicas inventaron *a posteriori* la leyenda de su grandeza. Desde entonces, México-Tenochtitlan sólo adquiere lógica hacia atrás. Los planes no son para nosotros; nuestra tarea consiste en descifrar un misterio que ya ocurrió.

El vértigo horizontal se inscribe en esa dilatada tradición, pero depende de un enfoque rigurosamente personal. Martin Scorsese ha elogiado la visión que Woody Allen tiene de Nueva York, entre otras cosas porque es muy distinta a la suya. Propongo una lectura entre millones de lecturas posibles.

Para Carlos Fuentes, "la Ciudad de México es un fenómeno donde caben todas las imaginaciones. Estoy seguro de que la ciudad de Moctezuma vive latente, en conflicto y confusión perpetuos con las ciudades del virrey Mendoza, la emperatriz Carlota, de Porfirio Díaz, de Uruchurtu y del terremoto del 85. ¿A quién puede pedírsele una sola versión, ortodoxa, de este espectro urbano?"

La ciudad varía con la percepción que de ella tiene cada uno de sus habitantes. A lo largo de sesenta años he vivido en unas doce direcciones diferentes. Todas ellas están al sur del Viaducto y esto define mi mirada. He recorrido parcialmente el laberinto.

¿Cómo representar una ciudad que creció alrededor del templo dual de los aztecas y hace unos años sirvió de escenario *natural* para el apocalipsis futurista de la película *Elysium*?

En "El inmortal", Borges describe una urbe desorientadora, que confunde sin un fin preciso: "Abundaban el corredor sin salida, la alta ventana inalcanzable, la aparatosa puerta que daba a una celda o a un pozo, las increíbles escaletas inversas, con los peldaños y la balaustrada hacia abajo". Esa edificación demencial se debe al ocio de los inmortales, que desperdician el tiempo e ignoran los propósitos finitos. Por momentos, la Ciudad de México suscita un pasmo similar. Escribir sobre ella significa inventarle explicaciones.

Tres décadas después del terremoto

El 19 de septiembre de 1985 los capitalinos pensamos que la expansión de la ciudad se frenaría de la peor manera. El terremoto destruyó numerosos edificios, la mayoría de ellos públicos. Por un momento, pareció imposible seguir viviendo aquí. Pero el Distrito Federal fue salvado por su gente. Durante días sin tregua nos improvisamos como rescatistas y la ciudad derruida encontró un nuevo rostro, jodido y cubierto de polvo, pero nuestro. Más de treinta años después, la ciudad todavía existe.

Este libro le rinde homenaje y testimonio.

He querido responder por escrito a los miedos, las ilusiones, el hartazgo y los caprichos de vivir en este sitio. También, he procurado que mi libro se acerque a la forma en que he decidido habitar esta ciudad, convencido de que es bueno estar informado, pero de que los datos, muchas veces amargos, no deben mermar las principales formas de la resistencia: el placer y el sentido del humor.

Mi relato ocurre en densidad: escribo rodeado de millones de personas que tienen otra opinión del mismo tema. El desconcierto se vive de diversos modos y no admite una versión definitiva. Escribir de la Ciudad de México es, a fin de cuentas, un desafío tan esquivo como describir el vértigo.

Ciudad de México, 24 de junio de 2018

VIVIR EN LA CIUDAD: "SI VEN A JUAN..."

Conocí el mundo en la colonia Insurgentes Mixcoac, región de casas pequeñas, construidas en su mayoría en los años treinta del siglo pasado, donde mi abuelo, pastor de ovejas español que llegó al país a "hacer la América", había levantado un dúplex con muros de una solidez extrema, inspirados en algún baluarte visto en su infancia. Enfrente vivían otros españoles, dueños de la panadería La Veiga, el negocio más popular del barrio junto con la Tintorería Francesa, enorme establecimiento en avenida Insurgentes, revelador de la importancia que entonces se concedía a sacar manchas de la ropa.

La casa de los Fernández, propietarios de La Veiga, tenía la misma cuadrada consistencia que la nuestra. Por lo visto, era el sello de los inmigrantes que prosperaban, pero seguían temiendo que el techo se les viniera encima.

Las calles de la colonia llevaban nombres de ciudades españolas. Vivíamos en Santander esquina con Valencia. Yo pasaba largo rato sentado en la banqueta, esperando que un coche se aproximara como un insólito espectáculo. Cuando jugábamos futbol callejero, usando las coladeras como porterías, nos servíamos de un grito atávico para anunciar la ocasional llegada de un vehículo: "¡aguas!"

En tiempos virreinales, las familias se deshacían de los orines lanzándolos por la ventana al grito de "¡aguas!" Un par de siglos después, ese alarido señalaba entre nosotros la presencia de un auto. La interrupción permitía recuperar aliento y estudiar el modelo en turno. Si una mujer iba a bordo, nos acercábamos a la ventanilla para verle las piernas (comenzaban los tiempos de la minifalda).

Resulta difícil narrar esos años sin asumir un tono nostálgico. La ciudad se ha modificado en tal forma que el solo hecho de describirla parece una crítica del presente. Aclaro, para mitigar la lucha de las edades, que no deseo reencarnarme en el niño que creció en Mixcoac, 'lugar de serpientes'. Ésa fue la peor época de mi vida.

No idealizo lo que desapareció, pero debo consignar un hecho incuestionable: la ciudad de entonces era tan distinta que casi resulta escandaloso que lleve el mismo nombre.

En el barrio donde crecí bastaba abrir la puerta para socializar. De modo genérico, hablábamos de "amigos de la cuadra", aunque se tratara de meros conocidos. Todo mundo se dirigía la palabra a la intemperie, no siempre con buenos resultados.

El aislamiento era una condición de los misántropos. Junto a mi casa había una construcción diminuta, agobiada por un jardín convulso, donde las plantas crecían con el mismo desorden que inquietaba la cabellera de su propietario. Rara vez lo veíamos salir de ahí. Además, tenía un telescopio, indicio de que sus turbulencias podían ser astrales. Su mujer contaba con los atributos de melena, vestuario y uñas largas para ser considerada bruja, incluyendo un gato que la seguía con raro magnetismo. Esa pareja sin hijos, aislada en su mínimo bastión, confirmaba que sólo los muy extravagantes se resistían a hablar con los demás.

Sin embargo, la tarea de socializar no era sencilla para alguien de seis años, sin antecedentes en la zona y con padres que vivían ahí, pero rara vez estaban en casa. El niño que salía a conocer a sus congéneres enfrentaba una compleja cultura del agravio, donde se consideraba desafiante "quedársele viendo" a una persona (¿cuántos segundos de insistencia óptica llevaban a esa ofensa?), donde los diminutivos denotaban falta de virilidad y donde la cordialidad dependía menos del afecto que del temor a ser agredido.

La vida callejera se regía por un darwinismo primario, una impositiva apropiación del espacio, donde una palabra fuera de lugar podía meterte en problemas. El prestigio territorial se imponía con los puños, el carisma o el dinero. Yo carecía de esas virtudes y necesitaba protección para no convertirme en esclavo de quienes dictaban la ley.

La gran utopía de mi infancia fue tener un hermano mayor. Anhelaba que, por obra de un inexplicable azar, una persona que me llevara dos o tres años se presentara a la puerta de la casa, reclamando los derechos del primogénito que yo aborrecía. Ser el primero de mi estirpe me obligaba a salir a la calle sin instrucciones de uso.

A los seis años no era valiente, carecía de personalidad arrolladora y de dinero para congraciarme con los otros invitándoles refrescos en la miscelánea La Colonial.

Me aceptaron en la pandilla sin convertirme en súbdito de último rango porque mi manera de hablar les hizo gracia. No tenía ingenio ni don para los chistes, pero decía cosas extrañas. Eso venía de mis revueltas influencias culturales. Mi padre había nacido en Barcelona y crecido en Bélgica. Decía *peonza* en vez de *trompo* y *báculo* en vez de *bastón*. También mi abuelo materno era español. Vivía en la parte baja de nuestro dúplex y casi nunca hablaba, pero cuando lo hacía parecía un sacerdote iracundo salido de una película (en aquel tiempo, todos los sacerdotes del cine mexicano hablaban como españoles, y mi padre había actuado de cura en *La sunamita*, film de Héctor Mendoza basado en el cuento de Inés Arredondo). Mi abuela era yucateca y contaba historias con un abigarrado popurrí lingüístico. Al festejar algo decía *¡chiquitipollo!* en vez de *¡lero, lero!* No siempre le entendíamos. Desesperada ante nuestra incomprensión, decía: "¡Mato mi pavo!", lo que significaba "Me rindo".

Mi madre estudiaba psicología y pocos años después entraría a trabajar al Hospital Psiquiátrico Infantil. Regresaba a casa cansada de ver niños profundamente afectados, indispuesta para enfrentar a mi hermana Carmen y a mí, niños superficialmente afectados.

Yo estudiaba en el Colegio Alemán Alexander von Humboldt. Por un capricho de la diosa Fortuna, caí en el grupo de los alemanes. A los seis años sabía leer y escribir, pero sólo en alemán.

Todo esto me convirtió en alguien que hablaba raro. No era una gran virtud, pero esa singularidad me salvó de algunas palizas y permitió que los más fuertes me protegieran, como lo hubieran hecho con un loro capaz de pronunciar palabras locas o recitar la alineación del "campeonísimo" Guadalajara.

El barrio tenía dos zonas de misterio: la miscelánea y las casas abandonadas. La tienda olía a chiles en vinagre, papel de estraza y cosas dulces. Aquella cavidad mal iluminada nos ponía en contacto con un universo lejano y abigarrado −decididamente moderno−, el mundo donde se producían las golosinas envueltas en el crujiente prodigio del celofán.

Nuestro destino se medía en centavos: la Coca pequeña costaba treinta y cinco; la grande, cuarenta y cinco, y la familiar, noventa; los polvorones, cincuenta; los chicles Motitas, diez, y los Canguro, cinco centavos. Mi mente nunca ha estado tan atenta a la economía como entonces. Soy incapaz de recordar el precio de lo que ayer compré en un Oxxo, pero no puedo olvidar que el insólito Delaware Punch costaba cuarenta centavos, cinco menos que una Coca mediana.

Nos reuníamos en la miscelánea La Colonial, más que a comprar, a discutir de cualquier tema y codiciar los pastelillos chatarra que comenzaban a dominar el mercado con sus nombres de fábula: Gansitos y Pingüinos (más tarde llegarían los Mamuts). Aquel sitio fue para nosotros el equivalente del ágora en Atenas. El punto para pensar la urbe.

El otro destino de interés eran las casas abandonadas. La vida inmobiliaria parecía sometida a intensas tragedias personales que obligaban a salir de un sitio sin poner un cartel de "Se renta". Las plantas invadían esos hogares, y ocasionales vagabundos encendían hogueras en los cuartos con restos de algún mueble. Saltábamos las rejas rematadas en puntas de flor de lis para explorar esos museos del abandono y la desgracia. Las casonas vacías solían ser más lujosas que las nuestras, lo cual aumentaba el enigma de que hubieran sido cedidas al salitre y los ratones. ¿Qué catástrofe explicaba la huida? A alguien le tenía que haber ido muy mal para dejar esos cuartos pintados en color palo de rosa a merced de los niños del vecindario.

Exploré la colonia por mi cuenta, pero encontré mi principal amistad frente a la casa. Una solterona cobró un singular afecto por mí. Vivía en una anticuada casa con duelas de madera. Ahí, el aire olía a genciana y trapos húmedos, cosas buenas y vagamente submarinas. Me invitaba a merendar, me pedía que le contara asuntos de mi escuela, me preguntaba por los gatos callejeros y pedía que los bautizara para ella.

Una tarde me preparó un baño. Me encantó entrar al cuarto de mosaicos blancos y muebles arcaicos —un aguamanil desportillado, un armario con doble espejo, una tina sostenida por cuatro garras de felino—, un baño de la época de la Revolución. Continué la amistad en estado de remojo.

A la distancia, me sorprende la relación con esa mujer cuyo nombre no recuerdo y a quien bauticé como La Señora Amiga. No hubo frotamientos ni indicios de un temprano y confuso trato erótico. No quiso abusar de mí. Sencillamente, era una persona solitaria. Parecía hecha para las casas abandonadas de la colonia. La pasé bien en su discreta compañía, sumido en un tibio nirvana sin obligaciones, hasta que mi madre se enteró del asunto y reaccionó como lo hace cualquier mujer inteligente que estudia psicología; es decir, como una loca. Fue la primera escena de celos que contemplé en mi vida, siendo el involuntario protagonista de la afrenta. Mi madre me acusó de preferir a La Otra.

—¿Si tanto la quieres por qué no te vas con ella? —preguntó al borde del colapso.

Antes de que yo pudiera responder, fue por una maleta, la llevó a mi cuarto y comenzó a empacar mis cosas. Dobló con cuidado las camisas y enrolló los calcetines sin que yo creyera que en verdad me estaba corriendo de la casa. Se trataba de mi madre, la mujer que yo adoraba al punto de creer, con granítica convicción, que su biografía aparecería en una de mis historietas favoritas, *Vidas ejemplares*, que narraba en forma melodramática los martirios de los santos.

La vi colocar mis pertenencias en la maleta que usábamos para ir a Veracruz, esperando que de un momento a otro suspendiera su absurda tarea. No lo hizo. De pronto, se dirigió a la cocina y regresó con el frasco de hierro. En las mañanas yo tomaba una cucharada de ese denso jarabe que supuestamente ayudaba a crecer. Cuando el frasco entró a la maleta, se produjo un efecto mágico: aquello era cierto. Si mi madre se tomaba el trabajo de empacar algo tan preciso, no podía estar jugando.

Fue la mejor y más dolorosa lección literaria de mi vida. Para que una escena resulte verosímil requiere de algo que no debería estar ahí y, sin embargo, está ahí. La mosca en la sopa. Esa presencia insólita y al mismo tiempo lógica otorga al hecho una singularidad que sólo puede ser creída.

Al ver el frasco en mi equipaje, me arrodillé, pedí perdón, juré no amar nunca a otra mujer. Pude seguir en casa.

Conté esta anécdota en *El libro salvaje*, como un homenaje a las enseñanzas literarias de mi madre y un tardío afán de superar el trauma de no amarla en exclusiva.

A partir de ese incidente, dejé de salir a la calle. Concebí entonces una fantasía negativa. Imaginaba que me fugaba y mis padres me extrañaban mucho. Durante años vivía en la oquedad de un ahuehuete en Chapultepec. Cuando ellos finalmente daban conmigo, yo era un mendigo balbuceante que había olvidado el español. Al contemplar mis taras lingüísticas, provocadas por el sufrimiento y la miseria —mi esforzado desaprendizaje en Chapultepec—, mis padres sentían una honda lástima por mí, pero, sobre todo, se sentían tremendamente culpables. Con deleitable detalle, imaginaba sus rostros arrepentidos. Mi ideal de vida consistía en arruinarme para hacerlos sufrir.

No tuve oportunidad de ejercer este masoquismo porque ellos alteraron el destino de otro modo. Ambos provenían de tradiciones separatistas: él de Cataluña, ella de Yucatán. No fue extraño que se separaran cuando yo tenía nueve años.

Dejamos la casa en Insurgentes Mixcoac y nos mudamos a un departamento en la colonia Del Valle. La familia quedó reducida a mi madre, mi hermana Carmen, dos años menor que yo, y a mí. Mi padre vivía bastante cerca, en el edificio Aule, en la esquina de Xola e Insurgentes. Él comía en casa dos veces por semana, dormía la siesta, y los domingos nos llevaba al zoológico o al cine, y a mí al futbol. Esta apariencia de normalidad no era suficiente en un entorno donde el divorcio se revestía del halo negro del fracaso y el escándalo. Ninguno de mis compañeros de escuela tenía padres divorciados, y entre los nuevos amigos de la cuadra sólo los Mondragón habían pasado por ese trance. Fue el primer motivo para acercarme a ellos.

Mi vida cambió para siempre al contacto con esa familia. Jorge tenía mi edad y eso facilitó la amistad. El mayor de los varones, Gustavo, era cuatro o cinco años más grande que nosotros, pero disfrutaba enormemente la compañía de los menores. Pasaba las tardes enseñándonos nuevas formas de dominar el balón o descubriéndonos grupos de rock. Entendí que la vida tenía sentido porque existían el futbol y la música. Poco después, los Mondragón me revelaron otro asombro. Estudiaban en el Colegio Tepeyac, en la colonia Lindavista, al norte de la ciudad, y un día me invitaron a un entrenamiento de los Frailes, el equipo de futbol americano. Gracias a esa travesía, entré al laberinto. Atravesamos el DF en camiones y tranvías. De un modo inexpresable pero cierto, sentí que esas calles, plazas, glorietas, avenidas, cines, tiendas, letreros luminosos y parques desconocidos eran míos. Mi familia estaba reducida al mínimo, estudiaba en el Colegio Alemán, donde no dominaba suficientes frases con cláusulas subordinadas para integrarme, y hablaba en forma rara. Estaba fuera de lugar. Sin embargo, la vastedad del territorio me hizo saber que ahí podía tener acomodo. Decidí ser de la ciudad, como si no lo fuera antes. Decidí amarla y despreciarla como sólo se ama y se desprecia lo que te pertenece. Decidí entenderla, con una mezcla de entusiasmo y estupor. Para un desorientado, el laberinto es una casa.

Recién mudado a la colonia Del Valle, pasé cada vez más tiempo en las calles en torno a la cerrada de San Borja, algo que a mi madre le resultaba conveniente, pues llegaba muy tarde del Hospital Psiquiátrico Infantil. A las siete u ocho de la noche, ella volvía a casa y no tenía la menor idea de dónde estaba yo. Eso no la alteraba en lo más mínimo. Al no encontrarme en el departamento, bajaba a la calle y le decía al primer conocido con el que se topaba:

—Si ves a Juan, dile que venga.

No era necesaria otra búsqueda. Más temprano que tarde, el mensajero daba conmigo:

—Que ya vayas a tu casa —decía.

No hacía falta buscar a la gente para encontrarla. Todos estábamos ahí, en un microcosmos contenido. La inseguridad existía en la mente, no en las calles.

Algo me quedó para siempre de esa época. Camino por la ciudad sin rumbo fijo y sin pensar en la hora del regreso, confiando en que algún conocido me avise de pronto que debo volver a casa.

PERSONAJES DE LA CIUDAD: EL CHILANGO

Resulta fácil definir al chilango como "numeroso". Desde un punto de vista demográfico, es alguien que sobra.

Lo más interesante de la palabra *chilango* es su confusa etimología. Era una voz peyorativa que ahora usamos con orgullo, del mismo modo en que nos referíamos afectuosamente al DF como el Defectuoso.

De acuerdo con Gabriel Zaid, el gentilicio *chilango* proviene del maya *xilaan*, que significa 'desgreñado'. Se comenzó a usar en Veracruz para definir a los criminales que eran enviados a la capital para recibir proceso y posteriormente iban a dar a la cárcel de San Juan de Ulúa. Se trata, pues, de delincuentes juzgados en la ciudad que vuelven a provincia.

Otras hipótesis asocian el nombre con un atado de chiles, alguien fuereño e incluso con un pez rojo. Lo cierto es que hoy en día muy pocos se preocupan por el sentido original del término, que no deriva de una acepción geográfica. ¿Dónde comienzan y dónde acaban los chilangos? Los nacidos en Ecatepec, Atizapán, Ciudad Satélite y otras regiones del Estado de México tienen su orgullo regional, pero no se ofenden si los asimilan a la multiplicidad de desgreñados del Valle de Anáhuac (ser regionalista en esta inmensidad disminuye las posibilidades de participación).

Aquí sólo vale la pena lo que sucede en multitud. El capitalino no lucha por adaptarse al hacinamiento; sabe que es su única condición posible. Si encuentra una taquería con muchas mesas disponibles, sospecha que en ese sitio los tacos son de perro. Lo que no se abarrota es un fracaso. Esto explica que el aeropuerto esté lleno de una compacta masa de visitantes: el chilango sólo sabe que ya llegó si lo esperan diez parientes.

Hace mucho que nuestras aglomeraciones dejaron de ameritar una causa. No son un fenómeno social, sino meteorológico. Esto en modo alguno implica que el habitante de Chilangópolis sea paciente. Si algo lo define es su ansia de estar en otro lado. Cada vez que voy al trópico me sorprende la forma en que camino. A las dos cuadras me descubro empapado de sudor. Sin resuello, con la mirada nublada, me pregunto: ¿por qué camino así si nadie me espera en ningún lado? Por venir de la Ciudad de México.

La motricidad chilanga obliga a avanzar como si supieras a dónde vas. Descubres un hueco y te apresuras. Nuestras evoluciones se guían por la idea de "ruta de evacuación". Aunque estemos en un pacífico café, bajo una frondosa buganvilia, de pronto nos desplazamos a otra mesa para que alguien (todavía invisible) no nos gane el cenicero. Se trata de un tic irrenunciable, una segunda naturaleza que nos vuelve reconocibles. En sitios de calma chicha, mostramos el frenesí de los que sólo se adaptan a la desesperación.

Demasiados días de tráfico nos transformaron en idólatras de la velocidad. Para compensar el incesante repliegue de los lugares, creemos en las vías alternas. Las dos grandes obras de devastación en pro de la vialidad (los ejes viales y el segundo piso del Periférico) produjeron el síndrome de Magallanes. No sirvieron de mucho, pero nos hicieron creer que vale la pena tomar grandes arterias para dar rodeos. En busca de una ruta de circunnavegación, los automovilistas abandonan su camino y creen que un callejón torcido mejorará a fuerza de seguir de frente.

El chilango asume la vialidad como una lotería. Aunque la zozobra es su estado de ánimo habitual, se consuela pensando que sólo lleva una hora de retraso. Un golpe de dados abolirá el azar: llegará tardísimo, pero cuando todavía haya gente despierta.

El antiguo DF y sus regiones aledañas (el Gran Anexas) tienen el más intenso tráfico exploratorio del planeta. Más de cinco millones de coches emprenden su camino, no en pos de un derrotero, sino para ver si por ahí se avanza. Ni siquiera las travesías del transporte público son estables. La micro, el camión, el taxi y demás vehículos de deportación dan rodeos imprevistos en busca del milagro que tire las bardas y abra una vía al modo del mar Rojo. La búsqueda de atajos se asume con la devoción que los choferes tienen por san Cristóbal, patrono de los navegantes, o la Virgen del Tránsito (que entre nosotros debería ampliar sus facultades, resolviendo no sólo el paso al más allá, sino también el paso a desnivel).

El chilango no es una perita en dulce, hay que reconocerlo. De poco sirve considerar que podría ser peor si pusiera en práctica todas las cosas que se le ocurren en lo que va de un sitio a otro. Sufre lo suyo, eso que ni qué. Su vida se desarrolla en un tablero sin reglas definidas. Digamos que sale a jugar Serpientes y Escaleras y encuentra puras serpientes hasta que se entera de que las escaleras se han privatizado y sólo queda una a la que se llega por rifa. Extrañamente, esto lo consuela. El chilango arquetípico tiene mal genio, pero cree en la suerte contra todos los pronósticos. Según el doctor Johnson, quien se casa por segunda vez apela al triunfo de la esperanza sobre la experiencia. Tal es la conducta básica del chilango. Los datos adversos no minan su incurable ilusión.

Nuestro trato con la realidad es fácilmente esotérico. La mayoría de las farmacias tienen nombres de iglesias, como si los remedios fueran actos de fe, y hay quienes creen que los preservativos adquiridos en la Farmacia de Dios o en la San Pablo hacen que todo pecado sea venial.

Incluso los desechos se someten a un sistema de creencias. Si alguien tira basura en tu calle, la única solución es poner una Virgen de Guadalupe para que la tiren en otro sitio (llegará el momento en que todas las calles estén sembradas de Vírgenes como parquímetros celestes).

Las convicciones trascendentales incluso asoman en los sitios más pedestres. Los negocios de fotocopias suelen decorar sus paredes con plegarias para los hijos no nacidos, letanías sobre la entereza del hombre y el valor espiritual de la hierba perenne. Palinodias de amor y arrepentimiento. Tal vez porque se trata de criptas de la reproducción ajenas a los derechos de autor, los negocios de fotocopias compensan el pecado de procrear en exceso exhibiendo suficientes consignas pías para que las veamos como capillas informales.

En este teatro de las supersticiones, los negocios no prometen honestidad ni entregan de inmediato una factura fiscal; buscan prestigiarse de otro modo, con un crucifijo protector o un banderín de la selección nacional. Al respecto, escribe Fabrizio Mejía Madrid: "La gente tiene confianza en una pollería sólo porque tiene un retrato del Papa".

Para convivir con el horror, memorizamos los desastres e imaginamos otros peores. Si el estadounidense promedio es experto en reparaciones que siguen el método de "hágalo usted mismo", el chilango promedio es experto en catástrofes que no puede reparar. La versión vernácula de *Mecánica Popular* debería llamarse *Apocalipsis Popular*, revista sobre terremotos, deslaves, actividad volcánica, falta de agua, contaminación, asaltos en cajeros automáticos, taxis piratas y otras tragedias de las que queremos saber mucho, no para remediarlas, sino porque estamos convencidos de que la información sobre el mal mitiga sus efectos. Los datos, por duros que sean, no nos alarman. El chilango juzga su circunstancia como un piloto en misión de combate: las turbulencias son buena noticia porque indican que el avión no ha sido derribado.

Al conocer la cantidad de plomo que llevamos en la sangre, no pensamos que deberíamos dormir en un refugio radiactivo con piyamas de titanio. Si nos enteramos de eso es porque ya sobrevivimos y la casualidad nos hizo pasar al otro lado, al repechaje de las últimas oportunidades, donde los zombis con metales en el torrente sanguíneo aún pueden competir.

En cada encrucijada urbana sobrevive el más apto, es decir, el que dispone de mayor picardía. Cuando descubres un sitio providencial de estacionamiento, también descubres que ahí hay una cubeta. Eso significa que el sitio ha sido "expropiado" por un franelero. Esta última palabra indica que no se trata de cualquier persona, sino de alguien autorizado por los usos urbanos. Lleva en la mano su identificación: un trapo o un trozo de franela. El único requisito para este paño es que esté sucísimo.

Aunque nos parece lógico que en Londres, Nueva York, Tokio o París haya parquímetros en todas las zonas comerciales, millones de chilangos desconfían de esa forma de organizar los estacionamientos callejeros. Es posible que las primeras tuberías con agua potable fueran vistas con la misma desconfianza. El caso es que la economía informal del franelero cuenta con el apoyo de quienes prefieren lidiar con él que con una máquina cuyas monedas podrían ir a dar a un bolsillo ilícito.

Pero la vida en densidad también aporta virtudes compensatorias. La primera de ellas es la capacidad de anonimato. Nuestra conducta rara vez está a la altura de los principios más selectos del humanismo, pero quienes nos miran hurgarnos la nariz mientras esperamos que el semáforo se ponga en verde son personas venturosamente desconocidas. Una virtud adicional es que somos tantos que poco importa de dónde vengamos. En Chilangópolis no hay pecados de origen. Todos tienen derecho a fallar en el presente. La ciudad puede ser gobernada por alguien con acento costeño aunque el mar no asome por ninguna parte, como ocurrió con Andrés Manuel López Obrador de 2000 a 2005. Se pertenece a la capital por el hecho de llegar (el problema es volver a salir). Nuestro único control de calidad es seguir aquí. Como la tradición se improvisa a diario, a nadie se le exige dominarla. Somos del sitio donde estamos apretados.

Esta inevitable proximidad se sobrelleva de distintos modos. Uno de ellos es la desconfianza. El chilango coexiste, pero a la defensiva, alerta ante las posibilidades que sus congéneres tienen de transarlo o verlo feo. Aunque acepta sin remilgos que los demás vengan a hundirse en este sitio, sospecha que nadie le da el cambio correcto. Resignado a medrar en multitud, se muestra receloso al analizar a los otros de uno en uno. Si no comunica su misantropía es porque ha oído leyendas sobre almas de apariencia desprotegida que son cuñadas de un judicial.

Es mucho lo que se acepta por principio de supervivencia y mucho lo que se libera por teléfono. Sería interesante saber la cantidad de desaguisados que se evitan gracias a nuestra saludable manía de desahogarnos ante un oído cómplice. Si no fuera por Edison, la proliferación actual de teléfonos celulares y nuestra sofisticada maledicencia, habríamos cedido a toda clase de motines y reyertas. Esto no implica que seamos una seda; tan sólo indica que podríamos ser terribles.

De golpe un extraño fenómeno modera nuestro temple: ese día "salieron los volcanes". Sin ninguna lógica, usamos el verbo *salir* para referirnos a formaciones montañosas, como si el Popo y el Izta se asomaran a voluntad para mirarnos. En los raros días de cielo despejado, somos un poco mejores. Sé de romances que se consumaron sin otra explicación que la buena vibra de contemplar, por una vez, la posibilidad de un horizonte. ¿Cómo no creer, ante un cielo de un extravagante color azul, que nuestros afectos pueden avanzar como una expedición de *National Geographic*? Y es que para el chilango el cariño es una variante de la geografía. Un nativo de Milpa Alta no puede permitir que las ondas expansivas de su amor lleguen a Ciudad Satélite. Si lo hace, su libido se desvanecerá con el tráfico. El Viaducto, eje transversal de la pasión, es una frontera que debe traspasarse con cautela.

De acuerdo con Heinrich Böll, una ciudad se llena de significado "si puede ser exagerada". En tal caso, habitamos un bastión del significado.

En su novela *Hombre al agua*, Fabrizio Mejía Madrid crea una letanía chilanga a base de epigramas:

> Esa ciudad es una donde nada se destruye ni se crea, todo se reglamenta [...] una ciudad donde lo viejo se recicla tanto que una lata de refresco puede haber sido, en su origen, un taxi [...] una ciudad donde los adornos de las casas son lo más parecido a lo que sobrevivió de una venta de garaje [...] una ciudad donde la gente no te vende pescado sino su palabra de honor de que está fresco [...] una ciudad donde el canto de los gallos por la mañana fue sustituido por las alarmas de los coches [...] una ciudad donde existe la misma posibilidad de que el que te amenaza con un cuchillo, te mate o esté tratando de vendértelo.

En esencia, lo que mejor define al chilango es su obstinada manera de seguir aquí. Pero no resiste por voluntad suicida, como los trescientos mártires de las Termópilas. Su aguante no depende de la épica, sino de la imaginación: sale a la calle a cumplir ficciones y se incorpora al relato de una ciudad que rebasó el urbanismo para instalarse en la mitología.

SOBRESALTOS: ¿CUÁNTOS SOMOS?

¿Es posible aclimatarse a lo que se transforma sin parar? El principal "método de adaptación" del chilango consiste en pensar en irse a otro sitio, valorar las alternativas, admitir la imposibilidad momentánea de partir y permanecer con el propósito de planear mejor el escape.

En medio siglo he vivido tres años en Berlín, tres en Barcelona y dos semestres en universidades de Estados Unidos. Siete años fuera, más algunos viajes. He pensado mil veces en mudarme, pero el tiempo me ha convertido en el único miembro de mi familia que nació en la capital y sigue viviendo ahí. No sé si atribuir el hecho a la voluntad o a la fatalidad. Lo cierto es que la ciudad se ha convertido en una segunda naturaleza para mí. Si el Barça gana la liga y estoy en Barcelona, quiero ir al Ángel.

En mi caso, las ansias de partir se agudizan a fines de septiembre, luego de pasar por dos ilusiones en las que he dejado de creer: las fiestas patrias y mi cumpleaños. En septiembre estoy más viejo y la patria se celebra a sí misma sin causa aparente, pero lo peor es que para entonces ya llevamos cuatro meses de lluvias.

El agua no cae en este valle; se desploma como si algo se hubiera descompuesto en el cielo. Las avenidas recuperan el curso de cuando eran ríos, todo se inunda y comprobamos que aniquilar el lago de los aztecas fue un desastre sólo superado por la amenaza de que el lago regrese a nuestra sala. Al tercer par de zapatos húmedos envueltos en papel periódico, quiero irme para siempre, sabiendo que no lo haré.

El solo hecho de vivir aquí es un trabajo de medio tiempo donde la remuneración son las molestias, pero cuesta mucho renunciar a él.

—¿Ya volviste de Berlín? —me preguntó un conocido.

—Hace treinta años.

—Ah. Te fue mal, ¿verdad?

Este diálogo refleja una superstición popular: irse es una oportunidad de salvación; regresar, una derrota. Sin embargo, la mayoría de quienes piensan de ese modo se quedan en la ciudad que crece como una prueba en piedra de que estaríamos peor en otro sitio.

"La Ciudad de México es, ante todo, la demasiada gente", afirma Carlos Monsiváis en *Los rituales del caos*. Por su parte, en *La guerra de las imágenes*, Serge Gruzinski la describe como un "caos de dobles".

Somos muchos, pero nadie siente que sobra. Cuando Günter Grass visitó la ciudad en los años ochenta quiso saber cuántos habitantes tenían el DF y el área conurbada. El desconcierto llegó con la respuesta que se daba por entonces: "Entre dieciséis y dieciocho millones". El "margen de error" era del tamaño de Berlín Occidental, donde vivía Grass. Esa incertidumbre sólo ha crecido.

Diversos estudios de apariencia seria hacen un dispar conteo de la población y un narcisismo de la negatividad nos lleva a creer que la más elevada es la más precisa. Tengo la impresión de que somos menos de los que pensamos, pero aun así somos muchísimos. ¿Quince, diecisiete, veinte millones? Lo interesante, desde el punto de vista de la psicología capitalina, es que la cantidad exacta resulta inescrutable.

Cada vez que llevo a un amigo alemán a algún sitio suelo dar una o dos vueltas en falso, ya sea por despiste o porque una calle se cerró para celebrar una feria o un maratón. Al primer titubeo, el amigo pregunta: "¿Te perdiste?" Alemania es un país donde hay gente que se suicida porque reprueba tres veces el examen para taxista, tan exigente que obliga a conocer las mejores rutas de la ciudad en cualquier horario, tomando en cuenta las salidas de las escuelas, las fiestas religiosas y los partidos de futbol. Un giro equivocado indica ahí que no se domina el territorio. Ciertamente, Waze y Google Maps han llegado como aplicaciones salvadoras, pero ante la proliferación de calles con el mismo nombre te pueden llevar al rumbo equivocado. El usuario debe conocer también el nombre de la colonia, pero esto tampoco es concluyente. Vivo en un barrio que tiene dos nombres oficiales, Villa Coyoacán y Coyoacán Centro; sin embargo, el sistema operativo de Uber lo reconoce con un tercer nombre: Santa Catarina. La calle se llama como uno de los hombres fuertes de la Revolución mexicana. Esto significa que el nombre se reitera en los más distintos confines de la ciudad. De acuerdo con la *Guía Roji* de 2017, el área metropolitana dispone de cuatrocientas doce calles, cerradas y avenidas con el apellido Carranza. Para llegar a mi casa hay que descartar las cuatrocientas once opciones que están en otras zonas y conocer los tres nombres distintos que las aplicaciones digitales dan a mi colonia.

Además, los programadores de Waze no siempre están al tanto de los repentinos usos que damos al espacio: después de una ola de asaltos, los vecinos se reúnen un miércoles de hartazgo y colocan una reja o una pluma para impedir que los extraños entren a su calle; con la misma espontaneidad, un jueves de antojo se improvisa la feria del tamarindo en la avenida que pretendías cruzar.

En un paisaje donde la orientación es casi imposible, la vuelta en falso representa un mero tanteo; la equivocación da confianza (si la detectas, averiguando que "no es por ahí", confirmas que la meta existe). El territorio nos excede en tal forma que es mejor ignorarle ciertas cosas. No saber cuántos somos puede desconcertar al visitante, no a nosotros, convencidos de que el "margen de error" nunca es del todo malo, pues anuncia la posibilidad de llegar a algo que no sea un error.

TRAVESÍAS: ATLAS DE LA MEMORIA

En el primer tramo del siglo xx, Walter Benjamin aconsejaba perderse en la ciudad de manera propositiva, como quien recorre un bosque. Esto requería de talento, pero también de aprendizaje; la traza urbana aún tenía signos de referencia que impedían el extravío absoluto.

Las megalópolis llegaron para alterar la noción de espacio y descentrar a sus habitantes. Hoy en día, moverse en Tokio, Calcuta, São Paulo o la Ciudad de México es un ejercicio que se asocia más con el tiempo que con el espacio. En términos de desplazamiento, la ruta y el medio de transporte superan en importancia al entorno (si el movimiento fluye, la masa física de la ciudad pasa de obstáculo a paisaje).

En su novela *Mao II*, Don DeLillo comenta que Nueva York se distingue porque nadie quiere estar más de diez minutos en el mismo sitio. Este ímpetu de movimiento define el tono crispado de la urbe.

Trasladarse es un desafío tan severo que frecuentemente las obras públicas se conciben como una metáfora de la vialidad, no como forma real de desplazamiento. En la Ciudad de México nunca han faltado puentes que no se concluyen, calles que desembocan en una vía muerta, pasos a desnivel que no se usan o las avenidas de dos carriles que se "amplían" pintando tres carriles en vez de los dos que ya existían. Al borde del Anillo Periférico, a la altura del Nuevo Bosque de Chapultepec, hay un monumento a la vialidad inútil: la ciclopista llega a una rampa que se alza en una pendiente que acaso sólo el ganador de Tour de France podría remontar.

La idea benjaminiana de conocer las calles a través de un recorrido sin destino preciso no puede ser para nosotros una meta original porque es la condición común del transeúnte.

Hace diez años, una amiga pasó por mi hija para llevarla a una fiesta infantil. Me sorprendió ver una almohada en el asiento trasero:

—Es para que duerma, vamos muy lejos —explicó.

El coche se convierte en habitación para hacer tolerable el recorrido.

Dos tribus inmensas se desplazan a diario, los sonámbulos y los insomnes: cinco millones de pasajeros van aletargados en el metro y otros cinco millones sufren ataques de nervios en los automóviles.

En tales circunstancias es imposible tener una representación de conjunto de la urbe. La idea de orden es ajena a un sitio que opera como una asamblea de ciudades. El barrio de Santa Fe, donde se concentra el gran capital, podría ser un suburbio de Houston, en la misma medida en que Ecatepec podría integrar una periferia de Islamabad.

La estructura de una ciudad suele ser revelada por la forma en que la mira un niño. Mi padre vivió en Barcelona hasta los nueve años. Ochenta años después, mi hija pasó tres años en la Ciudad Condal; llegó de uno y partió de cuatro. A pesar del vasto arco de tiempo y las transformaciones traídas por la guerra civil y la reordenación urbana propiciada por las Olimpiadas de 1992, la impronta barcelonesa de un niño de los años veinte del siglo pasado no es muy distinta a la de la primera generación del siglo XXI. Entendí esto gracias a un dibujo.

Estábamos en la playa, compartiendo uno de esos atardeceres en que los adultos demoramos la tertulia. Mi hija se aburría. Le sugerí que se entretuviera dibujando y me pidió un tema. Propuse un título: "Max en la ciudad" (Max era su peluche favorito). Al cabo de un rato llegó con el resultado: vi el barrio gótico, el parque de la Ciudadela, el puerto, el acuario, el paseo de San Juan, la tienda de la señora Milagros donde comprábamos juguetes, el Chiquipark... Salvo un par de detalles, la ciudad era idéntica a la que mi padre evocaba desde su exilio. Los sitios emblemáticos de Barcelona parecían citar un título de Salvador Dalí: *La persistencia de la memoria*. La República, la dictadura y los entusiasmos de la Generalitat no han alterado en lo esencial el relato con que la ciudad se narra a sí misma.

Me pregunté si mi hija hubiera sido capaz de trazar un mapa, no digamos amplio, sino siquiera aproximado de la Ciudad de México. En modo alguno: su vida dependía de espacios cerrados y medios de transporte.

Esta visión fragmentada, rota, discontinua es común a millones de capitalinos. Hace mucho que la figura del *flâneur* que pasea con intenciones de perderse en pos de una sorpresa fue sustituida por la del deportado. En Chilangópolis, la odisea es la aventura de lo diario; ningún desafío supera al de volver a casa.

Esto se agrava por la falta de referencias naturales. Las ciudades suelen crecer en torno a un paisaje definido: un monte, un lago, un río, una ladera entre el mar y la montaña. Pero México-Tenochtitlan enterró el lago y la bruma desdibujó los volcanes. Ningún signo natural sirve de seña de orientación.

El aire es recorrido por helicópteros que informan de los desafíos de la vialidad. Para quienes se desplazan en coche, la cartografía es un paisaje conjetural transmitido por la radio. Si en Tokio Roland Barthes percibió una ciudad desestructurada, carente de centro, hecha de orillas sucesivas, el habitante de la Ciudad de México percibe una marea intransitable, donde la radio aconseja usar "vías alternas", nombre que otorgamos a la realidad paralela a la que no podremos acceder.

El antiguo DF conserva zonas habitables, casi todas provenientes de la ciudad barroca de los siglos XVII y XVIII. Los *calpulli* aztecas alejados de la gran Tenochtitlan (Tlalpan, San Ángel, Coyoacán) crecieron durante la Colonia bajo una inspiración renacentista. Barrios que confluyen en plazas, pensados para el recorrido a pie.

El siglo XVIII vio la consolidación de una ciudad española que se proponía civilizar por medio del espacio y se postulaba como una ética en piedra. Este empeño había comenzado con el primer virrey de Nueva España, Antonio de Mendoza, que llegó a la ciudad en 1535, año de la muerte de Tomás Moro, cuya *Utopía* apreciaba enormemente. En sus quince años de gobierno, el virrey de Mendoza procuró organizar la ciudad con una geometría racional. Frenó abusos de los españoles, promovió la creación de la universidad y de la primera imprenta, y apoyó el Colegio de Santa Cruz de Tlatelolco, donde se enseñaba en tres idiomas: latín, náhuatl y español. Otros regidores se interesaron menos en el espacio como un manual que adiestra a sus usuarios, pero preservaron la idea renacentista de que la convergencia de calles en una plaza define la vida en común.

Lo que queda del México colonial (el Centro Histórico y los desprendimientos donde se instalaron los conquistadores y distintas órdenes religiosas) es una ciudad para ir a pie. Lo demás requiere de vehículos. A partir de la Independencia, la capital se empezó a recorrer mejor a caballo. En 1878 surgieron los tranvías de tracción animal y a fines del siglo XIX había tres mil mulas encargadas del traslado de pasajeros.

Los trazos pulcros con los que soñaba Antonio de Mendoza se enrarecieron con el tráfico. Se descubrió la línea diagonal y la glorieta. Los ríos Consulado, Magdalena, La Piedad y Churubusco se entubaron para convertirse en calles que seguían su curso. El mapa de la capital ya no pudo parecerse a las aventuras rectilíneas de Piet Mondrian y tuvo que conformarse con dramáticos chisguetazos al estilo Jackson Pollock.

Los urbanistas se refieren a la "ciudad intermedia" para nombrar los barrios que separan el centro de la periferia. Las colonias Roma, Condesa, Villa de Cortés, Nápoles, Tacubaya, San Pedro de los Pinos, Del Valle y otras muchas pertenecen al segundo círculo que rodea el Centro. Luego vienen los antiguos pueblos indígenas, seguidos de los suburbios y de una indefinición de asentamientos cuyos confines casi siempre se ignoran.

El arquitecto Rem Koolhaas se ha interesado en la escala de una urbe. "Hacer ciudad" depende de un diálogo entre espacio y demografía. Pasar de la talla S a la XL conlleva severos cambios de comportamiento social. ¿Cuál es la talla de este espacio? Habitamos una ciudad XXL que en su interior tiene ciudades S.

Las urbanizaciones europeas suelen disolverse en periferias anodinas y polígonos industriales. Aparentemente, se trata de lugares surgidos para no ser descritos. Peter Handke ha alterado esta convención. Su narrativa dota de peculiar sentido a esas indiferenciadas geografías. *Mi año en la Bahía de Nadie* registra la vida secreta de una ciudad dormitorio en las afueras de París. Ahí, el escritor austriaco descubre el lenguaje privado de un ecosistema estándar, en apariencia ajeno a toda singularidad. Su virtuosismo consiste en distinguir algo único en un sitio donde la gente vive según la lógica de Comala, "como si no existiera".

En la Ciudad de México, ciertos paisajes "periféricos" están casi en el centro. El aeropuerto es rodeado de unidades habitacionales y casitas dispersas que merecerían la descripción de Handke. Lo más extraño no es que esas ciudades dormitorio estén en una parte céntrica, sino que también lo esté el aeropuerto.

¿A qué sentido de pertenencia aspira el capitalino? La idea de lujo es hoy la de aislamiento, la *gated community*, la ciudadela autosuficiente e inexpugnable, sitiada por los bárbaros. La inseguridad y los procesos simultáneos de desurbanización y redensificación han producido esa extraña alternativa donde el bienestar significa estar al margen. Aunque el enclaustramiento se opone a la idea misma de "ciudad", cada vez son más frecuentes los proyectos que pretenden sustraerse a la experiencia urbana compartida.

En mi infancia, el concepto de orden urbano era representado por el mapa de París a vuelo de pájaro que teníamos en la pared, una cartografía donde los edificios aparecían dibujados como el escenario de un cuento de hadas. Esa concepción sigue dominando en lo fundamental la vida de la capital francesa. Desde hace siglos, los personajes literarios toman las mismas calles parisinas: en *Los tres mosqueteros*, D'Artagnan avanza por la rue de la Huchette por la que mucho tiempo después Horacio Oliveira avanzará en *Rayuela*.

Crecí viendo ese mapa sin saber que el tiempo me depararía la oportunidad de extraviarme en la Ciudad Luz. Acaso para enaltecer los privilegios de un espacio caminable, París no siempre cuenta con taxis nocturnos, o al menos no contaba con ellos cuando ocurrió esta anécdota, hacia 2002. En aquella madrugada parisina, el transporte no era un servicio sino una anécdota. Se contaba que alguien, alguna vez, había detenido un providencial coche de alquiler. Acaso fue ése el motivo que años después inspiró la aparición del auto fantasma que comunica diversas zonas del tiempo en *Medianoche en París*, la película de Woody Allen.

Pero la trama que deseo contar no tiene que ver con los problemas para encontrar un taxi, sino con la representación del espacio. Salí de una reunión a una hora inclemente y fracasé en conseguir transporte. Llovía y tuve que recorrer el casco histórico de punta a punta. Conocía las coordenadas básicas de mi ruta –hacia el este, al otro lado del río–, pero ignoraba el modo de atravesar los profusos bulevares. Además, quería hallar el camino más corto, a esa hora y con ese clima. ¿Qué dispositivo ponía a mi alcance el entorno? Afuera de cada estación del metro hay un mapa del barrio y otro, más preciso, de las calles aledañas. No me costó trabajo ir de estación en estación, de un mapa fragmentario a otro. Al cabo de hora y media llegué a la meta sin sentir por un momento que me había extraviado.

Esta experiencia remite a la forma en que procuro entender mi ciudad. El ecocidio ha devastado el espacio, pero también el tiempo. Recordamos muchas cosas que ya no están ahí, pero aún conforman el mapa de nuestra memoria. Vivir en un sitio en incesante deconstrucción obliga a reconfigurar el recuerdo. Dependiendo de cada biografía, el pasado puede ser más intenso y decisivo que la transfigurada ciudad de todos los días.

Perder una ciudad es un formidable recurso literario. En ocasiones, un novelista se aleja para recuperar su entorno con la agudeza que sólo concede la nostalgia. Después de abandonar Dublín, James Joyce pudo recorrerlo en la escritura. Otras veces, el desplazamiento es forzado por la historia del mundo o los avatares de una familia. Günter Grass dejó la Ciudad Libre de Danzig y Salman Rushdie emigró con los suyos de Bombay a Londres. Lo decisivo es que el desarraigo pide ser compensado con historias.

El poeta polaco Adam Zagajewski nació en la ciudad de Lvov (Leópolis), que fue anexada por la Unión Soviética cuando él tenía cuatro meses. Su familia se trasladó a Gliwice, donde los sólidos muebles antiguos recordaban que el poblado había pertenecido a Alemania y los recientes mostraban la fragilidad con la que el socialismo polaco recompensaba al "hombre nuevo".

Posiblemente, la función más significativa de la paternidad consista en recordarles a los hijos lo que sucedió en sus primeros años de existencia, el tiempo fugado al que no accede la memoria. Zagajewski creció oyendo historias de la hermosa ciudad que habían tenido que abandonar, muy distinta al gris paisaje de Gliwice. La belleza se convirtió para él en el tesoro perdido que añoraba desde un suburbio donde la única construcción de relieve eran las gradas vacías del estadio de futbol.

Algo cambió con su descubrimiento de la literatura. En un entorno que parecía no inspirar nada, Zagajewski encontró el esquivo fulgor de la dicha. "Intenta celebrar el mundo mutilado", dice en uno de sus versos. En forma semejante, Milan Kundera se refirió a la "belleza por error" para definir el placer estético que deriva de las cosas que deberían repudiarlo.

En *Dos ciudades*, su libro de memorias, Zagajewski profundiza en esta idea. Su esencial rito de paso consistió en descubrir que la flor azul de la poesía puede brotar en un sitio *equivocado:* "Una bicicleta, un cesto de mimbre, una mancha de luz en la pared" dejaron de ser "objetos catalogables" y se convirtieron en misterios "con mil significados secretos". Las calles sin gracia que recorría hasta entonces adquirieron el aura que sus mayores conferían a Lvov, la *otra* ciudad. A partir de entonces entendió la misión del poeta, convocar la belleza donde no parece tener derecho de existencia: "Existe un sentido habitualmente oculto aunque asible en los momentos de máxima concentración en los que la conciencia ama el mundo. Captar este difícil sentido equivale a vivir una felicidad muy peculiar, perderlo conduce a la melancolía".

El habitante de la Ciudad de México no necesita ser deportado para perder su tierra natal. La urbe se ha transformado en tal forma que ofrece dos ciudades: una está hecha de los evanescentes relatos de la memoria colectiva; otra, de la devastadora expansión cotidiana.

Vivimos en dos planos simultáneos, el del presente que nos consta y el del pasado que no deja de volver. El Eje 5 Sur, antes Eugenia, permite avanzar sobre las huellas que dejaron las palmeras y un nuevo Oxxo que vende quincalla comercial en una esquina se alza donde antes había una casona de principios del siglo xx. Lo que vemos no elimina del todo lo que veíamos en otro tiempo. Cada generación adapta su memoria a estas transformaciones.

Zagajewski invita a celebrar el mundo mutilado y advierte que no hacerlo "conduce a la melancolía". En la Ciudad de México el estímulo celebratorio puede venir de objetos mancillados de los que nos apropiamos entrañablemente: los zapatos que cuelgan de un cable de luz, un árbol cubierto con motas de colores que antes fueron chicles, un crepúsculo de rubor químico, las banquetas destrozadas por las raíces de los árboles, semejantes a los hielos rotos por un acorazado. La capital ha perdido toda posibilidad de ofrecer un discurso armónico, pero la gente y la naturaleza no se rinden; alguien decora una barda con un grafiti y la hierba crece en todas las grietas.

La ciudad real produce otra ciudad, imposible de encontrar, que necesita ser imaginada para ser querida.

Hay que reconocer que no todo cambio es negativo. En ocasiones se agradece el trabajo demoledor de la picota. Muchas de las zonas devastadas a lo largo de las últimas cinco décadas eran espantosas. Al final de *Las batallas en el desierto*, que recupera la colonia Roma en los años cincuenta, José Emilio Pacheco escribe: "De ese horror quién puede tener nostalgia". No necesariamente el impulso memorioso está animado por la búsqueda de una Arcadia.

Sea como fuere, el pasado dota de lógica retrospectiva la ciudad. En numerosas ocasiones, recordar lo que estuvo ahí explica el relato urbano, le da un principio y un fin, hace comprensible, y a veces tolerable, una ciudad en constante aniquilación. En forma paradójica, advertir esa pérdida y atesorarla como memoria nos permite sobrellevar mejor el desastre actual.

En su libro *Sobre la historia natural de la destrucción*, W. G. Sebald observa que la derrota alemana en la Segunda Guerra Mundial llevó a una posterior derrota cultural. El sentido de culpa ante la ignominia cometida por el nazismo privó a los alemanes de reconocerse, también ellos, como víctimas de la destrucción. Sebald comenta que en un tren de 1946 era fácil distinguir a los extranjeros porque sólo ellos se atrevían a mirar por las ventanas.

El chilango se siente menos culpable de su entorno, pero también él requiere de mecanismos compensatorios para sobrellevar la destrucción. Uno de los más eficaces es la memoria, que establece un vínculo afectivo con la ciudad anterior, sumergida en la actual. Lo que se perdió como espacio tangible regresa como evocación personal; lo que antes era un paisaje ahora es nuestra autobiografía.

Integrarse a la megalópolis a través de los recuerdos ha sido una operación común a diversos escritores de mi generación en América Latina. No se necesita ser anciano para tener buenas nostalgias.

Antonio López Ortega creció en Potosí, un pueblo de Venezuela que fue anegado para construir una presa. Todos sus recuerdos de infancia quedaron sumergidos. En ese sitio, en tiempos de sequía el agua pierde su nivel habitual y es posible avistar de nuevo el campanario de la iglesia. Desde hace décadas, López Ortega vive en Caracas, ciudad edificada según la idea de que un emporio petrolero debe ser un paraíso de automóviles. Ante las incesantes transformaciones del espacio caraqueño, el novelista ha experimentado lo mismo que en Potosí: una invisible inundación ha cubierto lo que estuvo ahí. Evocar su pueblo natal equivale a bajar el nivel del agua en los recuerdos para que asome la torre y suene la campana. Lo mismo sucede en su recuperación de los barrios de la cambiante Caracas, con la diferencia de que ahí la inundación es metafórica.

El escritor que busca recuperar un territorio urbano en expansión traza el mapa de lo que mira y el mapa mental de lo que estuvo ahí.

VIVIR EN LA CIUDAD: LOS NIÑOS HÉROES

"¡Qué nacionalistas son ustedes!", me dijo una azafata colombiana mientras despegábamos de México un 16 de septiembre. La noche anterior había visto la ceremonia del Grito y estaba sorprendida de nuestra capacidad de expresar amor a la patria con cornetas y nubes de confeti.

La avenida más larga de la ciudad lleva el nombre de Insurgentes, en conmemoración de "los héroes que nos dieron patria". ¿Qué tan necesario era fundar México? A estas alturas, no tenemos grandes méritos con qué justificarnos en el concierto de las naciones. Todo mundo sabe que hacer algo "a la mexicana" es negativo, pero también sabemos que "México es lindo y querido". Como ya estamos donde estamos, más vale que nos la pasemos bien. Esta lógica nos permite apreciar a quienes tuvieron la desmedida ilusión de crear un país de grandeza no siempre perceptible.

En septiembre las calles se decoran con inmensos ensamblajes luminosos. Quienes diseñan con focos reducen un rostro a sus rasgos esenciales. El hombre de gran calva y pelo arremolinado sobre las sienes es Miguel Hidalgo; la mujer de poderosa nariz y chongo hierático es Josefa Ortiz de Domínguez; el de la patilla egregia es Agustín de Iturbide; el de cara redonda, tocada por un pañuelo, es José María Morelos.

La ciudad se llena de ideogramas de luz y el favorito de la mayoría suele ser la campana de Dolores.

De niño me entusiasmaban el descomunal despliegue de banderas, los coches con banderitas en las antenas, los rehiletes que giraban con identitario frenesí. La Comercial Mexicana hacía sus "ofertas de septiembre" y ponía el jamón de pavo a precios nacionalistas.

Estudiar en el Colegio Alemán me sirvió ante todo para apreciar el español. Durante nueve años llevé todas las materias en el idioma del *Sturm und Drang* y la *Blitzkrieg*, salvo Lengua Nacional. El colegio había sido el principal centro de propaganda nazi del país y fue clausurado cuando México se unió a los Aliados. Entré ahí en 1960, quince años después de terminada la Segunda Guerra Mundial. La mayoría de mis maestros había sido adiestrada en el nacionalsocialismo y algunos aún profesaban nostalgia por el Tercer Reich. Rudy Roth, condiscípulo mío, asistió a un campamento donde un maestro arruinó la reunión en torno a una fogata. De pronto aquel hombre severo, que hasta entonces había tenido un temple de hierro, comenzó a sollozar. Hay algo especialmente devastador en el derrumbe de una persona que consideramos imperturbable. El profesor lloraba sin alivio posible. Cuando alguien se atrevió a preguntarle qué sucedía, respondió: "Hoy es cumpleaños del *Führer*".

La rígida enseñanza en el Colegio Alemán me permitió entender mi idioma como un esquivo espacio de libertad que debía atesorar a toda costa. También me convirtió en alguien folclóricamente patriota, que anhelaba luchar contra los extranjeros y contra el misterioso "Masiosare" del que hablaba nuestro himno. Es fácil comprender que mis héroes favoritos fueran los cadetes del Colegio Militar que cayeron combatiendo contra Estados Unidos. Aunque las exigencias de la educación militar debían ser más fuertes que las de mi escuela, las idealizaba con narcisismo masoquista. No quería sufrir en nombre de las declinaciones alemanas: quería sufrir por la patria.

Me maravillaba algo que nos había contado la señorita Muñiz, maestra de Lengua Nacional. Cada 13 de septiembre se pasaba lista en el Colegio Militar y se incluían los nombres de los seis cadetes que murieron en 1847. El profesor decía: "¿Agustín Melgar?", y la tropa infatuada respondía: "¡Murió por la patria!"

En clase memorizamos uno de los más enigmáticos poemas de la historia. No lo entendíamos y nos hacía llorar. Amado Nervo, "poeta del éxtasis", había escrito:

> Como renuevos cuyos aliños
> un viento helado marchita en flor,
> así cayeron los héroes niños
> ante las balas del invasor.

El primer verso era incomprensible, el segundo confuso, el tercero tremendo y el cuarto no podía ser juzgado porque ya estábamos llorando. El insondable Amado Nervo fue un hombre de una cursilería irredenta que también fue un extraordinario poeta modernista. Es, como sugirió Alfonso Reyes, uno de esos poetas que sólo sobreviven antologados. Los versos que he citado de memoria, medio siglo después de haberlos aprendido, no pertenecen a la zona rescatable del poeta, pero sí a la que le dio excepcional fama.

Antes de la muerte de Juan Gabriel, en 2016, el entierro más concurrido en la Ciudad de México había sido el de Amado Nervo. Ni el de Pedro Infante ni el de Cantinflas ni el de Chespirito alcanzaron esa dimensión. En 1919, el autor de *La amada inmóvil* cerró los ojos después de pedir que le abrieran las cortinas para ver una última luz. Estaba en Montevideo y el regreso en barco de su cuerpo se convirtió en un funeral marítimo que duró seis meses. Recibió homenajes en numerosos puertos de América Latina hasta ser enterrado en la Rotonda de los Hombres Ilustres (Vicente Fox, presidente de la alternancia democrática que derrotó al Partido Revolucionario Institucional después de setenta y un años en el poder, incumpliría sus promesas de cambiarlo todo y se concentraría en modificaciones cosméticas: a partir de 2003 la Rotonda perdió su exclusividad masculina y ahora alberga a las Personas Ilustres).

En mi salón, los versos de Nervo nos apasionaron al margen de la consideración estética y el entendimiento. Un dolor indescifrable pero cierto llegaba a través de esa elaborada evocación de los niños que morían. A causa de la invasión estadounidense, México fue despojado de la mitad de su territorio. El ejército de ocupación perdió menos de dos mil soldados en la justa. "En términos de guerra, fue el equivalente a sacarse la lotería", comenta el cronista Pete Hamill.

Enterarme de esto fue uno de los episodios centrales de mi infancia. Los escenarios que veíamos en las películas de vaqueros y en el programa *Disneylandia* habían sido nuestros. En defensa del suelo patrio, seis jóvenes ofrendaron (verbo favorito de los maestros de civismo) su vida en el Castillo de Chapultepec, sede del Colegio Militar. Al pie del cerro donde se alza ese baluarte, los Niños Héroes eran conmemorados por columnas coronadas con laureles que parecían espárragos gigantes.

Siempre he anhelado ser capaz de una desaparición espectacular. Como ya he dicho, quería irme de mi casa para ser encontrado años después por mis padres como una ruina viviente que los llenaría de culpas. Luego me imaginé como un cadete mancillado que cada 13 de septiembre regresaría con el grito: "¡Murió por la patria!" A diferencia de los amigos que deseaban triunfar como campeones de goleo, presidentes, jefes de la policía o estrellas del rock, me cautivaba la contradictoria celebridad de quien perdura por desaparición. El Ausente Necesario.

Los Niños Héroes eran ideales para asociar el sacrificio con la pedagogía. Murieron jóvenes, espléndidamente vestidos, ultrajados por el villano histórico de México: Estados Unidos. Conocemos sus semblantes gracias a que uno de sus condiscípulos, Santiago Hernández, los pintó de memoria para un festejo en 1871. Hernández fue uno de los principales caricaturistas de la revista *La Orquesta* y tenía una retentiva visual privilegiada. Más de veinte años después de los hechos, plasmó los rostros jóvenes que hoy vemos en las estampas que aún se venden en las papelerías.

Para perfeccionar el asunto, el más dramático de los Niños era mi tocayo. Según la leyenda, Juan Escutia subió a la azotea del Colegio Militar. Herido de muerte, se acercó a la bandera y quiso impedir que cayera en manos de los invasores. En un gesto sublime, se envolvió en ella y se lanzó colina abajo. Nuestros grandes héroes se precipitan. Cuauhtémoc, último emperador azteca, llevaba en el nombre su destino: Águila que Cae. Juan Escutia encontró el suyo en la barranca.

Los Niños Héroes me cautivaron tanto que a causa de ellos abandoné una de mis pasiones de infancia: el beisbol. En 1965 me aficioné al Rey de los Deportes porque descubrí a Sandy Koufax. Siempre he admirado a los zurdos. Les basta escribir su nombre para ser originales. En 1965, Koufax fue el primer zurdo en lanzar un juego perfecto desde 1880.

Me encandilaba su habilidad con la mano izquierda. Aunque mi cronista radiofónico favorito era Ángel Fernández, admiraba las narraciones de beisbol del Mago Septién, que describía el juego como un *"ballet* sin música" y daba sentido épico a las estadísticas. Había algo hechizante en una actividad donde los más lejanos eran llamados *jardineros* y donde el bateador debía cumplir la insondable proeza de Ulises: volver a casa. Los pítchers eran los grandes protagonistas y ejercían su profesión desde un sitio encantado: el *diamante*.

Toda idolatría admite componentes ajenos a las tareas del héroe. Sandy Koufax, el gran pítcher de mi infancia, tenía atributos extradeportivos. Que fuera zurdo me cautivó desde el principio, pero había algo más. Cuando llegó el primer juego de la Serie Mundial entre los Dodgers de Los Ángeles y los Mellizos de Minnesota (¡nombre de fábula!), Koufax se negó a participar porque la fecha caía en Yom Kipur. Así supe que mi ídolo era judío. Para alguien que padecía los rigores del Colegio Alemán y había visto suficientes películas de la Segunda Guerra Mundial para distinguir a primera vista un

Oberstabsfeldwebel de un *Feldmarschall,* un pícher judío tenía el rango del Vengador.

Admiré a Koufax como si lanzara curvas contra mis maestros del colegio. Desde el montículo, resistía por nosotros. Curiosamente, los Niños Héroes arruinaron esta fantasía. Por ahí de 1967 supe de su existencia, conocí su dramático destino y los convertí en mis mártires favoritos. A causa de esa guerra, California ahora estaba "al otro lado". Koufax oficiaba en Los Ángeles, tierra arrebatada. Era judío y, por lo tanto, enemigo de mis maestros, pero también era un gringo que usurpaba el antiguo territorio nacional.

El 17 de septiembre de 1963, Estados Unidos devolvió a México una mínima porción de tierra seca: El Chamizal. Aunque se trataba de una recuperación bonsái, fue celebrada con suficiente fuerza para interesar incluso a un niño que una semana después cumpliría seis años.

Recuerdo las imágenes del presidente Adolfo López Mateos en la televisión en blanco y negro. Mi generación creció al compás de un nacionalismo fiestero. Aprendimos que ser mexicano es tan bueno que no requiere de argumentos. Los productos importados nos gustaban más que los nuestros y la palabra *indio* sólo se usaba para ofender; sin embargo, sabíamos que "como México no hay dos" (y no se nos ocurría decir "por fortuna").

El nacionalismo mexicano no se basa en reclamos ni en el enfrentamiento con otros países, sino en la conciencia, decididamente contradictoria, de que lo que encontramos a nuestro alrededor es deficiente pero magnífico. Conocer los desastres no frena la idolatría.

Quien grita "¡Viva México!" no alza el índice triunfal que en Estados Unidos significa ser el *number one*. El orgullo nacional no depende de logros ni implica otra superioridad que la de festejar lo que somos de manera inevitable.

Es fácil asumir una identidad que depende de las fiestas, y más si caen en el mes de tu cumpleaños, aunque esto también trae problemas. Las velas de mi pastel se encendían como un interludio doméstico entre las pachangas de los próceres. No pensaba emularlos, pero les rendía devota pleitesía. Seguramente en esto también influyó mi padre, filósofo que había escrito *Los grandes momentos del indigenismo en México* y buscaba las esencias nacionales con la intensidad de quien nació en España y desea encontrar un nuevo sistema de creencias en su tierra de adopción.

Nunca fui un patriota ejemplar, pero un 13 de septiembre los Niños Héroes acabaron con mi culto a Sandy Koufax. Bien a bien, sólo entendí esto mucho tiempo después, al leer un extraordinario cuento de Luis Humberto Crosthwaite: "Where have you gone, Juan Escutia". La historia trata de un niño de Tijuana que admira a los Padres de San Diego y un día descubre que los Niños Héroes cayeron luchando contra Estados Unidos. Por eso él vive del lado pobre de la frontera: el país se encogió a causa de la guerra y Tijuana, sitio que hasta entonces carecía de relevancia, quedó venturosamente en la línea divisoria. Por eso Crosthwaite considera a Santa Anna, gran derrotado de la contienda, el máximo agente de bienes raíces que ha tenido su ciudad.

Con destreza, Crosthwaite asocia la infancia de su protagonista con la historia rota del país. Al leer el relato entendí mi propio embrollo con la identidad. Años después leí este aforismo de Canetti: "El enemigo de mi enemigo no es mi amigo". El zurdo de Los Ángeles, tierra usurpada, no tenía por qué representarme.

A partir de entonces, el beisbol se convirtió para mí en algo lejano que, sin embargo, tenía misteriosa presencia en la ciudad. Según la leyenda, el apodo del Mago Septién venía de la tarde en que logró la hazaña de narrar por radio un partido de beisbol inventado de principio a fin. En sus crónicas, Septién describía el Parque Deportivo del Seguro Social como un coliseo infinito. El juego estaba por terminar: "Parte baja de la novena entrada, hay dos *outs* en la pizarra, tres bolas y dos *strikes*. Último lanzamiento del partido… El estadio está a reventar… No cabe un alfiler… ¡Y sigue llegando gente!"

Para el Mago, el público representaba una marea incesante que no dejaba de acudir a la gesta, incluso cuando sólo quedaba un lanzamiento. Esta visión del público como un oleaje infinito es una metáfora de la ciudad misma y la dinámica del juego nos recuerda el reto de llegar a *home*.

El Parque del Seguro Social estaba en el cruce de dos importantes vías rápidas, el Viaducto y avenida Cuauhtémoc. Aunque el futbol es un deporte mucho más popular, durante años el beisbol tuvo una contundente presencia urbana gracias a la ubicación del estadio y a los dos equipos que ahí tenían su sede, los Tigres y los Diablos Rojos. Cada vez que alguien bateaba una pelota que salía del estadio, el Mago Septién decía: "Automovilistas que circulan por el Viaducto: ¡hay un bólido en su camino!"

El beisbol era la fascinante actividad que disparaba pelotas a la Ciudad de México. Fui ahí un par de veces, en partidos sin importancia. Las gradas semivacías me parecieron tan deprimentes como los tacos de cochinita, muy inferiores a los que preparaba mi abuela, yucateca ejemplar. De cualquier forma, me entristeció que años después el diamante de los peloteros fuera sustituido por un centro comercial. Hoy en día, este insulso templo del consumo es una mole cuadrada. Los recuerdos de jugadas épicas fueron sustituidos por ofertas. El jardín central donde un pelotero hizo una magnífica atrapada es ahora un islote con perfumes.

Desde que un confuso patriotismo me alejó del beisbol, cada 13 de septiembre me imaginaba como Niño Héroe, sin atreverme a justificar esa trágica fama. Tres días después, el fervor patrio proseguía en el desfile militar. Mi abuela paterna tenía un administrador, don Pancho Gándara, que cada 16 de septiembre conseguía espléndidos lugares para presenciar el despliegue de las fuerzas armadas. Llegábamos con una hora de anticipación. Como el *Fausto* de Goethe, aquel acto tenía su prólogo en el cielo: antes de la llegada de las tropas, diminutos aviones de guerra hacían ensordecedoras maniobras y lanzaban humo tricolor.

México no contaba con un equipamiento militar sobresaliente.

El público podía reconocer tanques y fusiles de la Segunda Guerra Mundial. Un ejército de segunda mano.

Las llamadas de larga distancia comenzaban a estar de moda y se decía que Estados Unidos era tan poderoso que nos podía derrotar por teléfono: "Allá vamos", eso bastaba para que nos rindiéramos. En el desfile, los modestos *jeeps* del Ejército Mexicano confirmaban que carecíamos de argumentos bélicos para recuperar otro territorio que no fuera el Chamizal.

El gran momento del 16 era la llegada de los cadetes del Colegio Militar. Marchaban como si flotaran sobre el pavimento, los brazos coordinados en una coreografía perfecta —el izquierdo trazaba una impecable diagonal y el derecho sostenía el fusil como si no pesara nada—. Sus uniformes eran de un negro impecable con vivos morados. Para perfeccionar su imagen, incluían un batallón de cetrería con halcones encapuchados. Aclamábamos a los cadetes con el fervor que merecen los Niños Héroes.

La parte más peculiar del desfile ocurría con la llegada del último contingente, que no tenía que ver con la milicia. Una delegación de charros y chinas poblanas montaba briosos alazanes. La dramaturgia cívica sugería que nuestra arma secreta era el folclor: "Si no los impresionaron las *bazookas*, ahí les va el jaripeo". Nuestra definitiva retaguardia estaba integrada por rancheros en traje de gala. El mensaje final era entrañable: podíamos ser derrotados, pero no dejaríamos de bailar el jarabe tapatío.

Cuando aquella azafata colombiana encomió nuestro nacionalismo, me vinieron a la mente imágenes de otro tiempo. Recordé mi pasión por los Niños Héroes, mi conflictivo romance con el beisbol y el Ejército respaldado por una delegación de charros.

Lo que fracasa como ideología, triunfa como nostalgia.

CEREMONIAS: EL GRITO

El cura Hidalgo inició la gesta de Independencia con una actividad que definiría una de las principales costumbres de la nación que estaba proponiendo. Tocó la campana de Dolores y lanzó alaridos para solviantar al pueblo. No todos los paisanos saben que proponía seguir dependiendo del rey de España con un gobierno local más autónomo. Lo que sí saben es que ese padre fundador abrió la boca para proferir lo que hoy determina nuestra principal ceremonia patria: el Grito.

Después de celebrar el Bicentenario de la Independencia en 2010, ¿qué estado de salud guarda nuestra identidad? Cuando gritamos "¡Viva México!" no pensamos en reconquistar Texas ni en expulsar a los argentinos que ocupan puestos en las pasarelas de la moda o en la selección nacional; preservamos la mexicana costumbre de estar juntos (y de preferencia apretujados).

Aunque las banderas tricolores hayan sido hechas en Hong Kong, representan talismanes de la autenticidad y sirven de salvoconducto para lanzar cuetes, comer esquites, tomar las plazas: el lábaro patrio es un *password* para todo. Un mexicano con bandera tiene la misma relación ante la norma que un piloto de Fórmula 1 ante el exceso de velocidad.

El 15 de septiembre la vida pública se interrumpe por frenesí. Un día después vendrá el esforzado desfile, pero esa noche ser patriota significa ir al Zócalo, aplastar un cascarón de huevo relleno de confeti en la nuca de tu compadre y que él sonría, agradecido por el fraterno golpe.

El suceso se instala en el alma de cada quien sin que importen las noticias recientes, la conducta del producto interno bruto, los precios del petróleo o la actuación del presidente. No se festeja el estado de la patria, sino el gozo de gritar su nombre.

Por definición, todo país es fundado por *amateurs*. Los nuestros se sublevaron por precipitación. La conjura de Querétaro fue descubierta y el cura Miguel Hidalgo se vio obligado a llamar a la rebelión con modestos recursos publicitarios: la campana de la iglesia, un estandarte de la Virgen y la fuerza de su garganta. En recuerdo de ese arrebato, el 15 de septiembre el presidente en turno grita los nombres de los héroes de la Independencia y agrega alguno con el que se identifica especialmente (Juárez y Cárdenas son los refuerzos más comunes).

Como en tantos sucesos históricos, el sentido profundo del Grito estaba en el futuro. Hidalgo pretendía liberar al país del yugo del virrey, pero no de Fernando VII, y proponía la fe católica como una religión de Estado. El 15 de septiembre no gritamos por *esa* independencia. Tampoco gritamos por otra corregida desde el presente. Gritamos porque nos gusta gritar.

De manera paradójica, el México posrevolucionario, manifiestamente jacobino, no ha dejado de buscar un pacto oculto con la Virgen de Guadalupe que Hidalgo llevaba en su estandarte. "No todos somos católicos, pero todos somos guadalupanos", dice el dicho. El impugnado rescate bancario (conocido como Fobaproa), que salvaría de la bancarrota a los financieros mexicanos y dejaría noventa y cinco por ciento de la banca en manos extranjeras, se aprobó en el Congreso en la madrugada del 12 de diciembre de 1999, día de la Virgen de Guadalupe. Lo mismo ocurrió en 2013 con la privatización de la industria petrolera. Dos decisiones que ponían los bienes nacionales al servicio del capital extranjero buscaron el manto protector de la Virgen. Hidalgo fue menos contradictorio al buscar la Independencia con la protección de la Corona.

Cuando el presidente exclama: "¡Vivan los héroes que nos dieron patria!", suena como un actor ante un público que no oye bien. Esta retórica ajena a la emoción se perfeccionó en septiembre de 2013, cuando Enrique Peña Nieto recitó por primera vez desde el balcón presidencial los nombres de los héroes en el tono de quien lee en *teleprompter.*

El día del Grito nos fundimos en un tejido articulado por el agua de horchata; las pepitas atenazadas entre el índice y el pulgar; los hules que pretenden cubrirnos a modo de impermeable y se convierten en una segunda piel; el agrio olor de la multitud matizado por vapores ricos en cilantro y epazote; las exclamaciones de "¡No empujen!", seguidas de las de "¡Mé-xi-co, Mé-xi-co!" (que sirven para empujar); la olla providente de los tamales y el silbido náutico de los camotes; las demasiadas chelas; el urgente uso de suelo que permite orinar a la intemperie; la inconfundible presión de un palito de elote en las costillas; el zumbante rehilete tricolor; el merolico que anuncia "Llévese su máscara de Trump"; el esplendor de la piratería (en el ojo del huracán humano, alguien vende pilas para cámaras digitales o minicalcetines para proteger el iPod); el gran bazar de la quincalla y la bisutería; los muchos objetos –todos provisionales– que nos permiten reconocernos como parte de la tribu.

Al igual que las concentraciones celebratorias en el Ángel de la Independencia, la grey del 15 toma las calles, pero en este caso no llega animada por una insólita victoria deportiva o un esforzado empate (variante mexicana del triunfo). En la noche del Grito, la patria puede atravesar su peor momento o competir con Irak en índice de secuestros y periodistas asesinados sin que eso detenga las serpentinas. No celebramos el logro ni el mérito inaudito, sino la norma, ser como somos, o como *semos,* que no es lo *mesmo.*

Los requisitos del 15 de septiembre son sentimentales; la remota promulgación de un derecho hace que nos suba la bilirrubina. Nadie revisa con rigor histórico lo que pasó en 1810 ni lo que habría sucedido si Hidalgo hubiera tomado la capital cuando pudo hacerlo o si se hubiera asociado a España en forma confederada como hubiera querido. El motivo original –los insurgentes de gran patilla– se borra ante las necesidades del presente, consagradas al relajo.

Para participar en el convite no se requiere de otra seña de identidad que pronunciar *siquitibum*. No es necesario conocer la letra del himno ni estar enterado de quién fue el Pípila. En ese momento se es mexicano con la afrentosa naturalidad con que se agita una matraca o se porta un sombrero de un metro de diámetro. El linaje no depende del *ius soli* o el *ius sanguinis*, sino del derecho a echar montón, a ser uno con los muchos otros.

Una figura esencial del desmadre mexicano es el colado. En la fiesta del Grito abundan los que no son de aquí, pero se naturalizan con buches de tequila y alaridos de triple impacto. ¿Importaría que un despistado gritara "¡E-cua-dor!" en medio del coro vernáculo? La verdad, no nos daríamos por enterados o volveríamos a escuchar "Mé-xi-co", las tres sílabas que equivalen al bombo de la batería, la base sonora de la noche, el tam tam que se oye con el estómago, el latido tribal que se sobrepone al reguetón, la quebradita tex-mex, el ponchis ponchis, los ritmos híbridos incapaces de acallar la sangre devota que cita a Ramón López Velarde.

Al fragor de las cornetas de plástico, los talismanes nos congregan mejor que los héroes. Aldama, Mina y Allende son menos significativos que el penacho azteca, la melena afro tricolor y el jorongo de chiles serranos. Noche del disfraz y la artesanía, del exvoto y el *souvenir*, el 15 de septiembre sigue el decurso del carnaval sin sus implicaciones religiosas o esotéricas. La gente se conoce y desconoce, se pinta las mejillas de verde, blanco y colorado, accede a arrebatos pánicos y llega a la catarsis de los fuegos de artificio sin otra causa oficial que la pasión republicana. ¿No es raro estar frenético en nombre de la ley? El mismo país que ignora la Constitución y refuta la normatividad convierte un principio jurídico, un acto de soberanía, en ocasión de gran pachanga.

A diferencia de las muchas ceremonias nacionales que combinan el cristianismo con la sensualidad pagana, el Grito no pide el apoyo de los mitos. No incluye otro ritual que repetir los apellidos de los héroes. Lo demás es la juerga propiciada por lo que juzgamos nuestro, los recursos naturales que van del ponche a "El mariachi loco".

La intensidad sensorial de la madrugada trae los gestos unitarios del faje rápido y la manita de puerco, el pisotón y el albur, la caricia entibiada por el jarrito de atole, la espalda de junto que sirve para limpiarnos el agua que cayó del cielo y tal vez fuera de riñón.

¿Qué identidad cristaliza ahí? Las plazas se llenan de mexicanos tatuados, mexicanos torcidos, mexicanos rubios (algunos de ellos oxigenados), mexicanos con *piercing*, mexicanos pirata, mexicanos jodidos, mexicanos gallones, mexicanos alienígenas, mexicanos exprés, mexicanos de siempre, mexicanos de exportación, mexicanos típicos, mexicanos raros, mexicanos de calendario, mexicanos hartos de ser mexicanos, mexicanos de dibujos animados, mexicanos como no hay dos, los muchos modos que tenemos de configurar La Raza, la muchedumbre que sólo admite una estadística: "¡Somos un chingo y seremos más!"

La Independencia, s. a. de c. v.

Los países de América Latina que hace poco más de doscientos años decidieron correr su propia suerte son un teatro de las paradojas. Con ánimo bolivariano, los equipos de futbol de la región se unieron en la liga Libertadores. Sin embargo, de acuerdo con los tiempos que corren, el empeño recibió patrocinio de un banco español y fue rebautizado como la liga Santander Libertadores. Tal vez en el futuro otros proyectos apelarán de manera simultánea a la independencia y la dependencia. ¿Veremos el Museo de la Patria Corte Inglés?

Que el futbol latinoamericano dependa de un banco español podría ser un detalle baladí. Por desgracia, es la metáfora perfecta de países que celebran su independencia y donde algunas de las empresas más rentables se llaman Repsol, Gas Natural, Endesa, Telefónica, Iberia, Caja Madrid o Mapfre. Los principales grupos editoriales que operan en la región son españoles y el principal periódico del idioma es español. La Torre Bicentenario, que estuvo a punto de erigirse en la Ciudad de México con apoyo de la compañía española Inditex, dueña de Zara y Massimo Dutti, hubiera aportado otra ironía al festejo. ¿Virtud de ellos o culpa nuestra?

Mientras España se convertía en un próspero país de clase media, México mostraba una cara muy distinta. De acuerdo con los datos del Consejo Nacional de Evaluación de la Política de Desarrollo Social de 2015 estamos en un país con 53.3 millones de pobres (45.4 por ciento de la población).

Doscientos años después de la Colonia es más barato comprar en España un paquete turístico a la Riviera Maya que hacerlo en México, y una llamada telefónica de Madrid a la Ciudad de México cuesta lo mismo que el IVA de una llamada en sentido inverso. ¿Qué ha pasado?

La ciudad se llena de guirnaldas tricolores, la gente coloca banderas en los balcones y el ánimo celebratorio no disminuye, pero sabemos que el país se encuentra hipotecado. Las calles del México independiente son escenarios donde prosperan uno, dos, tres Starbucks. ¿Llegaremos a la utopía que aparece en un episodio de *Los Simpson* donde toda una cuadra es ocupada por cafeterías Starbucks?

El maíz, origen del hombre en las cosmogonías prehispánicas, es la planta nacional que ahora importamos de Estados Unidos, donde se utiliza para hacer etanol (quizá por eso Speedy Gonzales corre tanto) y donde viven los paisanos cuyas remesas mantienen a flote nuestra economía.

¿Qué tan independiente es un país donde el dinero circulante proviene en su mayoría del narcotráfico, el subsuelo, que tarde o temprano dejará de dar petróleo, y los migrantes? No sólo la autosuficiencia económica, sino también la soberanía parecen en entredicho.

Las ciudades más "típicas" de México tienen un casco colonial español (Zacatecas, Oaxaca, Guanajuato o Morelia) y el nombre más común del país no es Ilhuicamina, sino Juan Hernández. Sin embargo, en las escuelas la Independencia se sigue enseñando como un extraño regreso a las raíces: éramos mexicanos puros, dejamos de serlo en la Conquista y volvimos a serlo cuando sonó la campana de Dolores.

La visión patriotera del origen ha tenido una función ideológica para explicar nuestro fracaso: la NASA no está en México porque Pedro de Alvarado degolló a los astrónomos vernáculos. En el discurso oficial, la Conquista ha servido de pretexto para justificar un presente empantanado.

Aceptar las mezclas de las que estamos hechos pertenece a la misma operación intelectual que criticar el colonialismo. En *El laberinto de la soledad*, Octavio Paz planteó el desafío de reconocer la identidad para vencer complejos, definir lo propio como prerrequisito para enfrentar lo ajeno. Este ejercicio puede llevar a una simplificación, a decantar en exceso e idealizar una condición que es compleja y aun contradictoria. No hay un mexicano unívoco, idéntico a los otros, como podrían serlo los granos del maíz transgénico. En consecuencia, Paz matizó su enfoque en *Posdata:* "El mexicano no es una esencia sino una historia". Abierto al tiempo, se somete a nuevas realidades. En *La jaula de la melancolía*, Roger Bartra remató el tema de la identidad vista como algo inmodificable. Somos mixtos y no siempre lo somos del mismo modo.

En su obra de teatro *Dirección Gritadero*, el dramaturgo francés Guy Foissy propone la creación de un espacio donde la gente se desahogue con alaridos. No estaría mal que tuviéramos un gritadero urbano donde verter inconformidades. Nadie nos escucharía, pero serviría de terapia. Por ahora, disponemos de una fecha incontrovertible para unirnos en el desfogue y transfigurar los deseos incumplidos en jolgorio y hedonismo. El 15 de septiembre no ha perdido brío ni lo perderá. Es un entusiasmo que no requiere de más evidencia para ocurrir que el calendario.

Ese día, en las plazas de la ciudad, nos fundimos en un colectivo sin rostros individuales. Asimilados a la grey, todos somos como los héroes fantasmales que me cautivaban en la infancia: los Ausentes Necesarios.

A la mañana siguiente, compramos mole en Walmart y pagamos con tarjeta BBVA.

LUGARES: LA ZOTEHUELA

La Ciudad de México está secretamente determinada por un espacio un tanto al margen de las casas, una suerte de traspatio o azotea intermedia, un remanso entre un piso y otro: la definitiva zotehuela.

Normalmente, ahí está el calentador de agua. En otros tiempos estuvo el bóiler, alimentado de aserrín. Suele incluir un fregadero, a veces un tanque de gas, algunos triques, acaso una mascota demasiado molesta para que viva en las habitaciones. No llega a ser la azotea principal, donde el agua murmura en los tinacos.

En sus muchas periferias, Chilangópolis desemboca en unidades habitacionales y casitas de "interés social" coronadas por un depósito de agua. Es posible que el complejo de culpa de haber secado el lago nos haya llevado a aceptar la anodina arquitectura precaria en serie cuyo sello distintivo es el tinaco. Ni siquiera hemos sido capaces de mejorar ese depósito: no hay tinacos de autor. Ajenos al diseño, protagonizan una arquitectura que renunció a las aventuras de la forma.

La zotehuela es demasiado chica para contener tinacos. Esto confirma su carácter recoleto. Su equivalente en las iglesias es el camarín de la Virgen o el confesionario. Un lugar aparte, propicio para las plegarias o las confidencias rápidas.

Bastión de la soledad, también lo es de encuentros furtivos, especialmente entre mujeres que lavan la ropa mientras cantan, fuman un cigarro sin que las vea el marido, conversan con la comadre de "sus cosas", hablan de las cuestiones urgentes, personales, tal vez terribles, que sólo se dicen en una zona franca, un poco separada de la casa, pero que aún le pertenece.

La zotehuela ha sido enclave del desahogo en una sociedad machista. La palabra *lavadero* se ha convertido en sinónimo de *chisme*. La expresión alude al emblemático lugar donde las mujeres pueden estar entre ellas sin que eso resulte sospechoso, pues le están quitando manchas a las camisetas de los hombres. Acaso la zotehuela sea el único sitio donde la mujer de mandil y manos mojadas logra ser sincera hasta la rabia y dice todo de sí misma.

Ningún genio de la psicología inventó ese espacio. La zotehuela es un descanso de la geometría, una pausa que no se pudo llenar de otra manera. Fueron las mujeres quienes la dotaron de sentido en una sociedad que las imaginaba subalternas. ¿Cómo atreverse a decir lo propio en la mesa donde la cabecera está destinada al "dueño de la casa"?

El cine mexicano ha explotado bien ese espacio al aire libre. Cuando la madre necesita hablar con su primogénita sin que la oigan los varones, el guionista la coloca en la zotehuela: "Tengo que decirte algo, mija" (la expresión *mija*, pronunciada más veces en la pantalla que en la realidad, garantiza melodrama).

Por pertenecer en esencia al orbe femenino, la zotehuela se presta para la inesperada irrupción del pretendiente o el marido celoso. Si el hombre aparece ahí es porque, por primera vez en mucho tiempo, tiene algo que decir.

La zotehuela es fea: un espacio ajeno a la decoración donde nadie pone un espejo. Ahí se abandonan cosas que no pudieron ser guardadas en otro sitio y no importa que se oxiden. No tienen buena vista porque dan a otras zotehuelas, a una barda o la parte trasera de un inmueble.

Y, sin embargo, en ese sitio cantan las mujeres. Durante tres años viví bajo los lavaderos de una vecindad. A veces, abría la ventana y escuchaba misterios como éstos:

"Me agarró una tristeza bien sabrosa: no sabes lo bonito que lloré anoche".

"No me importa que Julián me quiera: me importa que me diga cómo me quiere. Pero no puede, nomás no puede".

"Soy bien presumida, mana: si no estoy entendiendo ya no trato de entender".

"Me picó una avispa y se me hinchó el brazo así de grande. El otro también se me hinchó, yo creo que por pura simpatía".

"Cuando lavo la ropa, como que lavo mi orgullo".

Anoté estas frases en un cuaderno que se me perdió y recuperé años más tarde. Los involuntarios aforismos de las zotehuelas transmiten la sabiduría de las mujeres con las manos enrojecidas de tanto lavar.

Si la ciudad resiste es por los rumores que ahí circulan, los desahogos, los murmullos, las conjeturas que alivian la tensión; historias destinadas a desaparecer como el agua en la coladera, cosas que se dicen para limpiar el alma como se limpia una camisa.

Vivir en la ciudad: El Olvido

A los diez o doce años expandí mi conocimiento de las calles. La invitación al viaje llegó en la forma de un camión repartidor de leche. La colonia Del Valle amanecía con botellas blancas al pie de las puertas. El repartidor las dejaba ahí, según los pedidos de cada familia. Las entregas se dividían en grupos, como camadas de cachorros. Las de tapa metálica morada contenían leche entera; las de tapa roja, leche desnatada.

En aquel tiempo con pocas disyuntivas comerciales no existían las variedades sin lactosa, ni las *slim* o *low-fat*. Las botellas eran de vidrio y debían regresarse. Entraban a la casa en calidad de préstamo, lo cual reforzaba los pactos de confianza en esa época en que los ladrones aparecían poco, o al menos no se interesaban en la leche.

Los repartidores pasaban dos veces por la misma casa. Dejaban las botellas llenas antes del desayuno, sin llamar a la puerta; luego iniciaban una ronda demorada para recoger cascos vacíos.

No sé si este sistema fuera práctico, pero a él se debía la auténtica reputación de los lecheros. Era fácil ponerse de parte de ellos en una comunidad lactante que entonces tenía menos alergias que ahora. Llevar de puerta en puerta una canastilla con botellas tintineantes resultaba popular; sin embargo, el prestigio decisivo de aquella profesión era erótico.

Cuando un niño no se parecía a su padre, la gente decía en tono de tranquila naturalidad: "Es hijo del lechero". Nadie tenía más posibilidades de entrar en una casa a deshoras.

La segunda ronda de los lecheros fomentaba su leyenda lúbrica. La familia ya había desayunado; el padre estaba en su trabajo y los niños en la escuela. Era el momento de recoger botellas vacías y hacer cuentas con la señora de la casa.

De acuerdo con el mito, los lecheros tenían un código de honor que les impedía rechazar la insinuación de una mujer. Como los albañiles, tenían la obligación gremial de estar calientes, pero, a diferencia de ellos, no podían conformarse con codiciar a las mujeres con la mirada ni lanzarles piropos: debían cumplir. Los veíamos con el admirado respeto que se concede a un oficio extremo: el piloto de pruebas, el médico en la sala de emergencias, el bombero rodeado por el fuego.

La fantasía colectiva les asignaba una extenuante ruta de copulaciones. Pero eso no acababa de definir su fama. El dato decisivo es que procreaban sin cesar.

Como ya comenté, en los cálculos demográficos de la Ciudad de México siempre ha habido una laguna inquietante. Los ciudadanos fantasmales, que marcan la diferencia entre una estadística y otra, podrían ser hijos del lechero.

Un poblado del Estado de México lleva el nombre de Lechería. Yo lo imaginaba como el punto de partida de los hombres que antes del mediodía ya habían fornicado lejos de su casa. El hecho de que tuvieran hijos por todas partes me llevó a asociarlos con una de las principales avenidas de la ciudad: Niño Perdido (su prolongación era San Juan de Letrán; hoy ambas conforman el anodino Eje Central Lázaro Cárdenas).

La leche y el semen se han vinculado en incontables juegos de palabras. Tal vez la leyenda erótica del repartidor de leche se debiera a esa asociación primaria. Los mamíferos evolucionan, pero no demasiado.

Llama la atención que en la beata sociedad de entonces los promotores de la lujuria gozaran de respeto. Toda comunidad, por equivocada que esté, requiere de excepciones y válvulas de escape. La leche llegaba a las casas como un don y sus portadores, como un peligro tolerado.

Nunca supe que alguien se quejara de ellos. Si seducían a una señora, lo hacían sin escándalo ni ofensa. Tal vez no actuaran por voluntad propia y fueran esclavos del ardor ajeno. A diferencia de los albañiles, no hacían comentarios soeces ni se ufanaban de su encendida leyenda. Silenciosos, acaso indiferentes al deseo que sin embargo obedecían, entraban en una casa y a veces tardaban en salir. Era todo.

En los distintos barrios donde viví de niño (Mixcoac, la colonia Del Valle, Coyoacán) nadie los encontró en una situación comprometedora ni se supo de una mujer que abandonara a su marido para subir al camión de leche. Sencillamente les atribuíamos una sexualidad invisible, que sólo a través de ellos se cumplía e insinuaba que a pesar de todo la vida en esas casas pequeñas era capaz de algún misterio.

Antes de que los supermercados y los envases de cartón Tetra Pak los jubilaran para siempre, los lecheros sobrellevaban la fantasía de los otros con rara dignidad. Recorrían la calle a sabiendas de que les asignábamos coitos múltiples, un libertinaje sin freno, la sufrida obligación de la descarga. En cierta forma, eran mártires a domicilio.

Determinados por las creencias de los otros, hacían que un mundo limitado pareciera complejo y sospechoso. Eran los depositarios de una fe: aceptaban el peso de fingir que, en un entorno sin sucesos, ellos sí tenían aventuras.

La reputación de los libertinos en tránsito me interesó menos que el hecho esencial de que repartieran mi bebida favorita. Uno de los camiones pertenecía a una pequeña empresa destinada a no borrarse de mi mente, pues se llamaba El Olvido. Aquel nombre, apropiado para una pequeña ranchería, ya desapareció del mercado y nunca llegué a probar sus productos (en mi casa compraban otra leche, de modo que para mí El Olvido representó un medio de transporte). Me intrigaba el reducido tamaño del camión, más cercano al de una camioneta, del que bajaba un hombre cargando canastillas. En ese momento, un amigo y yo subíamos a bordo y nos ocultábamos detrás de las botellas.

A lo largo del trayecto, en la parte trasera desaparecían las botellas llenas de leche y eran sustituidas por cascos vacíos, semitransparentes, que dificultaban el escondite. En algún momento, el repartidor nos descubría y nos echaba de ahí. De pronto nos encontrábamos en cualquier parte de la ciudad. El juego consistía en volver a casa, colgados *de mosca* en un tranvía o de polizones en un camión urbano, pues no llevábamos dinero. Aunque nunca fuimos a dar a la distante población de Lechería, a veces tardábamos dos horas en volver.

Conocí la ciudad de entonces de manera inconexa. El camino de ida era una ruta ciega y el de regreso, un rodeo abigarrado. Al ser expulsados del camión, debíamos averiguar qué tan lejos estábamos y movilizar nuestros conocimientos en busca de un retorno.

En *Pelando la cebolla*, Günter Grass observa: "Como a los niños, al recuerdo le gusta jugar al escondite". Muchas veces lo que buscamos en el país extraño de la infancia debe ser deducido, investigado, perseguido con denuedo.

Sí, la memoria juega a las escondidas. Estar oculto en el camión de El Olvido me adiestró para el ejercicio posterior de buscar recuerdos proclives, también ellos, a ocultarse, y determinó mi relación con una ciudad que nunca conoceré del todo. Esa forma fragmentaria de articular el territorio se parece a la estructura de este libro.

CEREMONIAS: CAFÉ CON LOS POETAS

A Alejandro Rossi le gustaba recordar que los pueblos semíticos asentados a ambas orillas del Mediterráneo dejan de producir en la edad adulta la enzima que ayuda a digerir la leche. Desde ese punto de vista, madurar significa abandonar la leche. Esto ha aumentado con la condición alergénica del mundo moderno.

Desde que nació mi hija Inés, hace diecisiete años, encuentro niños con todo tipo de rechazos a los estímulos del medio ambiente. De manera emblemática, también sus mascotas son alérgicas. La realidad contemporánea provoca estornudos.

Construida sobre un lago que fue secado, agobiada por los humos de los coches y la contaminación, la Ciudad de México es un baluarte de los ácaros. El clima no es agresivo en la medida en que nuestro invierno es benévolo (aunque se padece dentro de las casas, construidas según la idea supersticiosa de que la calefacción resulta innecesaria), pero la astenia primaveral prospera en el aire sucio. La llegada de las lluvias, cada vez más torrenciales, alivia las alergias, pero no las inundaciones.

En este contexto, los cafés no son, como en otras partes del mundo, lugares donde uno puede librarse por un rato de la nieve, sino sitios donde se combate la prisa y se respira de otro modo. Algunas cafeterías modernas tienen un sistema conocido como *aire lavado;*

las más tradicionales carecen de él y no lo necesitan: compensan los vapores de la máquina italiana con un ventilador que de paso aligera el aire. El mejor clima de la Ciudad de México está en un café.

En sus excepcionales conversaciones con Bioy Casares, Borges lamentaba que hubiera una literatura del vino, la heroína, el opio o la absenta, pero no una del café con leche. A pesar de sus efectos tonificantes, la mezcla carece de *glamour* para justificar una visión alterna del universo.

En mi adolescencia se hablaba de "intelectuales de café", no con el respeto que se le concede a una secta que transmite ideas en el apretado espacio de una mesa, sino con el desprecio que ameritan quienes dan la espalda a la realidad y se refugian en la vana especulación. Esto no impedía que los esquivos cafés de la Ciudad de México fueran singulares refugios para reinventar lo real a fuerza de palabras.

En mi infancia había un solo Vips, inaugurado en 1964. Poco después llegó un Denny's. Años más tarde, Sanborns comenzaba a desperdigar sucursales en distintas zonas, pero la cafetería de franquicia aún no era omnipresente. Quienes empezábamos a leer buscábamos cafés recoletos para hacer tertulias que parecían conspiraciones, no por lo que decíamos, sino por la escasez de participantes y el fanatismo que asumíamos.

Cuando cursaba la preparatoria, la leche ya no tenía el prestigio erótico de antaño, por más que los miembros de mi generación habláramos de "hermanos de leche" para referirnos a dos personas que se habían acostado con la misma mujer.

Del espacio nómada de El Olvido pasé a la vida sedentaria de los cafés. Nunca ha habido muchos en la ciudad. Si se exceptúan los sitios fundados por cubanos y españoles en el Centro, el café no ha ocupado entre nosotros el sitio preponderante que ha tenido en otras metrópolis. Además, poco a poco las cadenas de inspiración estadounidense fueron sustituyendo a los pequeños establecimientos donde el dueño fumaba al otro lado de la barra, junto a un perro que tenía ahí un cómodo colchón. Aquellos cafés eran sitios únicos, irrepetibles, las grutas de los iniciados.

El más conocido de la capital es el Sanborns que se ubica en la Casa de los Azulejos, edificada por un español revanchista, deseoso de vengarse del padre autoritario que le pronosticó:

—Ni siquiera serás capaz de construir una casa de azulejos —refiriéndose a una casa de juguete.

Este edificio señorial cuenta en su escalera con un mural de José Clemente Orozco. En la parte superior hay un bar, con una pequeña ventana en forma de flor que permite una de las mejores vistas del Centro Histórico, dominada por cúpulas y campanarios.

Los zapatistas desayunaron en ese Sanborns al tomar la capital en 1914 y dejaron la imagen indeleble del pueblo que por primera vez recibe el providente regalo del pan dulce.

Ese inmueble de indudable prosapia fue el primero de una cadena que hoy es propiedad de Carlos Slim, uno de los hombres más ricos del mundo. A Carlos Monsiváis le gustaba preguntar: "¿Qué porcentaje tuyo le pertenece a Slim?" Como los boxeadores, que son propiedad de varios inversionistas, el dueño de Sanborns controla una parte de la vida de cada mexicano. La Casa de los Azulejos es sólo la matriz de un emporio de ubicuos negocios que abarcan todo el país. En 1990, el presidente Carlos Salinas de Gortari promovió la privatización de Teléfonos de México. Slim recibió la empresa en régimen de monopolio absoluto durante seis años y relativo durante diez. Sin ese impulso ajeno a la libre competencia y derivado del tráfico de los favores gubernamentales, no se hubiera convertido en el magnate que es hoy en día. El café de Sanborns es pésimo, pero sabe peor al conocer la trayectoria de su dueño.

Hasta los años ochenta, las cafeteras italianas eran aparatos de alta especialización que lanzaban sus aromáticos vapores en el café Tupinamba, donde el locutor Cristino Lorenzo, ya ciego, narraba por radio partidos de futbol, o Gino's, al sur de la Ciudad de México, donde los pasteles competían en elaboración con los peinados de las clientas.

Los Sanborns se impusieron con tal unanimidad que la clase política y las muchas franjas de la haraganería encontraron ahí su espacio favorito. Durante dos años trabajé en un proyecto para fundar un nuevo periódico, dirigido por Fernando Benítez. En una ocasión discutimos sobre la posibilidad de contratar a determinado colaborador y él lo rechazó con esta frase:

—¡Se la pasa desayunando en Sanborns!

Santuario de la pereza, la cafetería reforzó la mala fama de los "intelectuales de café" y llevó a la creación de un apodo agraviante: el *Homo sanborns*, sujeto inútil de gran pedantería.

En su taller de cuento, Augusto Monterroso solía prevenirnos de la estéril bohemia que se fragua en los cafés y nos contaba anécdotas de un conocido al que llamaba el *Iguanadón sanbórico*, por su aspecto antediluviano y su hábitat cafetero.

El lamentable éxito de Sanborns fue imitado por cadenas en las que se sirve un café flojo y requemado, y que prosperan con nombres de onomatopeyas: Vips, Toks… La proliferación de estos lugares con sillones de plástico dio a los escasos cafés verdaderos un aire casi secreto. Lugares para una secta a la que se pertenece por méritos no siempre precisables.

Gracias a las transmisiones que se hacían desde el Tupinamba, asocio la cultura del café con la radio. Esta impresión se reforzó cuando recorrí la calle Ayuntamiento, en el Centro, donde se encuentra la xew, que durante décadas fue la estación más importante del país. Enfrente había un restaurante que llevaba el apropiado nombre de La Esperanza. Ahí, los aspirantes a locutores mataban el tiempo y renovaban sus expectativas. En la siguiente esquina, el café San José tonificaba a los rechazados y mejoraba sus voces (un sorbo de poderoso exprés bastaba para adquirir el tono de un villano de radionovela).

El café es un sitio para hablar. La mitología de los locutores fue sustituida en mi ánimo por la de los escritores, en especial la de los poetas. Hacia los veinte años, peregrinaba por Bucareli rumbo al café La Habana donde, al decir de Roberto Bolaño, se reunían los "poetas de hierro".

En una de mis primeras incursiones descubrí que quien busca café encuentra poemas. Una tarde se acercó a nuestra mesa Jorge Arturo Ojeda, escritor orgulloso de su atlético torso que usaba camiseta de basquetbolista hecha con una malla translúcida y echaba su melena hacia atrás con calculado gesto byroniano. Yo había leído su libro *Cartas de Alemania*.

–Tiene una portada rojiza –dije por añadir algo a la conversación.

–Magenta –me corrigió.

Luego se interesó en saber si yo estaba en condiciones de publicar. Le dije que mi libro *La noche navegable* hacía cola en la editorial Joaquín Mortiz. Él se acordó de "Insomnio", poema de Gerardo Diego, y recitó:

> Tú y tu desnudo sueño. No lo sabes.
> Duermes. No. No lo sabes. Yo en desvelo,
> y tú, inocente, duermes bajo el cielo.
> Tú por tu sueño y por el mar las naves.
> [...]
> Qué pavorosa esclavitud de isleño,
> yo insomne, loco, en los acantilados,
> las naves por el mar, tú por tu sueño.

No volví a ver a Ojeda, pero recuerdo el poema que la azarosa vida de café me permitió asociar con mi primer libro.

En el café Superleche, de San Juan de Letrán, frecuenté al poeta más hosco de México, Francisco Cervantes. "Hay que hablarle de Pessoa porque todos los demás temas lo irritan", me había aconsejado Monterroso.

Cervantes vivía en el Hotel Cosmos, sobre San Juan de Letrán, y solía merendar en el Superleche, que se vino abajo con el terremoto de 1985.

No era necesario verlo de noche para saber por qué le decían el Vampiro. Varias veces nos encontramos en las oficinas del Fondo de Cultura Económica, donde ambos hacíamos traducciones, y aceptó mi amistad porque cité un poema de Francisco Luis Bernárdez que le gustaba mucho: *La ciudad sin Laura*. Yo tenía entonces veintitantos años y admiraba, con el romanticismo de quien todavía ignora ese calvario, que una ciudad se definiera por el amor de quien ya no está ahí:

En la ciudad callada y sola mi voz despierta una profunda
[resonancia.
[...]
Para poblar este desierto me basta y sobra con decir una palabra.
El dulce nombre que pronuncio para poblar este desierto es el de
[Laura.

Como suele ocurrir con gente de coraza furibunda, Cervantes era un sentimental clandestino. Odiaba ciertas cosas con una obcecación refractaria a las razones. Cuando dirigía *La Jornada Semanal* le publiqué un poema. Al presentarlo, me referí a sus excepcionales títulos. Pocos autores han tenido el don de Francisco Cervantes para nombrar sus libros: *Los varones señalados, Heridas que se alternan, Los huesos peregrinos...* Por desgracia, en mi encomiástica entrada usé una palabra que él abominaba: *poemario*.

–¡Es una de las tres que más detesto! –dijo el Vampiro, cuyos odios estaban bien clasificados.

–¿Cuáles son las otras? –quise saber.

–La segunda es *Latinoamérica* –luego guardó silencio, vio el techo con sublime hartazgo y dijo–: no mereces saber la tercera.

Una semana después bebíamos en el Negresco, bar de mala muerte en la calle de Balderas, que alguien dotado de suprema ironía bautizó como el suntuoso hotel de Niza.

El bar estaba a unos cuantos metros de *La Jornada*. Era la única razón para ir ahí, aunque a Francisco también la hacían gracia las meseras, de muslos más anchos que un jamón serrano. Se acercaban a la mesa con temible coquetería, tomaban en sus dedos de uñas nacaradas el agitador de nuestra bebida y decían con dulzura sibilina:

—¿Quieres que te lo mueva, papá?

Francisco siempre quería.

Al Superleche íbamos de buen humor y al Negresco a reconciliarnos. El poeta favorecía el ron Negrita y el anís, que le había dado el apodo alterno de San Francisco de Anís.

En una ocasión salió especialmente entonado del Negresco. No le importó perder un diente postizo bajo la mesa y subió conmigo a la oficina. Al cabo de un rato, hubo un alboroto en la calle.

La Jornada, principal órgano informativo de la izquierda, estaba muy cerca de la Secretaría de Gobernación y las manifestaciones se habían acostumbrado a hacer una escala en nuestra puerta para que diéramos cuenta de sus luchas. Envalentonado, el poeta Cervantes abrió la ventana, salió al balcón y encaró a la multitud con un grito extemporáneo, digno de su amigo Álvaro Mutis:

—¡Viva el rey! ¡Devuélvanle el país a España!

La multitud, que no podía oírlo, lo aclamó con entusiasmo, atribuyéndole otro lema.

Cervantes fue el excepcional traductor de la biografía que João Gaspar Simões escribió sobre Pessoa. Entre las muchas lecciones que había recibido del poeta lusitano, una iba más allá de la escritura: el Vampiro admiraba su arte de vivir de prestado en una lechería.

El propietario del Hotel Cosmos era un gallego afecto a Portugal, la *saudade* y la poesía. Adoptó al gran poeta, como tantos lo hicimos en los bares y los cafés donde recitaba, se enojaba, quería acabar con el mundo, se conmovía y volvía a recitar.

En una de sus noches luminosas, el Vampiro se retrató mejor que nadie:

La cólera, el silencio,
su alta arboladura
te dieron este invierno.
Mas óyete en tu lengua:
acaso el castellano,
no es seguro.

[...]

¿Amor? Digamos que entendiste y aun digamos
que tal cariño te fue dado.
Pero ni entonces ni aun menos ahora
te importó la comprensión que no buscaste
y es claro que no tienes.
Bien es verdad que no sólo a ti te falta.
La ira, el improperio,
los bajos sentimientos
te dieron este canto.

En el café La Habana me reunía con otro poeta de carácter destemplado, Mario Santiago Papasquiaro. Nos conocimos hacia 1973, en el taller de cuento de Miguel Donoso Pareja, en el piso diez de la Torre de Rectoría.

Ahí estaba la sede de Difusión Cultural. A eso de las siete de la noche, el sitio se vaciaba y sólo quedaba encendida una lámpara en el techo, sobre el escritorio donde Donoso revisaba manuscritos. Los grandes ventanales daban al campus, dominado por el crepúsculo. En la línea del horizonte veíamos la sombra del Ajusco y, más cerca de nosotros, el estadio de Ciudad Universitaria, como un escarabajo boca arriba.

Escuchábamos con atención en un semicírculo de sillas. Entre los asistentes estaban Luis Felipe Rodríguez, que escribía notables cuentos de ciencia ficción y años después sería uno de los principales astrónomos mexicanos; Carlos Chimal, que publicaría cuentos, novelas y numerosos libros de divulgación científica; Xavier Cara, que poco después optaría por la medicina y moriría haciendo guardia en el Hospital General, durante el sismo de 1985; Jaime Avilés, futuro cronista de abusos médicos y otras corrupciones.

Donoso Pareja había sido marinero y había padecido la cárcel y el exilio. Su carisma convocaba a los aspirantes a cuentistas, pero también a los deseosos de encontrar un buen sitio para discutir. Uno de ellos, sin duda el más elocuente, era Mario Santiago, que entonces se llamaba José Alfredo Zendejas. Sólo escribía poemas, pero le gustaba debatir acerca de narrativa. Su sentido crítico era feroz; sin embargo, atemperaba su lumbre con chistes que él mismo festejaba con estruendosas carcajadas. Había leído más que nosotros, conocía las vanguardias, militaba con Roberto Bolaño y otros rebeldes en el infrarrealismo, y planeaba un épico viaje a Europa.

Su poema "19 de septiembre de 1985" recupera el impacto del temblor con la exacta fuerza de un espejo roto:

> Las familias de acá enfrente ya no existen
> la metáfora se cayó de sus andamios
> de ayer a hoy otra es la sangre
> fuera del sueño es crudo el sueño
> se pierden hijos/padres/amasias
> hay polvo negro: flores de ira que masco & masco

En los noventa, aquel poeta de mirada encendida y pelo alborotado era ya un hombre disminuido, que usaba un bastón porque había sido atropellado. Un cuarentón de pelo ralo y mala dentadura. La gente lo trataba con molesta suspicacia. Cuando iba a verme a *La Jornada*, la recepcionista, que solía toparse con toda clase de extravagantes, me llamaba por teléfono para preguntar si en verdad quería dejar entrar a Mario.

Prefería verlo en el café La Habana, donde pedía una cerveza a las diez de la mañana mientras hablábamos del taller de Donoso y de los años setenta del siglo pasado, época que Bolaño volvería célebre en *Los detectives salvajes*, donde Mario aparece bajo el nombre de Ulises Lima.

Por ahí de 1996 coincidimos en el café con Samuel Noyola, poeta de Monterrey que había vivido en mi casa durante seis meses de 1986. La inmersión en los abismos del DF iba a ser aun más intensa en el caso de Samuel. Mario fue a lo largo de toda su vida un irregular, un valiente dispuesto a boxear como Kid Azteca contra el viento y el destino. Su caída fue la de un guerrero en el frente de batalla que se inventó a sí mismo. El caso de Samuel resulta por completo diferente. Un poeta solar, el Chico Maravilla que conquistó la capital, trabajó con Octavio Paz, tuvo una novia extraordinaria y se eclipsó de repente. Después de pasar por diversos purgatorios, viviría en la calle, primero en la Condesa, luego en Coyoacán, pasaría por la cárcel y finalmente desaparecería, persiguiendo un fuego incierto o tan sólo huyendo de sus fantasmas.

Presenté a estos poetas de la calle en el café La Habana. Samuel saludó a Mario con su acento norteño y mostró orgulloso las botas vaqueras que estaba estrenando. Para entonces ya habían dado las doce y el decano del infrarrealismo lo bautizó como el Vaquero del Mediodía.

Mario Santiago se sentía más afín a las vanguardias radicales de América Latina (Hora Cero, el nadaísmo, la Mandrágora, El Techo de la Ballena) que a la tradición de los poetas mexicanos, que juzgaba cortesana y más interesada en las becas y los puestos que en la obra.

Su poesía es voluntariamente desigual en la medida en que juzga que todo poema es producto de un accidente que no debe ser acallado. Aceptaba y abandonaba sus poemas como azares del destino. Al modo de Allen Ginsberg, juzgaba que el texto es hijo de la suerte; concebía al poeta como un intercesor y nada más. Buena parte de los versos de este detective salvaje se escribieron en servilletas de papel y acabaron en los cestos de las cafeterías.

Hablaba a mi casa de madrugada e improvisaba poemas hasta agotar la memoria de la contestadora. Fiel a su condición de poeta vagabundo, deambuló por las calles hasta ser atropellado en 1996, esta vez de forma letal. El guerrero cayó sin que se conocieran cabalmente sus batallas. Había publicado algunas *plaquettes*, pero sólo la aparición póstuma de su libro *Jeta de santo* permitió que se conociera su trabajo.

Poeta diametralmente opuesto a Mario Santiago, Tomás Segovia compartía con él la convicción de que la escritura trasciende las intenciones del autor para vivir por cuenta propia. El autor de *Anagnórisis* no tenía una visión chamánica de la poesía, pero consideraba que, una vez consumado, el hecho poético respira por sí mismo y no debe ser negado. "Por algo ocurrió", afirmaba con una voz que parecía raspada por el viento áspero al que tantos versos dedicó.

Segovia entendía la poesía como un brote natural. ¿Qué derecho tenía él a cancelar esa existencia? No presumía de recibir un dictado divino, pero consideraba que cada poema atestiguaba una posibilidad del lenguaje que él no debía violentar.

En la Navidad de 2008, mandó este poema a sus amigos, deseando felicidad "por raro que parezca":

Pocos habremos sido los que esta madrugada
desde el espeso fondo
de la ciudad aún mal despierta
habremos visto allá en la blanca altitud
el vuelo delicado de los patos salvajes
altivamente absortos
en su ley impecable ciegamente cerrada
otra ley es la nuestra
otras leyes trabajan otras capas del mundo
pero este vuelo silencioso flota
casi allá en las alturas para siempre intactas
donde las leyes soberanas
hacen entre ellas el amor.

En las tertulias, Tomás hablaba de su pasión por reparar casas. Era un artesano consumado, afecto a la carpintería e incluso a las instalaciones eléctricas. Esta faceta de *bricoleur* contrastaba con su respeto al manuscrito inmodificable. El lenguaje requería para él de menos mantenimiento que una casa.

Español transterrado en México, Segovia solía escribir en la heladería Chiandoni, aspirando, sin conseguirlo siempre, a la costumbre europea de ser dejado en paz.

Su discípulo Fabio Morábito, poeta de mi generación, nació en Alejandría, en el seno de una familia milanesa, y llegó a México en la adolescencia. Aprendió a amar y escribir en nuestra lengua, pero conservó ciertos matices del emigrado que no acaba de acomodarse en ningún sitio. Pronuncia la erre en el tono resbaloso de un italiano del norte y se siente cómodo en sitios alejados de su casa. Lee, escribe y se reúne en los cafés. Durante muchos años no tuvo teléfono. La única manera de dar con él era visitarlo en sus tertulias.

Acaso para no aclimatarse del todo, y preservar sentimentalmente su condición de forastero, rechaza los cafés con pinta "intelectual" y favorece reposterías de alambicados pasteles, donde incluso a la decoración le sobra azúcar, sitios donde señoras perfumadas alzan la voz para sobreponerse al tintineo de las cucharillas. En este ámbito ruidoso, el poeta se concentra para decir: "El bullicio es nuestra cafeína".

Uno de sus mejores poemas evoca el espacio urbano como un vacío. ¿Podemos conservar en nuestra casa el hueco que la hizo posible? Una rara nostalgia emana de los poemas de Morábito. No es casual que haya escrito sobre las mudanzas, las huellas que los anteriores inquilinos dejan en una casa o la pérdida de espacios decisivos, como el Club Italiano, donde los extranjeros tenían un refugio (el cierre del club los obligó a reconocer que, ahora sí, vivían en México).

Ante una casa, Morábito distingue el llano que la hizo posible. Lo más valioso es ser propietario de ese espacio desnudo, el vacío necesario para que el hogar se llene de sentido:

Voy a mirar este terreno
lentamente, a recorrerlo con los ojos
y los pies
antes de edificar el primer muro,
como un paisaje virgen
lleno de densidad
y de peligros,
porque lo quiero recordar
cuando la casa me lo oculte,
no quiero confundirme
con la casa,
no voy a olvidar
este paisaje
ni cómo soy ahora,
dueño
de una amplitud,
de todo lo que tengo.

Aunque escribe novelas, cuentos y ensayos, Fabio es ante todo un poeta capaz de trabajar entre un capuchino y otro.

El ritmo del café se presta para la corrección de versos que avanzan como antes lo hacía el humo del cigarro. No se puede escribir una novela en un café. Las urgencias del periodismo y la necesidad de aislamiento me alejaron de esos sitios donde comencé a sentir que sobraba. No era poeta y perdía el tiempo. Eso me decía mi conciencia puritana, adiestrada en el Colegio Alemán.

A veces me protejo ahí de la lluvia o mato el tiempo entre un compromiso y otro, pero los cafés han dejado de ser metas en mi vida. Admiro a los que ahí se juntan, con la extrañeza del que ya lleva treinta años perdiéndose de algo. Toda ciudad tiene sociedades paralelas: los apostadores, los mendigos, los traficantes y los adictos suelen asociarse de modo clandestino para fraternizar al margen de la norma. Los cafés se han vuelto para mí algo semejante, casi prohibido. ¿Hay alguna razón para esta renuncia? Es posible que todo tenga que ver con la forma en que administramos el futuro. Durante años, me reuní con poetas a hablar del porvenir. No pensaba escribir poemas, pero, como los protagonistas de *En el camino* o *Los detectives salvajes*, aspiraba a vivir poéticamente. El café era el lugar de la violenta conjetura, donde podíamos concebir esperanzas raras, acaso inasequibles. Poco a poco el horizonte dejó de ser imaginable y se transformó en una certeza que queda atrás.

Pero a veces el chorro de leche en el café cortado me llega como un telegrama de otro tiempo; recuerdo los viajes sin meta, oculto en el camión repartidor de El Olvido, y las enseñanzas de los poetas que escandían versos golpeando la taza con la cucharita.

En *Poética del café*, Antoni Martí Monterde analiza un cuento de Edgar Allan Poe, "El hombre de la multitud", sobre la despersonalización del sujeto moderno. La trama comienza y termina en un café, observatorio privilegiado de la marea callejera.

La historia de las ciudades es la de los cafés donde la vida se mezcla con la cultura. Ramón Gómez de la Serna instaló su mirador en el Pombo de Madrid; Claudio Magris en el San Marco de Trieste; Karl Kraus en el Central de Viena; Jean-Paul Sartre en el Deux Magots de París; Fernando Pessoa en el Martinho da Arcadas de Lisboa; Juan Rulfo en el Ágora de la Ciudad de México.

¿Hay mejor forma de conocer la ciudad en clave sedentaria? Si el paseante descifra el territorio por lo que mira, el hombre de café entiende la época por lo que escucha.

En la infancia, la leche representó para mí la errancia, el extravío, el esquivo erotismo. En la adolescencia, el café representó el viaje por las palabras y las ideas.

Toda ciudad está atravesada por tensiones nómadas y sedentarias: taxistas y peluqueros, los mirados y los que miran, los transeúntes y los testigos quietos.

El café cortado mezcla ambos sistemas: el líquido oscuro del que está fijo en una mesa, afectado por lo que viene de lejos, la nube láctea con olor a campo.

Descubrí la estética del fragmento a bordo de un camión repartidor de leche. La cafetería permite otro ejercicio: estar en la ciudad sin ser absorbido por ella, ver a los otros en el momento en que se sustraen a su codificada conducta habitual. El uso urbano más socorrido en ese recinto es la conversación, cuyo método ignora las conclusiones y sólo aspira a la progresión.

Lo infinito requiere de estrategias para volverse próximo. La Ciudad de México es inagotable de un modo provisional, como una taza de café cortado.

PERSONAJES DE LA CIUDAD: EL MERENGUERO

Un protagonista de la comida nómada trabaja para que exista la fortuna. El *croupier* que reparte barajas en un casino, el *jockey* que acicatea un caballo o el entrenador de perros de pelea pertenecen a la misma estirpe, pues estimulan las supersticiosas ambiciones de los demás. Sin embargo, el oficio más extraño vinculado a la suerte es el de vendedor de merengues.

De niño, me encandilaba la llegada de ese hombre a mi colonia. Sostenía una tabla de madera con una cubierta de plástico transparente que la protegía de las moscas y dejaba ver el brillo rosáceo y blanco de las golosinas. Solía ser seguido por abejas, con las que llevaba una relación amable.

Nunca conocí a nadie con auténtico apetito de merengue. Se trata de un dulce que empalaga demasiado pronto. Aunque hay merengues de alta escuela, que se disuelven en la lengua y saben a aire sutil encapsulado en cáscara crocante, los que se ofrecen en la calle tienen la chiclosa consistencia de lo que se hace con descuidada prisa. Su color pálido no destaca en un país enamorado de los vértigos visuales, donde las pepitorias integran un cromático abanico, como si posaran para ser pintadas por Tamayo, y la combinación de la panadería industrial y los dibujos animados llegó a producir el transitorio pero inolvidable Tuinky Dálmata.

Lo que aparta al vendedor de merengues de otros oficios de la ciudad es que está obligado a rifar sus productos. Una pregunta ritual inicia el trámite: "¿De a cómo el merengue?" Esto no significa que el cliente vaya a comprarlo. Desea saber con qué moneda apostará.

No se puede hacer lo mismo con el que ofrece gelatinas o elotes con crema. Tampoco el panadero detiene su bicicleta para entregar a la suerte las conchas que decoran su canasta. Sólo el merengue se cotiza en nombre del azar.

¿Cómo surgió esta tradición? Es posible que su origen se deba a la poco atractiva condición de esos dulces que salen al mundo a competir con el virtuosismo de las cocadas de fleco incendiado, los jamoncillos de leche y las peritas de anís. Ni siquiera sus defectos son supremos. Para alguien en verdad afecto a lo pegajoso, el merengue resulta soso. ¡Cuán preferible es el muégano, que impregna los dedos, las encías y la conciencia!

Incluso los caramelos industriales han encontrado formas de ser más originales. El Pelón Pelo Rico, señorcito al que le crece cabello de tamarindo endulzado y enchilado, demuestra lo que el delirio puede hacer en favor de los dulces. ¿Qué Salvador Dalí de la confitería ideó esa criatura?

El merengue es tedioso, pero tiene un destino sorprendente. Su vida es la de un burócrata que acaba como aventurero en las rifas del destino. En un país donde la ley no se cumple, los humildes vendedores de merengue respetan el severo contrato que jamás firmaron.

Una tarde difícil de olvidar fui testigo de un drama terrible. Carlos Induráin, a quien decíamos la Cebolla porque en los días de frío usaba tres camisas, fue un niño sin gracia hasta que descubrimos que también era un ludópata. Le ganó tres volados al merenguero y los ojos le brillaron, animados por un poder desconocido. Quiso seguir tirando la moneda. Fiel a su código ético, el vendedor aceptó.

Los dulces fueron cedidos uno a uno. Hubo un momento en que pedimos a Carlos que suspendiera la tortura, pero el merenguero dijo que ése era su trabajo. Su voz suave, mesurada, tenía tal dignidad que nos redujo al silencio. El desconocido soportó la mala suerte como si no le afectara. Mientras tanto, la Cebolla celebraba el triunfo como un imbécil. Daba saltitos, alzando los puños, convencido de que la chiripa es un mérito personal. Debíamos detenerlo, decirle que no tenía derecho a presumir, que no era más que un maniático que usaba tres camisas. Pero la integridad del merenguero nos contuvo. Había llegado ante nosotros para dar ejemplo. Su superioridad moral paralizó nuestras conciencias de doce años. Lo vimos como se ve a un santo o a un héroe, o alguien tal vez más misterioso: un merenguero.

Cuando la tabla quedó desierta, aquel hombre de pelo negrísimo, peinado obsesivamente hacia atrás, continuó su camino. Al cabo de unos pasos se detuvo y regresó hacia Carlos. Temimos un altercado, pero recibimos otra enseñanza. El merenguero había olvidado devolver la moneda, que pertenecía a su adversario.

Acaso sin saberlo, los apostadores del merengue integran una secta dispersa en la Ciudad de México. Recorren las calles para permitir que el mudable destino se asocie con la suerte. Su significado profundo es el siguiente: aceptan la pérdida como una sencilla posibilidad del alma y exhiben a los que se consideran merecedores de la fortuna.

En una época de competencias, en que triunfar es una celebrada impostura y pocos reconocen la derrota, los hombres del merengue brindan su lección. Sabios, silenciosos, predican con el ejemplo y demuestran que nadie es dueño de su suerte.

SOBRESALTOS: LOS NIÑOS DE LA CALLE

El niño y el árbol

A los trece años anhelaba vivir en calidad de descastado. Dejaría mi ropa y mis juguetes, dormiría en un barranco y olvidaría el idioma. Este último detalle ahora me parece peculiar; se puede ser un vagabundo sin perder el uso del lenguaje. Añadía esa lacra pensando en el momento de telenovela en que mis padres me encontraran y descubrieran que lo hacían demasiado tarde, cuando ya era incapaz de hablar con ellos.

Soñé con esta fuga de la realidad hasta que conocí a un niño que, en efecto, había vivido en un árbol.

Jorge Portilla, filósofo amigo de mi padre, también vivía en la colonia Del Valle. Una tarde, sus hijos encontraron a un niño en la copa de un árbol y el autor de *Fenomenología del relajo* decidió adoptarlo. Muchos años después, Jorge, el primogénito de la familia, compararía a ese chico con Kaspar Hauser. De pronto estaba ahí, sin antecedente alguno.

El niño de la calle creció poco y encontró trabajo como *jockey* en el Hipódromo de las Américas y luego se mudó a Estados Unidos, donde ganó varios *derbies*. Cada Navidad, enviaba a la familia que lo había criado una foto de su mujer y sus hijos. Hasta donde sé, no volvió a México. Su destino estaba hecho para irse, ganar carreras, perseguir una meta con los ojos entrecerrados por el viento.

Saber que un niño vivía en la calle confirmó que ése podía ser mi destino. Paladeaba esa posibilidad como si probara una dosis inocua de veneno. En el fondo, me sabía incapaz de ponerla en práctica, y por eso mismo me gustaba. Era una *idea*. Para el hijo de un filósofo eso equivale a tener un arma.

Desde entonces, cuando encuentro a un niño que vaga por las calles siento una mezcla de culpa, nostalgia y vergüenza. Las fantasías trágicas de un niño que no tiene problemas verdaderamente graves son un capricho bastante lujoso. Nunca enfrenté un auténtico peligro.

Ante un niño que lleva a solas su destino, recuerdo lo que no me atreví a ser y entiendo, con la sensación de hacerlo demasiado tarde, que mi tediosa vida común me salvaba del oprobio.

El templo de las causas perdidas

La Iglesia de San Hipólito se alza a unos metros de la Alameda Central, en el cruce de avenida Hidalgo y Paseo de la Reforma. A un costado del templo, a las dos de la mañana, un melancólico acordeón rasga la noche. Apoyado en una cortina de metal, un músico busca que quienes salen de los bares le den unas monedas.

Cerca de ahí, un camión de carga aguarda para salir con mercancías en la madrugada. En la defensa lleva una leyenda: "Mi cariño es portátil". Bajo el chasís hay unos bultos de sombra. Son niños que dormitan, aprovechando la temperatura que irradia el motor. Las fantasías que tuve de vivir en un árbol y mi contacto con el niño que bajó de las ramas para convertirse en *jockey* son cuentos de hadas en comparación con la cruda realidad de los niños de la calle.

La colonia Guerrero tiene suficiente vida nocturna para promover actividades a deshoras. Agustín Lara, el legendario "músico poeta", cantó en numerosos cabarés del barrio y vivió en algunas de sus vecindades. En esa zona de baile y vodevil se ubican el Salón México, el Teatro Blanquita y el local donde Paquita la del Barrio, sacerdotisa del bolero, reivindica la libertad de la mujer para engañar a su marido.

Esa parte de la ciudad no se ha sometido a la "gentrificación" ni a las *razzias* que "modernizan" el espacio expulsando a los antiguos moradores. Abundan las cantinas y los hoteles de paso donde los trasnochadores se convierten en el blanco predilecto de los niños callejeros que piden limosnas, venden flores robadas en algún mercado, trafican con droga en pequeña escala.

El azar ha hecho que se concentren en un sitio con resonancias históricas. La caída de Tenochtitlan ocurrió el 13 de agosto de 1521, día de san Hipólito, que se convirtió en patrono de la ciudad.

Hipólito fue un obispo polémico. En 217 se le consideró "antipapa" por defender los derechos de los expulsados de la fe. En forma casi milagrosa, logró reconciliarse con Roma y el 13 de agosto de 236 sus restos volvieron a la ciudad junto con los de otros exiliados.

Santo de la inclusión, Hipólito es poco conocido. Un actor de reparto en una religión donde sobran protagonistas. La casualidad quiso que se convirtiera en patrono de México, pero tampoco entre nosotros adquirió relevancia. En 1982 la iglesia que lleva su nombre recibió un altar de san Judas Tadeo, patrono de las causas perdidas. Desde entonces se conoce más por este santo, algo explicable en un país que ha extraviado el rumbo.

Frente al templo de san Hipólito o san Judas ocurrió la más reciente aparición de la Virgen de Guadalupe. En 1997 se presentó en la estación Hidalgo del metro. Durante la temporada de lluvias, un vendedor ambulante descubrió que la humedad había trazado el contorno de la Guadalupana en un pasillo, justo donde la pared tocaba el suelo, creando un nicho accidental.

La estación Hidalgo, donde confluyen las líneas 2 y 3, es uno de los enclaves con más desplazamientos subterráneos. El milagro se convirtió en instantáneo sitio de interés y el nombre de la estación contribuyó al prodigio (la educación primaria depende del momento estelar en que Miguel Hidalgo inicia la lucha por la Independencia enarbolando un estandarte de la Virgen).

Los niños de la calle han encontrado refugio en esa encrucijada sin saber que duermen junto a la iglesia de las causas perdidas ni que hace apenas unos años la Virgen apareció bajo la tierra. Afecto a las simbologías, el destino los ha situado en esa esquina de mezcladas esperanzas.

En el siglo xx la capital de México se convirtió en bastión de niños de la calle. Muchos de ellos llegan de la provincia (en especial de los estados del sur) o de Centroamérica, otros provienen de los barrios, los pueblos y las periferias que integran la macrópolis más poblada del continente americano.

Me reuní con José Ángel Fernández para hablar del tema. El notario número 217 de la Ciudad de México es uno de los más activos defensores de los niños de la calle. Exalumno de los maristas y la Facultad de Derecho de la UNAM, reconoce el momento exacto que definió su vocación social: el 19 de septiembre de 1985, a las 7:18 de la mañana. El terremoto que devastó la ciudad lo confrontó con la necesidad de hacer algo por el lugar donde vivía. Participó en brigadas de rescate y entendió que debía emprender un trabajo más profundo y duradero, atendiendo a las víctimas más sensibles de la tragedia: los niños.

El sol de marzo inunda una pequeña terraza junto a su oficina. Fernández fuma y rememora la creación de Pro Niños, hace veintitrés años, institución que en 2017 cuenta con mil seiscientos donantes fijos:

Hay más de diecisiete mil niños de la calle; cinco mil viven ahí y doce mil están en situación de calle, con la posibilidad de ir a alguna casa donde no se quedan mucho tiempo. Otros doscientos mil pasan por lapsos de tres o cuatro días en la calle. Sólo diez por ciento son niñas; es casi imposible que sobrevivan en esas circunstancias; de inmediato se las llevan a la prostitución. También hay niños de segunda generación, hijos de los que han vivido ahí; no conocen otra forma de vida y se asustan con una cuchara o una regadera. En veintitrés años hemos logrado que unos mil niños dejen la calle; es mucho, pero también es insuficiente.

De vez en cuando, un ujier se acerca a la mesa donde conversamos. El notario estampa su firma con celeridad; las transacciones de compraventa de inmuebles prosiguen, amparadas por su nombre, mientras habla de una ciudad diferente, donde una cuchara puede ser un instrumento amenazante para un niño que sólo ha comido con las manos:

El terremoto creó nuevos espacios para los niños de la calle. Durante años fueron los principales habitantes del Centro. Vivían en lo que hoy es el Parque Solidaridad, junto a la Alameda. A medida que el Centro se reconstruyó, se dispersaron. Antes vivían en grupos grandes, ahora van en grupos de tres o cuatro. Muchos de ellos estaban en Estados Unidos y fueron deportados sin acompañantes adultos, violando acuerdos internacionales. De pronto te encuentras a un niño de nueve años que lleva de la mano a un niño de tres; no siempre son hermanos, a veces incluso son de dos países distintos, pero se unieron en el camino. Lo menos malo del tema está en la Ciudad de México, en otras partes les puede pasar cualquier cosa, no se salvan de las redes de trata o de que los maten para quitarles órganos; hay niños que han participado con los maras en Centroamérica y te pueden asesinar con una pluma.

Después de decir esto, Fernández señaló mi bolígrafo. Los objetos cambian de sentido con el miedo o la violencia. Sigo tomando notas y pienso en la cuchara que puede ser una amenaza para el niño que nunca ha entrado a una cocina. También mi instrumento de trabajo puede convertirse en otra cosa. ¿Hasta dónde se debe degradar la vida para que mi bolígrafo sea un arma asesina?

Familias: los dedos de una mano

No hay niños de la calle sin problemas familiares. Todos provienen de un trasfondo marcado por la violencia, la precariedad y las adicciones. En la casa hogar de Pro Niños hablé con Alejandro. Es un muchacho alto, apuesto, de mirada melancólica. Pasé un rato con un grupo de chicos que viven ahí y otros que vienen de visita. Casi de inmediato él se acercó a contar su historia.

A los siete años comenzó a vagar por las calles. Nació en la colonia de los Doctores y desde pequeño se familiarizó con la zona céntrica. Su madre tenía tres hijos de relaciones anteriores. Hace cuatro años que no la ve y hace aun más tiempo que no sabe nada de su padre. Recuerda las golpizas que él le daba a su madre cuando ella estaba embarazada de su hermana, que nació sordomuda. Uno de sus medios hermanos, todavía menor de edad, fue detenido por robo a mano armada.

Alejandro ha logrado sobreponerse a este horizonte descompuesto y cree que aún puede salvar algo. El 22 de febrero de 2016 cumplió veintiún años. Trabaja como oficinista y quiere estudiar administración. Ya renunció a buscar un entendimiento con su madre ("Le falla la cuestión de pensar"), pero quiere impedir que su hermana sufra: "Me da miedo que se corte, que se haga daño, no puede hablar con nadie, está encerrada en sí misma".

Alejandro hace una pausa, mira de soslayo hacia los compañeros de la casa hogar que juegan basquetbol en el patio adyacente al salón donde conversamos. Luego me ve a los ojos, se toma la mano y dice: "Cada hermano es un dedo; yo soy éste", señala el índice. Su hermana se llama Karina, no puede hablar y no ha recibido apoyo. La ilusión del niño que sobrevivió a la calle es rescatarla. Su destino le duele como una parte del cuerpo. Karina está en su mano; es su dedo meñique.

El desgarrador deseo de Alejandro de recuperar algo de una familia devastada contrasta con el orgullo con que suelen hablar quienes tienen como principal mérito el haber heredado una fortuna. México es un país piramidal donde unos cuantos apellidos dominan casi todas las ramas de la economía. En el verano de 2015 tomé uno de los aviones de hélice de la compañía Aeromar, la línea "ejecutiva" del país. En la revista de a bordo se elogiaba a los principales consorcios nacionales, señalando que la mayoría de ellos son empresas familiares. La economía era vista como una rama de la tradición y las buenas costumbres. En consecuencia, se encomiaba que los negocios fueran administrados por parientes y no por profesionistas ajenos al clan. En forma involuntaria, el reportaje aludía a un hecho fundamental: en México la familia es un lujo.

La gente pobre enfrenta jornadas de trabajo que casi siempre rebasan las ocho horas y se somete a traslados promedio de dos horas de ida y dos de vuelta. De acuerdo con la Organización para la Cooperación y el Desarrollo Económicos, que agrupa treinta y cuatro países, México tuvo en 2013 el mayor número de horas laborales acumuladas (2 237 al año).

Las guarderías son insuficientes y las escuelas públicas no reciben a los niños el día entero. En esas condiciones, ¿quién puede hacerse cargo de sus hijos? Para unos, la familia es la transmisión del poder que permite administrar negocios creados por los ancestros (el éxito empresarial depende de una herencia); para otros, la familia es el vértigo en el que hay que salvarse de la indigencia o de la cárcel.

También a Leonardo lo conocí en el Centro de Día de Pro Niños, en la colonia Buenavista, cerca de Tlatelolco. A ese espacio llegan chicos que están en "situación de calle", pero no viven todo el tiempo ahí. A veces vuelven a sus casas, se cambian de ropa y comen bien. El Centro de Día les brinda una opción distinta a la calle, donde pueden recuperar el interés por el estudio o el trabajo. "La calle es una fiesta", dice José Ángel Fernández: "No tiene caso decirles a los niños que dejen la calle; ellos deben convencerse por su cuenta. Por eso hicimos el Centro de Día, un albergue transitorio donde pueden estar un rato, comer y bañarse, sin obligación de quedarse ahí. Deben dejar su droga a la entrada y se les da a la salida".

En ese local jugué un partido de futbolito con Leonardo y me goleó: "Un placer jugar contigo", comentó con ironía. Fue el primero en abordarme. Llevaba una gorra tejida con el nombre de Dallas. Me pareció tímido, pero poco a poco cobró elocuencia, seleccionando con cuidado las palabras.

Tiene un párpado caído a consecuencia de un accidente. Habla rascándose un antebrazo mientras mira el suelo. A veces sonríe en forma oblicua, hace una pausa y reanuda su historia:

> Nunca vi a mi papá; mi madre es soltera y tuvo hijos con otros señores, yo maltrataba mucho al más pequeño; no me daba cuenta de eso. Ella bebía mucho porque llegaba muy cansada de su trabajo como guardia en una compañía de seguridad privada. Tenía turnos de veinticuatro por veinticuatro. Las rodillas le duelen de tanto estar parada. Yo era buen alumno, ¡hasta estuve en la escolta de la escuela!, pero mi mamá no tenía para el uniforme y me sacaron; luego entré a la vocacional, pero tampoco tenía para los libros. Una vez le saqué copias a unos libros y me regañaron. Mi mamá tenía que mantener a sus hijos y a mi abuela, no le alcanzaba para nada.

Cuando su madre se quedaba dormida, ya borracha, Leonardo bebía los restos. Empezó a ir a fiestas, probó drogas (primero marihuana, luego solvente), dejó la escuela sin que su madre se enterara ni notara su ausencia durante dos o tres días. Ella vigilaba empresas en jornadas extenuantes sin poder vigilar a su hijo.

Leonardo nació en Ecatepec, al norte de la Ciudad de México, la zona con mayor densidad de población y mayor índice de criminalidad del país. Pero a él no le parece un sitio violento. Acaso esto se deba a la costumbre, a la extraña aclimatación que le impidió saber que maltrataba a su hermanastro. Poco a poco ha aprendido a relacionarse con gente que se encuentra en peores condiciones que él.

Hay muchachos que jamás han tenido una casa y llegan con problemas más graves a Pro Niños. No es fácil mejorar en compañía de quienes han padecido agravios peores. En un principio, a Leonardo le costó trabajo sobrellevar las jornadas con muchachos tan lastimados que lo hacían sentir en un sitio de degradación. Poco a poco comenzó a entenderlos y se dio cuenta de que estaba en condiciones de ayudarlos. Ahora le preocupa ser indiferente a los problemas de los demás: "Me gustaría ser psicólogo, a veces oigo tanto a las personas que empiezan a llorar".

A los diecisiete años Leonardo ha trabajado como mesero en la colonia Roma. Estuvieron a punto de despedirlo porque un cliente argentino pidió una Coca-Cola y un café y él se los llevó al mismo tiempo. "No me explicó que quería primero lo frío y luego lo caliente", comenta.

Los lujos mexicanos dependen de la pobreza. Una guardia que no puede supervisar a su hijo vigila una empresa durante veinticuatro horas sin descanso y un menor de edad sin dinero para el uniforme escolar debe satisfacer las demandas de lo frío y lo caliente en un restaurante.

Actualmente, Leonardo cursa estudios de electricidad y piensa terminar la preparatoria en línea. Hace enormes esfuerzos para no distraerse con otras tentaciones de internet: "Dentro de mi conciencia sé que hago mal viendo videos". En Pro Niños ha conocido a voluntarios alemanes que le despertaron el interés por ese país: "Quiero todo, pero debo ir paso a paso; a veces me pillo a los alemanes diciendo tonterías en español y pienso que yo podría aprender alemán, al menos para decirles tonterías", sonríe.

Forma una pistola con los dedos, me guiña un ojo y suelta un disparo imaginario.

La tentación de la intemperie

"Ochenta por ciento de los mexicanos no participa en actividades públicas porque las confunde con actividades políticas", comenta José Ángel Fernández mientras hacemos el largo recorrido de su notaría al sur de la ciudad hasta la sede de Pro Niños en Tlatelolco:

> La Iglesia fomentó una cultura de la caridad, impidiendo que se organizara la sociedad civil, y el gobierno ha tenido una actitud asistencialista, que no incluye voluntariado ciudadano. Nosotros no hacemos esto por simple caridad; no se trata de una misión pastoral. Es muy importante ayudar sin perjuicio propio. Yo soy pésimo para meterme en la coladera, pero puedo hacer otras cosas.

No hay modo de entender el fenómeno de los niños de la calle sin comprender que representa algo muy atractivo para quienes optan por ese tipo de vida. La tragedia comienza como un idilio de la diversión y la holgazanería.

La Ciudad de México es un perfecto escenario para esto. En una urbe que no ha podido definir el número de sus habitantes, nada resulta tan sencillo como preservar el anonimato. Los niños pueden extraviarse sin ser buscados y el clima es suficientemente benévolo para vivir a la intemperie. Pero el factor decisivo es el trato que reciben del resto de los capitalinos.

En la ciudad abundan las situaciones de tensión y desconfianza y muy rara vez la comunidad se organiza en pro de tareas sociales al margen del gobierno. Se diría que vivimos bajo el imperio de la indiferencia. Sin embargo, en forma intermitente y espontánea, millones de capitalinos apoyan a los otros. No actúan conforme a un programa; ayudan según sus sentimientos y corazonadas.

¿Quiénes son los que más se preocupan por los demás? En 2010 entrevisté a Daniel Goñi Díaz, director de la Cruz Roja Mexicana, y me informó que, en las colectas anuales, las mayores aportaciones provienen de los pobres.

Con frecuencia, cuando un mendigo se acerca a un taxi, el conductor entrega una moneda y el pasajero, que suele tener mayores ingresos, permanece al margen. Una economía de centavos circula en la ciudad donde la Bolsa de Valores depende de la cotización en dólares. No es casual que la palabra mexicana para designar al indigente terminal, el equivalente del *clochard*, que asume la pordiosería como una condición existencial, sea *teporocho*. El término alude a la economía de los centavos (un té de naranja o canela con alcohol se compraba por ocho centavos).

Es mucho lo que se regala de a poco en la ciudad. Faltan asociaciones cívicas, pero sobran impulsos para dar ropa, comida y centavos. Un efecto secundario de esta costumbre es que los niños pueden sobrevivir en la calle. No se trata de una solución, sino de un paliativo; en vez de ofrecer alternativas para la mendicidad, se permite que ocurra en mejores condiciones.

En su novela *Earthly Powers*, Anthony Burgess comenta que los ingleses tienen una notable capacidad para blindarse ante todas las emociones, salvo las que despiertan las mascotas. En México, los animales suelen ser terriblemente maltratados. La última reserva emotiva suele abarcar a los niños. Pocos países toleran con mayor resignación los ruidos, los caprichos y los desacatos infantiles. Entre nosotros, un hotel o un restaurante que no admite niños parece un enclave fascista.

Los niños de la calle reciben más ropa y más juguetes de los que necesitan. Es la razón fundamental para entender que la Ciudad de México sea un baluarte de menores de edad sin casa ni familia. Las causas para estar a la intemperie son terribles, pero las ilusiones que eso despierta son poderosas. Una vida sin imposiciones escolares ni obligaciones higiénicas, similar a la que tantos niños codiciamos al leer *Dos años de vacaciones*, de Julio Verne.

En 1985 el terremoto dio nuevo impulso a la vida callejera. Numerosos edificios fueron abandonados en la zona sísmica, del Centro a la colonia Roma. Esas ruinas se convirtieron en la ciudad fantasma de los niños. En su documental *Noche y niebla*, Alain Resnais recorre las ciudades alemanas bombardeadas en la Segunda Guerra Mundial. Lo único que da vida al paisaje son los niños que juegan en los escombros como en un extraño parque de atracciones.

Algo similar ocurrió después del terremoto: quienes vivían en alcantarillas volvieron a la superficie y ocuparon vecindades y palacios virreinales. A medida que se construían o restauraban inmuebles, fueron obligados a ceder el territorio, pero se siguen concentrando en el Centro.

La caridad ayuda a los niños a sobrevivir a la intemperie, pero también contribuye a que sean víctimas de abusos posteriores. Muy pocas niñas se salvan de la prostitución. El avance del crimen organizado también ha convertido a la infancia callejera en blanco de la droga: "Hace veinte años, sesenta por ciento de los chavos podía optar entre drogarse o no, hoy te encuentras con que noventa y cinco por ciento necesita pasar por una desintoxicación extrema para recuperarse", informa Fernández. "También el tipo de consumo cambió. Antes usaban tíner, aguarrás, resistol o cemento, que son muy dañinos pero menos adictivos. El crimen organizado los acercó a otras drogas (marihuana, *crack*) y descubrió que los chavos son ideales para el narcomenudeo".

Hasta hace unos años en las inmediaciones de San Hipólito se solían escuchar silbidos a cualquier hora de la noche. Se trataba de un sistema de comunicación más eficaz que las redes sociales. Pero todo tiene su momento histórico; el arte de contactarse con silbidos ha ido desapareciendo y ya sólo perdura como patrimonio de los irregulares que necesitan reunirse de emergencia.

De vez en cuando, afuera de la iglesia de las causas perdidas, los niños aún silban por su suerte.

Dormir bajo la tierra

"Noventa por ciento de los niños de la calle tiene una identidad paralela; en la calle, el reconocimiento sustituye a la identidad. Cuando finalmente revelan su nombre es que desean cambiar de vida". Después de un cuarto de siglo dedicado a luchar contra el problema, José Ángel Fernández resume el destino en un aforismo: "La peor agresión para el individuo es crecer". Pienso en el lema de Peter Pan: "No crecerás". Mientras son niños, los habitantes de la calle pueden ser tolerados y recibir apoyos. Al llegar a la vida adulta los aguarda la cárcel o la degradación.

La casualidad ha querido que frente a la sede de Pro Niños, en Zaragoza 277, colonia Buenavista, esté una escuela de policía. Cada acera representa una variante del país: de un lado, los niños ajenos a la ley; del otro, quienes deberían impartirla.

Laura Alvarado Castellanos, directora general de Pro Niños, habla con pericia de la delincuencia infantil, las carencias familiares y la falta de expectativas que amenazan a los pobres de la ciudad. De manera reveladora apunta: "Los más inteligentes son los que se van a la calle". Se necesita iniciativa, fuerza de voluntad y capacidad de adaptación para resistir ahí. Pero esto está cambiando:

Hace treinta años, la calle permitía establecer una red solidaria con el vendedor de periódicos, la miscelánea, los taxistas. Ahora el crimen organizado considera a los niños ideales para transportar droga. Además, nadie los busca ni los va a reclamar. Ya están desaparecidos y el crimen los entrena a hacerse todavía más invisibles. Muchos de ellos no parecen indigentes, tienen donde bañarse, pueden dormir en un hotel, se camuflan para seguir en la calle y vender droga. Otro cambio que hemos observado es que se han vuelto más consumistas. Puedes pensar que no tienen nada, pero no es así; reciben dinero por trasladar droga y también la consumen; compran celulares, ropa y siguen todos los estereotipos que ven en las telenovelas o internet. Desde hace cinco años tenemos más problemas para relacionarnos con ellos. Antes estaban más aislados, ahora quienes los enganchan para el crimen nos vigilan y amenazan. Ya nos secuestraron a una voluntaria.

Formada como psicóloga en la Universidad Iberoamericana, Laura Alvarado Castellanos ha registrado los patrones de la vida en la calle. Muchos niños han sido abusados y en la adolescencia se asumen como homosexuales porque les parece menos denigrante haber sido violados si ésa era su preferencia sexual. En forma compleja se responsabilizan a sí mismos de los delitos que han sufrido. Antes de presentarme a los muchachos del Centro de Día de Pro Niños, me advierte que suelen intercambiar historias por beneficios; saben que la gente se interesa en ellos y se adaptan narrativamente a su circunstancia.

Durante años, Laura trabajó como voluntaria en el Consejo Tutelar para Menores. Había niños a los que nadie visitaba porque carecían de parientes y ella se ocupaba de esos solitarios. Ahí aprendió que la violencia familiar contribuye al problema, pero que lo peor es la exclusión y la falta de alternativas. Los más listos buscan un destino más desafiante y divertido: la calle, donde todas las historias son posibles.

Recuerdo, una vez más, mi ilusión de perderme en el Bosque de Chapultepec. También yo sentí esa tentación y ahora comparto otra: la de cambiar historias por beneficios.

Laura continúa diciendo: "Además del Centro Histórico, los niños cuentan con bastiones como la estación Taxqueña del metro, rodeada de amplios estacionamientos, que sirven de reunión. No todos duermen a la intemperie". A cualquier hora del día hay menores dormidos en el metro. Viajan sin rumbo fijo; han subido a bordo para descansar en la falsa noche del subsuelo, arrullados por el vaivén de los vagones. Trabajan de noche y encuentran morada provisional en los trenes que se desplazan bajo tierra. En algún momento despiertan y descubren que están en el sur, el norte, el oriente o el poniente. Si ya es de noche, hacen un último viaje con los ojos abiertos.

El 31 de marzo de 2016 entrevisté a Christian en otro espacio de la Fundación Pro Niños, la Casa de Transición a la Vida Independiente de la colonia Santa María la Ribera, donde los jóvenes pueden vivir hasta dos años en lo que logran valerse por sí mismos. Durante varios años durmió en el metro de día y se dedicó a la prostitución de noche. Cuesta trabajo imaginar a alguien que haya pasado por peores experiencias. Sin embargo, a los diecisiete años, habla de sus quebrantos con sentido del humor. Sonríe, hace bromas, se acaricia el mechón de pelo rizado que le cae del lado izquierdo, mira con picardía antes de regresar a algún momento dramático de su vida. Sus heridas emocionales no han cicatrizado del todo y se considera más vulnerable que la mayoría, pero muestra una capacidad de resistencia superior a la de otros compañeros del albergue.

Christian habla mucho de la fuerza, pero no la ejerce en forma física. Su entereza viene del humor. Como Leonardo, nació en Ecatepec. Sus antecedentes coinciden con los de otros niños de la calle: "Una vez vi a mi papá, pero no recuerdo su cara". El padre desapareció y la madre tuvo otro hijo, que murió al nacer, con otro hombre. Luego tuvo un tercer niño con un tercer hombre y lo dio en adopción. Las drogas le impedían ocuparse de sus hijos. Christian creció con una señora mayor, que lo trató con afecto, a pesar de que él se la pasaba haciendo travesuras: "Soy muy bromista, me divierte dar lata. De chavo era un travieso de lo peor; me divertía romper cosas, salirme por la ventana, era tremendo. Ahora hago comentarios que pueden parecer ofensivos, pero son para divertir".

Su madre adoptiva toleró los platos rotos por ese niño que tenía un extraño rendimiento escolar. En el primer trimestre sacaba seis, en el segundo siete y en el tercero diez, como si el estudio dependiera de la cercanía a las vacaciones. Todo cambió poco después: reprobó tercero de primaria, reprobó cuarto y dejó de estudiar en quinto.

La mujer que se había hecho cargo de él murió cuando tenía diez años y fue enviado con su abuela, quien poco después regresó a su pueblo. Christian se quedó con una tía. Era la cuarta persona que lo tenía bajo su custodia y fue la peor. Lo sacó de la escuela y lo obligó a vender golosinas en el metro. No compartía con él las exiguas ganancias. A la menor protesta lo golpeaba. La tía tenía cinco hijos a los que trataba con benevolencia. Toda su furia se descargaba en el entenado: "Si llovía era mi culpa y me madreaba".

Después de un tiempo, lo mandó a vender discos pirata. Le pedía que fuera todos los días por un disco virgen al barrio de Tepito y le daba copias para vender en el metro.

Hasta entonces, no había tenido amigos. "Siempre he sido muy solitario", comenta con soltura, "puedo hablar mucho, pero no con cualquiera". De pronto, una niña rompió el cerco de soledad. Se llamaba Norlendi, era dos años mayor que él y también vivía en Ecatepec. "Nos gustaba hacer juegos de manos", Christian hace ademanes en el aire, simulando tocar otras palmas, "y nos contábamos nuestros secretos; por primera vez supe que alguien podía entenderme".

Christian fue a casa de Norlendi y se sorprendió de que una familia pudiera vivir sin golpearse: "Para mí los golpes eran normales, todos mis tíos golpeaban a sus esposas; no pensé que pudiera haber una vida diferente". Pasó cada vez más tiempo en casa de su amiga hasta que su tía fue a buscarlo ahí y lo sacó a golpes. Los hermanos de Norlendi trataron de impedirlo, incluso dijeron que llamarían a la policía, frase que en México carece de realidad y sólo hizo reír a la señora.

Le prohibieron volver a casa de Norlendi con el pretexto de que esa familia vendía droga. "Era falso, como ellos tenían una mejor casa, decían eso", aclara.

Mientras él trabajaba el día entero vendiendo mercancía pirata, sus primos dejaban la escuela sin que eso fuera un problema y no estaban obligados a trabajar. Como señala Laura Alvarado Castellanos, el trato discriminatorio puede ser peor que la violencia física.

Un día, Christian fue a dejar un disco pirata a un señor que le dio trescientos pesos. De pronto le pareció absurdo volver a casa de su tía. No olvida ninguna fecha que le parezca importante: "Era el 14 de diciembre de 2012". Ese día, a los trece años, comenzó a vivir en la calle:

> Tenía frío, pero no me sentía solo. La primera noche me pasó de todo, conocí a una persona drogada, luego a otra que trató de asaltarme (por suerte ya había escondido mi dinero en un zapato); luego un conocido me llevó en su coche de vuelta a la casa, hice como que tocaba el timbre y me escapé a Ciudad Azteca. No dormí en toda la noche, llegó la mañana y lo primero que compré fue el disco de Shakira *¿Dónde están los ladrones?*, costó noventa y nueve pesos; luego un café y un pan. Fui al metro y me dormí dando vueltas.

Quince días antes de tomar la decisión de abandonar la casa de su tía, conoció a Erick, diez años mayor que él. Se habían gustado y, al no saber a dónde ir, Christian decidió hablarle. Lo llamó durante el día entero, gastando en teléfonos públicos ("Uno se tragó una moneda de cinco pesos") hasta que finalmente hubo una respuesta. Erick prometió ayudarlo, lo citó en su casa y de ahí lo llevó a un hotel:

> Yo había pedido ayuda y de pronto tenía una pareja. Pero poco a poco me enamoré de él. Nadie me había querido como Erick. Todo fue muy bien hasta mi cumpleaños, que es el 18 de enero. Me pidió que lo ayudara a descargar unos documentos de internet, pero la computadora estaba muy lenta y cuando regresó yo no tenía nada. Me acusó de haber estado chateando con otros hombres, se puso muy celoso y me golpeó. Yo me sentí culpable y le di la razón. A partir de entonces cada quince días me madreaba y yo sentía que era por mi culpa, por no hacer las cosas bien. Perdió el trabajo y dijo que era por estar tanto tiempo conmigo. Sentí que eso era

cierto. Luego los madrazos fueron lo de menos. No me dejaba salir y me quitó internet; estaba encerrado. Antes, mi tía me madreaba, pero al menos podía salir; ahora me madreaban y no podía salir. Yo le seguía dando la razón en todo hasta que empezó a llevar chavitos a la casa para que nos los cogiéramos. Le dije que estaba mal, me amenazó y tuve que participar. Nunca usaba condón. Cada vez que me madreaba, se excitaba y me quería coger. Me sentía más violado que otra cosa, pero si no me dejaba, él se podía traer a otros morritos. Yo pensaba: "Ellos se van y yo soy el chingón porque me quedo". Así me consolaba. A ellos los llevaba al cine o les compraba helados, pero yo vivía en la casa.

Le pregunto si no había buenos momentos que justificaran que viviera ahí. "Sí, pero eran mínimos. Todo eso duró año y medio, luego, como pasó con mi tía, el Señor me iluminó y huí después de una golpiza". Fue a casa de Norlendi, donde estuvo tres meses; luego regresó con Erick. No podía dejar a la persona que abusaba de él, pero que le había dado un afecto que aún esperaba recuperar. Finalmente, decidió romper el círculo vicioso, pero cayó en otro: un amigo lo conectó con una red de prostitución.

"Sentí que ya sólo servía para que me cogieran", explica. Empezó a trabajar de noche en uno de los lugares más céntricos de la ciudad, el enclave corporativo y hotelero de Paseo de la Reforma, entre la Diana Cazadora y el Ángel de la Independencia. La Ciudad de México es el edén invertido donde un menor de edad puede comprar solventes para drogarse, acompañar a un adulto a un hotel de paso, prostituirse junto a travestis en la principal avenida de la ciudad.

Christian pasaba la noche en vela y dormía de día en el metro.

En mi caso, los clientes no eran tan variados. Había unos morros güerillos que sí atraían a chavos guapos, pero a mí me tocaban puros ancianos borrachos o drogados, más que desagradables. Hubo una persona amable, que sólo me habló y me dio mil pesos.

Todavía tengo contacto con un clientillo que sólo hacía cosas con mis pies; hace poco me agregó a Facebook. Pero había otros asquerosos. A uno le gustaba meterme dildos. "De ti a eso, prefiero eso", pensaba. Ése se obsesionó y me mandaba mensajes por teléfono a cada rato.

Algunos clientes le pedían que se drogara; aunque trató de rechazarlo, a veces tuvo que usar *poppers* o piedra sin que le gustara:

Por pura afición quise probar la cocaína, pero me temblaron las manos y la tiré por todos lados. Nunca robé, no pude hacerlo, tuve muchas oportunidades, pero creo que soy demasiado bueno. Hice unos amigos en la noche, otro que también se llamaba Christian, y Jair. Jugamos juegos de manos y a veces nos contrataban a los tres o a dos de nosotros. Luego ellos se fueron a vivir juntos y volví a sentirme muy solo. El ambiente era muy pesado. Regresé con Erick, mi único amor, y me volvió a golpear. Me fui abandonando, pensé en matarme. Empecé a dormir en un cajero automático de Banamex en Reforma, ya era un desperdicio, casi no comía, bebía agua de la llave en el baño de Sanborns. Así estaba cuando conocí a un chavo de Honduras que me habló de Pro Niños. Pensé que era un internado donde me iban a encerrar y maltratar. Cuando por fin me decidí a ir al albergue ya sólo pensaba en comer y dormir. Eso sí: llegué con mis discos de Shakira, siempre cargué con ellos.

Con el apoyo de Pro Niños, comenzó a cobrar perspectiva de su pasado y aprendió a hablar de su vida con la fluidez con que ahora lo hace. Le faltaba un año de primaria y presentó los exámenes en cinco días. En seis meses acabó la secundaria, basándose sólo en las guías de estudio. Tiene una inteligencia alerta, pero se queja de que no logra concentrarse: "Leer un libro me cuesta un montón, sólo he leído el cómic *Rubius*, lo tengo allá en mi cuarto". Ahora está en la preparatoria abierta, ha tomado clases de inglés, natación, teatro, guitarra. Le pregunto cómo se ve de aquí a cinco años: "Enfrente de una cámara o de mucha gente, diciendo cosas importantes".

¿Sigue viendo a Norlendi? "A ella le gusta que yo esté bien, pero ya no le gusta mucho cómo soy ahora. Soy más extrovertido, pero menos bromista. Me gusta reírme de las cosas que alguna vez me hicieron daño. Tengo un sentido del humor muy ácido. Tuve sífilis y me alivié, fue como un embarazo, ahora puedo reírme de eso".

Le pregunto qué sueña y dice que no lo recuerda. Piensa un rato, sopla para alejar su copete rizado y dice: "Cuando estaba en la calle, prostituyéndome, imaginaba que cantaba en un auditorio y sentía como si todos me quisieran. Y últimamente sí he soñado. Veo al Christian que mi tía golpeaba, pero como si fuera el Christian de ahora, que se le pone al tiro y no se deja".

Ve películas en versión original con subtítulos en inglés, para aprender el idioma, y le gustaría viajar a España e Inglaterra. También quisiera tener un perro pequeño, tal vez un chihuahua.

Le pregunto si ha pensado hacerse algún tatuaje. "Sí, cuando ya no pueda donar sangre; si paso por una enfermedad como la hepatitis…" ¿Qué motivo escogería? "¡El logo de Shakira! No, eso es muy tonto; preferiría otra cosa". Hace una pausa. No necesito insistir en el tema; piensa, muy concentrado, en lo que desearía llevar en la piel: "Me tatuaría un lobo", dice con orgullo. "El lobo es agresivo y sobrevive".

Su carácter es como la música: "Mi personalidad es como esponja; con Shakira soy dulce (cuando conocí a Erick todo era amor y todo era Shakira), con Gloria Trevi soy atrevido y altanero, con Miley Cyrus soy grosero y polémico. Me gusta juntar a las tres en mi personalidad, pero cada una tiene su lugar: ¡en un funeral no puedo ser Miley Cyrus!"

¿Erick lo sigue buscando? "Acaba de hacerlo, estoy en terapia para no engancharme con él otra vez, sé que no me conviene". A veces, de tanto repasar su historia, habla de sí mismo en tercera persona, no con la vanidad de un astro del futbol, sino como si se tratara de otro: "Christian es tímido y callado, le cuesta hacer amigos". Así se refiere al pasado; la primera persona pertenece al presente: "Me gusta que me escuchen, sobre todo un grupo grande. Quiero dar cursos de capacitación sobre salud sexual".

Terminada la entrevista camino por la colonia Santa María la Ribera hasta la estación San Cosme del metro. Tomo un tren rumbo a Hidalgo, la estación donde ocurrió un milagro, frente a la iglesia de las causas perdidas.

Antes de llegar ahí, veo a un niño sumido en un sueño profundo. Duerme como sólo puede hacerlo quien sabe que ésa es su única casa, en la falsa noche de México.

El huérfano que salvó al presidente

El escritor y político liberal Guillermo Prieto nació 1818, en Molino del Rey, cerca de Chapultepec, cuando el país luchaba por su independencia. En *Memorias de mis tiempos* recupera su infancia campirana. Molino del Rey era entonces una región apartada de la Ciudad de México. Prieto iba al lago, atravesando el bosque donde se alzaban milenarios ahuehuetes.

No le faltó nada en su niñez; creció rodeado de afectos y estímulos sensoriales, muchos de ellos relacionados con la comida, que siempre disfrutó. Con la muerte de su abuelo, la familia dispuso de suficiente dinero para mudarse a una zona céntrica de la ciudad. Esta Arcadia se vio alterada cuando el padre murió de improviso. Tenía treinta y tres años y las consecuencias fueron dramáticas: "Mi madre quedó loca. De los cuantiosos bienes de la casa se apoderaron personas extrañas", escribe Prieto en sus memorias. A los trece años, fue a vivir con unas costureras que habían trabajado para su familia y se acostumbró a usar zapatos rotos.

De vez en cuando visitaba a su madre. La encontraba sumida en una neblina mental: una mujer de treinta años, de aspecto sereno y dulce, incapaz de relacionarse con los otros. Ella no siempre lo reconocía, pero disfrutaba las golosinas que él le daba. Prieto salía de ahí bañado en llanto, sin perder la esperanza de que ella recuperara la cordura.

Carecía de dinero para libros, pero descubrió la literatura en un parque público. En la Alameda Central los poetas competían en habilidad, colgando sonetos en marcos de madera. De tanto leerlos, Prieto aprendió retórica: "La Alameda fue mi gran gimnasio poético".

Una noche oyó a las costureras hablar de sus penurias: dejaban de comer para alimentarlo. Poco después, una epidemia de cólera diezmó la ciudad y su hermano estuvo a punto de morir.

A los quince años, Prieto debía hacer algo para solucionar su vida. Indignado por su suerte, decidió visitar al ministro de Justicia, Andrés Quintana Roo. En 1833 México era un país experimental que no acababa de definirse. En ese territorio donde las esperanzas superaban las realidades, un niño podía tocar a la puerta de un ministro. Quintana Roo lloró al oír la historia de ese muchacho que tenía casi la misma edad que el país; le consiguió un trabajo que le permitió mantener a su madre, ayudar a sus benefactoras y seguir estudiando.

Cuatro años más tarde, Prieto leyó un poema ante Anastasio Bustamante. Impresionado, el presidente pidió que fuera a verlo a su despacho. Un breve encuentro bastó para que unieran sus destinos. Bustamante pidió que instalaran una cama para el joven poeta en el Palacio de Gobierno y le encargó la redacción del *Diario Oficial.*

En su biografía de Prieto, Malcolm McLean, escribe al respecto: "El muchacho pobre y huérfano lograba así, por esfuerzo propio, un empleo de confianza y una situación respetable en la casa presidencial".

Prieto creció para convertirse en uno de los principales escritores y políticos liberales del siglo xix. El inquilino de Palacio Nacional fue el más leal defensor de la República. Benito Juárez lo nombró ministro de Hacienda y él le salvó la vida. En Guadalajara, el presidente Juárez fue emboscado por adversarios. Prieto lo acompañaba. Ante los fusiles que los encañonaban, el escritor que aprendió a leer en un parque público dijo de repente: "Los valientes no asesinan". La frase hizo que los verdugos se arrepintieran.

Prieto fue excepcional testigo de los avatares de la Ciudad de México, de la lucha por la independencia a la invasión estadounidense de 1847, pasando por las hambrunas, las epidemias y los continuos cambios de gobierno. Su destino fue tan incierto como el del siglo XIX mexicano. De los trece a los diecinueve años su vida podría haber sido la de cualquier niño de la calle de hoy en día, pero recibió el apoyo de un país tan inseguro como él, que apenas empezaba a consolidarse. El ministro de Justicia le abrió la puerta de su estudio y el presidente le ofreció una cama en su casa.

Prieto depositó su confianza en una nación en ciernes. Con acierto, Vicente Quirarte define así su trayectoria: "La patria como oficio".

Hubo un tiempo en que un niño podía llamar a las puertas de la justicia y ser atendido.

La realidad es diferente en 2017. Esta noche, en San Hipólito, junto a la Alameda donde Guillermo Prieto aprendió poesía, los niños dormirán bajo un camión o en una alcantarilla.

LUGARES: LOS MAUSOLEOS DE LOS HÉROES

Cuando una ciudad tiene vida auténtica, la gente sabe dónde ir a festejar sin ponerse de acuerdo previamente. En la capital ese sitio es el Ángel de la Independencia. Lo curioso es que se trata de un mausoleo. La tribu celebra las glorias deportivas ante quienes ofrendaron sus huesos por la patria, prueba involuntaria de que nuestros trofeos son tan dramáticos que pertenecen al arte funerario.

Inaugurado en 1910 por Porfirio Díaz para conmemorar el Centenario de la Independencia, el Ángel se convirtió a partir de 1925 en cripta de los ilusionados fundadores del país.

Hasta antes de esa fecha, las reliquias de los próceres se encontraban en la Catedral. El responsable de la exhumación fue Plutarco Elías Calles, quien gobernó el país de 1924 a 1928 con una furia anticlerical que rebasó la necesaria separación entre la Iglesia y el Estado para pasar a una indiscriminada persecución. Graham Greene dejó dos inmejorables retratos de ese tiempo, una crónica *(Caminos sin ley)* y una novela *(El poder y la gloria)*. No es éste el sitio para recordar la sublevación del pueblo católico ante una represión que prohibía rezar y convertía las iglesias en cines o establos, y que Jean Meyer estudió ampliamente en *La Cristiada*. Baste decir que un gobernante rabiosamente jacobino no podía permitir que los restos de los insurgentes estuvieran en una iglesia. El tema adquiría especial relevancia porque los máximos protagonistas de la gesta de Independencia, Hidalgo y Morelos, habían sido sacerdotes.

Antes del traslado de los restos al Ángel, la tumba de los insurgentes era el Altar de los Reyes, diseñado para la Catedral en 1659 por el artista español Enrique Verona, cuyo hijo se extravió en un incendio provocado por el examante de su esposa, lo cual dio lugar a la leyenda del niño perdido. Según comenté en otra parte de este libro, ése fue el inolvidable nombre de un tramo de lo que hoy es Eje Central. La historia de nuestros héroes podría llevar un nombre similar: "Huesos perdidos".

Sin demasiados aspavientos, Calles sacó los huesos insignes de su morada religiosa, transformó el Ángel en panteón cívico y se dio el lujo de colocar una tarjeta de visita con su firma en las reliquias de Hidalgo, gesto con el que quizás aspiraba a recibir un favor institucional del más allá.

Otros próceres llegaron ahí más tarde. Se suponía que eran catorce, trece hombres y una mujer (Leona Vicario), pero México es un territorio fantasioso donde se custodian cosas que se desconocen. Veamos lo que pasó con esos restos.

En 2010, durante los festejos del Bicentenario de la Independencia promovidos por Felipe Calderón, los remanentes de los héroes fueron analizados y, posteriormente, exhibidos en el país entero. El cortejo fúnebre brindó una metáfora involuntaria de la gestión de un presidente que sacó los ejércitos de sus cuarteles para iniciar una infructuosa "guerra contra el narcotráfico", con un saldo de más de cien mil muertos y treinta mil desaparecidos. Por órdenes de Calderón, las reliquias fueron llevadas al Castillo de Chapultepec, antigua sede de la Presidencia, donde los expertos descubrieron el descuido con que la patria trata a sus favoritos: los restos de Mariano Matamoros no estaban en el Ángel; en cambio, aparecieron huesos de venado y la osamenta de una niña, tal vez hija de Leona Vicario.

En su ensayo "Necrocorrido", Fabrizio Mejía Madrid explica así la confusión necrológica:

cuando Plutarco Elías Calles decide quitarle a la Iglesia católica la posesión de los huesos heroicos y llevarlos a un lugar, si bien porfirista, por lo menos laico –la Columna de la Independencia–, Morelos no aparece sino como un cráneo con una "M" pintada en la frente. No hay cuerpo. Y eso es lo que desata la teoría de que es, en realidad, la calavera de Matamoros o de Pedro Moreno. Tantos apellidos con la misma letra que uno se pregunta por qué a los enterradores no se les ocurrió otro método para diferenciar los cráneos.

¿Dónde quedó José María Morelos y Pavón? De acuerdo con rumores, Juan Nepomuceno, hijo del héroe, sacó los restos de la Catedral para llevarlos a Francia. En 1991, el presidente Carlos Salinas de Gortari logró exhumar el sepulcro de Juan Nepomuceno Morelos en el cementerio Père-Lachaise de París, donde la tumba más visitada es la de Jim Morrison. Se esperaba hallar también al padre, pero sólo se encontró el cuerpo momificado de su hijo. Los estudios de 2010 confirmaron que el cráneo con la *m* tampoco corresponde a Matamoros, de modo que acaso pertenezca a un insurgente menor, Pedro Moreno.

Con optimismo simplificador, las guías turísticas afirman que los insurgentes se encuentran en el Ángel. La verdadera historia, más compleja y macabra, difícilmente será completada alguna vez.

La gasolinera más grande de México

No menos azarosas han sido las aventuras de los héroes que fueron a dar al Monumento a la Revolución. Tampoco ese espacio fue concebido con fines funerarios. Iba a ser la sede del Congreso en tiempos de Porfirio Díaz, pero la Revolución interrumpió las obras cuando la cúpula de estilo capitolio ya estaba lista.

Como tantos proyectos porfirianos, la sede del Congreso fue confiada a un francés, Émile Bénard. Bernardo Ortiz de Montellano, miembro del grupo literario Contemporáneos, escribe acerca de la época en que nuestra ciudad quiso ser París. A principios del siglo xx: "La cultura de México prolongaba, en una línea ideal, el Bosque de Chapultepec hasta el Bois de Boulogne y el Paseo de la Reforma hasta los bulevares de París".

El proyecto del palacio legislativo llegó a México como otra ilusión francesa, pero sólo se alcanzó a terminar la cúpula, pensada para cubrir el Salón de los Pasos Perdidos. Ese sugerente nombre viene de una larga tradición arquitectónica. Un lujoso espacio de tránsito realzaba la importancia de las grandes mansiones y los palacios. No era un sitio para estar, sino para recorrer la construcción, un pasaje habitado por pisadas. Diversos edificios parlamentarios tienen una plaza interior donde la travesía confirma el significado del poder: más allá de ese paréntesis se encuentra lo estable y duradero. El pueblo peregrina hacia la ley.

Símbolo del poder legislativo, la cúpula sirvió a otro propósito simbólico. En 1938, el arquitecto Carlos Obregón Santacilia, también autor del Banco de México, la aprovechó para techar el Monumento a la Revolución, extraño edificio sin muros, sostenido por columnas *art déco*, que en mi infancia era conocido como "la gasolinera más grande del mundo" (lo cual da una idea de cómo eran las gasolineras en los años cincuenta).

Nuestra historia se presenta en números redondos (la guerra de Independencia en 1810, la Revolución en 1910), pero lo que de ahí se deriva suele ser caótico. Los paladines revolucionarios pasaron por una trama necrológica tan irregular como la de los insurgentes. En el monumento se encuentran los huesos de Madero, Calles, Cárdenas, Villa y Carranza. Esto, en sí mismo, es conflictivo: nuestra historia oficial reconcilia de manera póstuma a sublevados que conspiraron entre sí. Villa se decepcionó de Madero, Carranza trató de aniquilar a Villa, Cárdenas rompió con Calles. Todos están juntos en la Plaza de la República. El verdadero heroísmo de un caudillo mexicano consiste en compartir la última morada con sus enemigos.

También en este caso los próceres no llegaron completos a su tumba. Pancho Villa fue enterrado en Parral en 1923, pero su sepulcro se profanó en 1926 y nadie sabe dónde quedó el cráneo. Supuestamente fue llevado a Estados Unidos, donde se ofrecían cincuenta mil dólares por la cabeza del Centauro del Norte. La leyenda le atribuye diversos destinos: un millonario que odiaba a Villa la conservó en su gabinete de rarezas... Fue mostrada para deleitable espanto de las masas en el circo Ringling Brothers... Se subastó con otras momias célebres en Sotheby's...

Lo peculiar es que tampoco la otra parte del cuerpo descansó en paz. En su titánica biografía de Villa, Paco Ignacio Taibo II informa que una de sus viudas, que respondía al fabuloso nombre de Austreberta Rentería, sacó los huesos que aún quedaban en la tumba 632 del cementerio de Parral para evitar una nueva profanación y les buscó nuevo acomodo en la tumba 10, donde ella sería sepultada cinco años después. Taibo tiene copia de un recibo de 1931, bueno por doce pesos, con los que la señora pagó su entierro junto a "los restos del general Francisco Villa en la fosa 10 del Panteón de Dolores". Es la única prueba de que el Centauro cambió de residencia póstuma.

Según esa misma versión, el féretro quedó vacío, pero no por mucho tiempo. Para evitar sospechas, Austreberta sustituyó el cadáver por otro. Taibo comenta al respecto: "Historiadores locales dan crédito a la historia según la cual, en marzo de 1931, una mujer joven que iba a Estados Unidos a curarse de cáncer, murió en el Hospital Juárez de Parral". La mujer falleció sin ser identificada. Su destino era la fosa común, pero acabó en la tumba 632, ocupando el sitio del caudillo de la División del Norte.

En 1976, los presuntos restos de Villa fueron exhumados para ser llevados al Monumento a la Revolución. En la tumba se encontraron botones de carey, un rosario y telas de encaje, aditamentos difíciles de asociar con el general que comandó la División del Norte. El ginecólogo René Armendáriz, director de un hospital de Parral, contempló los restos y afirmó que el sacro parecía el de una mujer joven.

En la política nacional los símbolos son más importantes que las realidades. Ante la posibilidad de que un estudio forense estropeara la recuperación del divisionario que aún combate en los corridos, los huesos se aceptaron como auténticos sin mayor estudio. Con o sin botones, fueron llevados a la capital.

Nacido como Doroteo Arango, el imborrable Pancho Villa inició su vida laboral en calidad de cuatrero. Pero la inventiva historia le deparaba un cambio de identidad aun más dramático. Es posible que los restos que lo representan en el mausoleo de los héroes sean los de una chica.

Destinada a cubrir un Salón de los Pasos Perdidos, la cúpula del Monumento a la Revolución, como el Ángel de la Independencia, alberga "huesos perdidos".

A propósito de estas mistificaciones, escribe Fabrizio Mejía Madrid:

> Los huesos enterrados en construcciones que los celebran como parte de una sola guerra, aunque se hayan enfrentado entre ellos –*La* Independencia y *La* Revolución–, y aunque no sean los del cuerpo en vida del héroe –de hecho, lo son porque así lo dice el poder, aunque los antropólogos forenses los contradigan– finiquitan su labor en el reino de este mundo y los lanzan al Cielo de Nosotros los Laicos: la historia. Es una jubilación de sus esfuerzos. Los dos monumentos centrales, el Ángel y el Monumento, son como la publicación de las *Obras completas* o el cobro de sus fondos de pensión por parte de sus viudas. No hay más que hacer que repetir por toda la eternidad: "La patria es primero". Los monumentos centrales de los héroes mexicanos son una mujer alada que sirve ahora de festejo al único patriotismo posible –empatar con Honduras en el futbol– y la otra es una cúpula sin nada que copular. La abstinencia de los huesos fríos.

En su sótano, el Monumento es la apropiada sede de otra catacumba: el Museo de la Revolución, gesta que sólo en el discurso oficial es nítida.

En la cima hay un mirador. Uno de los mejores paisajes de la pintura mexicana fue logrado desde esa perspectiva. Me refiero a *Paisaje de la Ciudad de México*, de Juan O'Gorman, realizado en 1949. ¿Por qué escogió ese sitio? Tal vez por la misma razón por la que Guy de Maupassant visitaba la Torre Eiffel. El escritor fue uno de los muchos intelectuales que se opusieron a la edificación de esa fantasía de hierro. Cuando el actual símbolo de París quedó concluido, un amigo se sorprendió de encontrarlo en el restaurante que coronaba el edificio. ¿Cómo era posible que un decidido adversario de la torre estuviera ahí? La respuesta de Maupassant fue irrefutable: "Es el único sitio desde el que no se ve la Torre Eiffel".

Tal vez O'Gorman pintó la ciudad desde esa perspectiva para que no se viera el Monumento a la Revolución.

El brazo de Obregón

En San Ángel, donde estuvo el parque de La Bombilla, se alza el monumento al caudillo sonorense que consumó la Revolución Mexicana. Aunque las esculturas de Ignacio Asúnsolo al exterior y al interior del edificio sugieren ideales cívicos como el trabajo y la justicia, una hilera de cipreses indica que ese rectángulo de cemento es un mausoleo. La puerta tiene una solidez de bóveda bancaria.

En 1935, ahí fueron a dar los restos de Álvaro Obregón, asesinado en La Bombilla en 1928, cuando le ofrecían un banquete en apoyo a su reelección presidencial. La muerte entre platos de mole y música sería el escenario de la obra de teatro *El atentado*, donde Jorge Ibargüengoitia hace que las últimas palabras del protagonista no sean un mensaje a la nación, sino a un mesero al que le pide "unos frijolitos".

La farsa desacraliza al general que los gobiernos emanados de la Revolución quisieron convertir en mártir, rodeándolo de una simbología de cristiano primitivo.

Ultimado por el católico León Toral, el jacobino Obregón tendría una posteridad nimbada de supersticiones religiosas. El sitio de su muerte se convirtió en santo sepulcro, con la palabra *aquí* grabada con místico cincel. Además, una parte de su cuerpo fue exhibida como reliquia sacra.

En 1935 el regente del Distrito Federal era Aarón Sáenz, sonorense como Obregón. Él impulsó la construcción de esa cripta vertical, espantosa por fuera y escalofriante por dentro.

En 1915, el general había perdido un brazo combatiendo contra las tropas de Pancho Villa. Dotado de buen sentido del humor, solía decir que su amputada extremidad se encontró gracias a su pasión por el dinero: uno de sus asistentes lanzó una moneda al campo de batalla y, en la confusión de cuerpos, el brazo revivió para atraparla. Cuando Valle-Inclán estuvo en México, Obregón lo invitó a su palco en Bellas Artes. Como a cada uno le faltaba una mano, aplaudieron entre los dos.

Pero el brazo tuvo un desenlace ajeno al humor negro que caracterizó a su dueño. Varias generaciones de niños mexicanos fueron aterrorizadas en nombre de la patria al visitar el sepulcro del caudillo. El brazo podía ser visto en un frasco lleno de formol donde se volvía cada vez más blando y amarillo. Recuerdo dos detalles cuando visité de niño esa cavidad oscura, extraño acuario de la muerte: las uñas bien cortadas en la mano del general y la larga línea de la vida en su palma. Aunque este último rasgo era irónico (Obregón murió a los cuarenta y ocho años), no pude verlo de ese modo.

Una extraña pedagogía del horror permitió que el brazo fuera considerado edificante. Si los museos religiosos tenían escabrosas muestras de los clavos de Cristo o la lengua de algún mártir, no menos intensa, la Revolución mexicana mostraba ese brazo en progresivo deterioro. Aquel guiñapo daba pésima imagen de una revolución que se le parecía bastante y en 1989 fue sacado de la vitrina para incorporarse al féretro.

Si el delirante Antonio López de Santa Anna, once veces presidente de México, hizo un funeral de Estado para su propia pierna, en 1989, por obra de los enterradores, Álvaro Obregón se convirtió en lo que no pudo ser moralmente: un hombre íntegro.

El Hospital de Jesús

Uno de los edificios más hermosos de la capital se alza en el lugar donde Moctezuma II conoció a Hernán Cortés. Inaugurado en 1524, el Hospital de Jesús fue el primero de este tipo en el continente americano. Sus patios con naranjos recuerdan la vieja fábula de los inmigrantes. Ese fruto tarda unos siete años en brotar del árbol. Quien viene de lejos, lo planta como un reloj para medir su adaptación: cuando las primeras naranjas asoman en las ramas, comprueba que ya es de ahí.

La mayoría de los edificios coloniales tienen patios con naranjos, lo cual indica que los españoles venían para quedarse. "Eran unos dementes, viejo", me dijo una vez el poeta Álvaro Mutis, "no conocían el país, pero comenzaban a construir edificios que acabarían en treinta años; esos enfebrecidos en verdad querían estar aquí".

El Hospital de Jesús, escenario del "encuentro de dos mundos" y de la primera autopsia del continente, se presta para albergar al conquistador extremeño. Con él comenzó el mestizaje que hoy nos define y aún nos cuesta trabajo aceptar.

"Lo cortés no quita lo valiente", dice el dicho que en México se reescribe de este modo: "Lo Cortés no quita lo Cuauhtémoc". Esto no significa que nos consideremos descendientes del uno y del otro. Como mencioné en el capítulo dedicado al Grito, en nuestra peculiar mitología consideramos que los aztecas ya eran mexicanos, la Conquista interrumpió esa saga de esplendor y la Independencia nos devolvió la identidad.

Para enfrentar con mayor sensatez la mezcla de culturas que nos conforman, Jaime Torres Bodet, poeta y funcionario, mandó inscribir un lema en el Museo Nacional de Antropología: "Aquí se celebró una lucha en la que no hubo vencidos ni vencedores, sino el doloroso nacimiento de una nación: los mexicanos".

Ese parto complejo no acaba de ser aceptado. Las *Cartas de relación* de Hernán Cortés confirman lo mucho que se interesó por la Nueva España y en su testamento pidió que sus restos regresaran a la tierra que saqueó y transformó para siempre, legando el idioma en el que escribo estas palabras.

Cortés murió en 1547, pero su vida póstuma fue tan agitada como sus campañas militares. Emprendió nueve expediciones y, al modo de un espejo póstumo, sus restos han tenido nueve moradas. El más allá de los héroes suele ser un camino ascendente: las reliquias son llevadas a sitios cada vez más fastuosos. No es el caso de Cortés. La Ciudad de México no le ha concedido monumento alguno y sus mudanzas póstumas han sido las de un menesteroso. Luego de ocupar varias fosas provisionales, en 1794 fue a dar a la iglesia anexa al Hospital de Jesús. En el siglo XX, en pleno esplendor del muralismo, José Clemente Orozco pintó ahí la cúpula. Podía haber elegido como tema la difícil reconciliación de los mexicanos (una de sus mejores obras es, precisamente, un insólito "retrato de pareja": Cortés con la Malinche); sin embargo, escogió otro asunto que acaso se prestara más para nuestro sentido de la identidad: el apocalipsis.

Desde que llegó ahí, el conquistador ha estado más escondido que enterrado. En 1823, poco después de consumada la Independencia, la estatua que acompañaba su tumba fue destruida. Para evitar una profanación, sus restos fueron trasladados en secreto a otro sitio de la misma iglesia. En esa tumba sin nombre permaneció durante más de un siglo. Finalmente, en 1947 se supo en qué rincón estaba y se le concedió una discreta placa, con sus fechas de muerte y nacimiento.

Al hablar del extraordinario oído que el poeta Francisco Cervantes tenía para los títulos, mencioné uno que en este capítulo adquiere particular sentido, pues define la errabunda trayectoria que en la Ciudad de México los héroes siguen después de muertos: *Los huesos peregrinos.*

PERSONAJES DE LA CIUDAD: EL ENCARGADO

México ha producido una función social que me atrevo a postular como inexportable: el puesto de "encargado". No se trata de un jefe, ni mucho menos de un especialista, sino de alguien que comparece detrás de un mostrador para representar la forma más vaga de la autoridad: complica la vida sin ser responsable de nada.

Un pequeño negocio capitalino suele ser un sitio donde tres empleados miran el suelo y dos comen pepitas. Aunque la sobrepoblación es una de nuestras especialidades, abundan las tiendas donde faltan clientes y sobran trabajadores. No importa que todos porten gafete o uniforme: sólo uno es *el* encargado. Si le preguntas al más cercano por una mercancía, señala con la mirada (rara vez con el índice) a un hombre de traje color vientre de pez y pronuncia la sentencia fatal:

—Hable con el encargado.

Cuando te acercas a la figura que maneja los hilos secretos del lugar, refrenda su importancia con ofensiva cortesía:

—De ese lado lo atiendo —dice para que sepas que te has entrometido de *este* lado.

Es así como comienza una ficción comercial en la que se considera profesional que haya obstáculos. Estás ante una criatura que no manda ni obedece, pero tiene autoridad; representa un límite que no se supera así nomás. Los vertiginosos altibajos de la sociedad de mercado encuentran un ancla en ese hombre. ¿Tendrá lo que buscas? Esta pregunta es precipitada. Antes de entrar en el complejo mundo del abasto, el precio de los productos y el raro fetichismo que provocan, existe el protocolo. La economía mexicana puede ser calificada de muchas maneras, pero el encargado revela que tiene un orden. Sólo él puede decirte que no hay nada y, si hay algo, sólo él puede pedirle a otro que te atienda.

Nada de esto es rápido. La gestión carecería de importancia si no fuera difícil. Estás ante alguien que cree en la superioridad de los ruidos sobre las personas. Todo trámite se interrumpe si suena el teléfono. El encargado sólo regresa a tu rostro urgido después de decirle tres veces lo mismo a una persona que parece tomar dictado con cincel al otro lado de la línea. La situación es común y hartante, pero en la balanza del mundo no hay modo de compensar estos agravios. O te aguantas o te aguantas.

En una ocasión entré a una megapapelería en busca de una pluma fuente. Cuando hice mi pedido, una mujer contestó:

—Ahorita viene la encargada —a pesar de su chaleco azul reglamentario, ella no podía atender el caso.

Veinte minutos después llegó una mujer autorizada a responder con gran serenidad:

—No vendemos plumas.

Hay gente que nace con la temeridad de desactivar bombas y gente que nace para disolver situaciones sociales. No tengo la menor duda de que los atributos del encargado son innatos. Resulta imposible aprender ese sentido de la indiferencia.

Una frase emblemática de esta persona destinada a frenar el destino para cargarlo de trascendencia es:

—Me lo hubiera dicho antes.

Toda complicación es culpa de quien solicita algo.

El encargado vive en estado de pureza de alma. En su código personal, reconocer un error es peor que cometerlo; por lo tanto, no se entera de sus carencias. Una de ellas es su trato con la tecnología y por eso la usa lo más que puede. Si maneja una fotocopiadora, lo hace como si ahogara a un niño en una tina; si se sienta ante una computadora, sólo se levanta después del tiempo suficiente para reconfigurar el sistema operativo. Ajeno a toda presión, actúa con el aplomo de un dios mineral. Luego entrega el artículo que no pediste o la factura sin IVA desglosado (el mantra regresa: "Me lo hubiera dicho antes"). Para esas alturas, lo único decisivo es salir de la tienda; aceptas el trámite deficiente con tal de no prolongarlo.

El encargado es una potestad última, un emperador chino en su Ciudad Prohibida. Con esto no quiero decir que las tiendas carezcan de dueños o gerentes superiores. Esas personas existen sin que las veamos. Nuestro contacto esencial sucede con el singular personaje que se equivoca de forma tan complicada y con tal desinterés que inhibe cualquier protesta. Quejarse del trámite implicaría reproducirlo y es lo que menos queremos.

Contrafigura del pícaro, el encargado no roba ni se queja de su sueldo: "Ellos hacen como que me pagan y yo hago como que trabajo", tal es su divisa.

¿Cómo se relaciona con los otros dependientes? Entras a un expendio de frutas y jugos tropicales y le pides uno de betabel con apio a un hombre cuyo sombrerito triangular parece habilitarlo para la tarea. Te equivocaste: no es el encargado. El hombre frunce los labios en dirección a otro que lee las páginas en sepia y blanco del periódico deportivo *Esto*, recargado en una sandía. Experimentas entonces la atávica tradición mexicana que ahora llamamos *forwardear*: repites la solicitud y él se la repite al del gorrito, con el que ya habías hablado. En ese momento, la frase es oficial. Un hombre comienza a exprimir las verduras porque el encargado se lo pidió. Si recibes un jugo de sábila en vez del de apio con betabel, o transcurre media hora sin que recibas nada, el encargado no se inmuta. La protesta puede llevar a desenlaces como éste: los ojos tutelares pierden la apatía con que seguían goles en el *Esto* y te miran con una conmiseración superior al desprecio. Luego viene lo peor: el encargado dobla su periódico. Ha asumido la gestión. Acto seguido, advierte que el betabel es algo que puede atascarse en la exprimidora. Llama a otro empleado. A continuación, ves que tu jugo es preparado con desarmador, abriendo el aparato. Cuelan el jugo para sacarle los tornillos, eso sí, con cuidado de no meter los dedos embarrados de aceite. A todo esto, el encargado no dice una palabra; mira el mundo como se mira la nada, con los ojos a media asta.

En el modo mexicano de producción, el encargado funge de mustio intercesor; logra que todo funcione a medias e invalida cualquier crítica. Los minutos que pasas a su lado revelan que no tocarás su alma y sólo recuperarás la tuya al salir de ahí.

Incompetente hasta el proselitismo, te convence de que sólo hay algo peor que los problemas: tratar de resolverlos.

TRAVESÍAS: DEL TACO DE OJO A LA VENGANZA DE MOCTEZUMA

¿Cómo seríamos si pudiéramos recorrer sin problemas la incalculable Ciudad de México? Seguramente tendríamos un carácter tan estupendo que cuesta trabajo imaginarlo.

Vivimos tratando de llegar a algún lugar, lo cual ha modificado nuestros hábitos alimenticios, algo significativo en un país donde la comida tradicional compite con la eternidad. Si te invitan a comer está prohibido tener prisa: un almuerzo festivo de éxito debe durar al menos cinco horas.

Hasta hace algunos años, se criaban guajolotes en las jaulas para colgar la ropa. Esas granjas de azotea anunciaban un guiso que llegaría en Navidad. Hoy carecemos de tiempo, ya no digamos para criar un guajolote, sino para desplumarlo.

Las recetas se han tenido que acelerar en una época que ya perdió la costumbre de jugar dominó para hacer la digestión. El capitalino en tránsito reclama otro tipo de comida; no se alimenta donde le "agarra el hambre", sino donde lo suelta el tráfico.

Quien hace dos horas para llegar a su trabajo y otras dos para volver a casa no tiene derecho a quejarse: su estadística es demasiado común para presumirla. Así las cosas, debemos aprovechar el recorrido para dar un mordisco afortunado. Todo comienza con el "taco de ojo". Aunque algunos consideran que el ojo de vaca es un manjar, la mayoría usa la expresión en sentido figurado, para referirse a los placeres que entran por la vista.

La mirada es el prólogo del apetito. El olfato opera en proximidad y se usa con escasa frecuencia en las calles donde no siempre tenemos tiempo de acercarnos a la aromática olla de los tamales. El cliente de la gastronomía peregrina debe tener buen ojo.

Los sitios de *fast-food* son demasiado estáticos para el viajero que come mientras se desplaza. El pasajero de microbús debe distinguir en un instante privilegiado la botana que lo aliviará sin tener que bajar del camión. En cuanto lo logra, sobreviene un safari rápido: el cazador que ya avistó un mango enchilado a cien metros, aprovecha que el vehículo frena unos segundos para asomarse por la ventana y darle el cambio exacto a la señora que vende frutas.

El tráfico define en tal forma nuestra manera de comer que ya ha surgido una golosina automotriz. Ante los coches detenidos, un letrero anuncia: "Gorditas de nata". Normalmente, la gordita es una masa fofa, sin personalidad alguna. Nadie la pide en una fonda ni espera comerla en casa de sus compadres. Sin embargo, ante la desesperación de no avanzar, ese insípido alimento se convierte en un perfecto ansiolítico. En el momento en que compruebas que llegarás tardísimo y que las "vías alternas" son tan ilocalizables como la Utopía de Tomás Moro, masticar ese amasijo mitiga las neurosis. Su consistencia, indiferente al sabor, resulta sedante. Quizá una región del cerebro ajena al gusto, pero no a las sensaciones, permite que la asociemos con las olvidadas papillas de la infancia. Como en los casos del tequila o el coñac, estamos ante un producto con denominación de origen. Si el espagueti al ragú es de Boloña, la gordita es de embotellamiento, el manjar de los que se encuentran detenidos sin haber sido arrestados.

Juan José Arreola se divertía recordando que en Zapotlán el Grande a las botanas se les dice *calmantes*. Tal es la función de la inerte golosina que permite sobrellevar el tráfico y que en variantes de inspiración *gourmet* se anuncia como "Gordita D' Nata".

El *paladar* y la *patria*

Los actos públicos mexicanos sólo tienen sentido si sobra gente. No basta que el sitio esté lleno: es necesario que muchos se hayan quedado fuera.

En este bastión de las muchedumbres, el concierto, el partido de futbol o el mitin en el Zócalo sólo cortejan la gloria si los asistentes están muy apretados.

"¡Chicles, paletas heladas, muéganos!", dice un ubicuo vendedor. Además, hay ahí pepitas.

Rara vez sentimos el deseo espontáneo de comer esa semilla. No vamos al mercado a seleccionarlas, ni hablamos de pepitas caseras o de temporada. Sin embargo, en este país de más de ciento veinte millones de habitantes, sin ellas no hay luchas sociales, liguilla de futbol o conciertos masivos.

Nuestra capacidad de comer semillas tiene una larga historia. El amaranto dio lugar a unos rectángulos vagamente dulces que nuestro gusto por la exageración llama *alegrías*. En tiempos prehispánicos, los dioses de amaranto se veneraban al grado de ser comidos y digeridos. Esto facilitó que durante la Conquista se aceptara la comunión cristiana. Quienes habían masticado un Tezcatlipoca de semillas aceptaron probar el cuerpo de Cristo. Tal vez por eso, las *alegrías* se venden en compañía de pepitorias, nuestra ostia de repostería, cuyas pepitas dispuestas en semicírculo recuerdan la custodia del Santísimo Sacramento.

La *alegría* nació para ser ambulante. Rara vez se ofrece en una fonda. Para venderla, hay que peregrinar, y ya ha viajado tanto que se convirtió en la primera aportación mexicana a la cocina espacial. En 1985 el astronauta Rodolfo Neri Vela aprovechó su estancia en la estratósfera para hacer experimentos con amaranto. Ese momento marcó la unión de la tecnología de punta con una tradición atávica. Tenochtitlan fue fundada por migrantes que dejaron sus ollas en las siete cuevas del origen y luego hicieron dioses de amaranto en el

Valle de Anáhuac. En la soledad del espacio exterior, Neri Vela rindió tributo a la comida portátil que salvó del hambre a los fundadores de México-Tenochtitlan.

Mientras tanto, en la parte de la Tierra ocupada por la Ciudad de México, la alimentación se desplaza de muchos modos. Los ciclistas panaderos ofrecen un número de circo: pedalean mientras sostienen en la cabeza una inmensa cesta con pan. Los vendedores de camotes son menos ágiles. Su suerte depende del carrito que empujan, bastante pesado por ser una estufa. En el país donde André Breton descubrió que el surrealismo forma parte de la vida diaria, disponemos de un producto que se come por el sonido. El carro de camotes anima las noches de la ciudad con su silbato. De pronto, el aire se corta con un ruido que recuerda a ferrocarriles antiguos que nunca llegamos a tomar y de los que sólo queda un murmullo que parece decir: "En el tren de la ausencia me voy / mi boleto no tiene regreso…"

El camote es un tubérculo demasiado seco para ser sabroso. Comparado con él, la yuca es un filete. No hay modo de recomendarlo. En sentido estricto, el silbido se anuncia a sí mismo: compramos camotes para que los carritos de hojalata con vientre de fuego no dejen de sonar en la ciudad.

Pasemos a otro ejemplo de comida sonora. Desde hace siglos los tamales de Oaxaca son magníficos, pero ahora llegan acompañados de una voz. Un carro-bicicleta lleva una grabadora donde oficia el locutor más escuchado del país: "Hay tamales oaxaqueños, tamales calientitos…" Lo mejor de esos antojos es el mensaje que transmiten. Hay días torcidos en los que todo se va al carajo y sentimos en las sienes una corona de espinas para la que no existen analgésicos. Entonces llega una señal de esperanza: la vida es un desastre, pero los tamales oaxaqueños siguen calientitos.

"No comas cosas de la calle", dicen las mamás, incapaces de comprender que los chicharrones, las jícamas, los *hot cakes* con cajeta y los algodones de azúcar sólo saben bien a la intemperie. ¿Qué tan sano es lo que compramos en una esquina cualquiera? En el planeta hay vida gracias al agua. En México, beber agua puede costar la vida. Esto ha llevado a inventos de alto ingenio. ¿Podemos confiar en una gelatina callejera? De nada sirve perder el tiempo preguntándole al vendedor si fue hecha con agua hervida. Una gelatina cumple con las normas de sanidad si está en una vitrina. Aunque resulta muy incómodo ir por la ciudad cargando pequeñas cajas de cristal, ese delicado recipiente certifica la calidad de la temblorosa golosina.

Nuestra relación con la salud es meramente visual. No nos convence lo que sabemos, sino lo que miramos. Por eso existen los raspados. Basta ver el sudoroso bloque de hielo del que provienen para recordar que las bacterias no por microscópicas dejan de existir. Pero el color de los jarabes tranquiliza de inmediato. El rojo es tan intenso que sugiere una transfusión y el verde alude con tal entusiasmo a la clorofila que no piensas que te infectarás, sino que harás la fotosíntesis. Mi favorito es el azul. La gastronomía ha producido muy pocas cosas azules. El raspado color ultramarino parece salido de un laboratorio. Si te enfermas al comerlo, es porque el cono de papel estaba sucio.

La Ciudad de México es recorrida por transeúntes que tratan de comer sin detenerse y ambulantes que tratan de venderles algo. El territorio es tan vasto que esas tribus migratorias corren el riesgo de no encontrarse. Por eso existen puestos de socorro fijos, que se desarman de noche y se arman de día.

En una esquina cualquiera, una camioneta tiene las llantas ponchadas. No se ha movido de ahí en años porque no tiene que ver con el desplazamiento: sirve como bodega para un puesto de jugos y fritangas. Como los refugios alpinos, las camionetas reconvertidas en fondas pueden salvar la vida, pero no siempre quedan cerca. El urgido comensal requiere entonces de otros primeros auxilios.

Jorge Ibargüengoitia definió el *taco sudado* como el Volkswagen de los tacos. No es el mejor modelo, pero sí el más práctico. Ligero y económico, llega a todas partes a bordo de la bicicleta que sostiene una canasta llena de trapos con funciones térmicas. Según el autor de *Instrucciones para vivir en México*, pedirlo, comerlo y pagarlo no debe llevar más de cinco minutos.

En comparación, la torta compuesta parece un modelo deportivo. Artemio de Valle Arizpe encomió su preparado, que comienza quitándole parte del migajón al bolillo y avanza en cuidadas capas. Por su parte, José Emilio Pacheco desafió a quienes consideran que el sándwich es el mayor invento del milenio a probar una torta compuesta, que puede incluir los veinticinco elementos escogidos por el tortero Armando, enciclopedista del gusto a quien también Ibargüengoitia inmortalizó en una crónica.

La boca en llamas

¿Qué tan rico es lo que mordemos aquí o allá? Ciertos platillos nacen sabrosos y otros requieren de ayuda externa. Cuando el taquero pregunta junto al trompo de carne al pastor: "¿Con todo?", alude a varios grupos alimenticios, incluida la fruta. La *gringa* extiende esta variedad a los lácteos y confirma la relación cosmopolita que tenemos con el queso. Si las enchiladas no pican y están gratinadas, merecen ser "suizas". Nuestra cocina es tan compleja que en su repertorio el queso representa la neutralidad helvética.

El principal remedio para los bocados sin chiste es el picante, fogoso signo de la identidad; la comida mejora si quema la boca. Esto se aplica al catálogo entero de la alimentación vernácula, del tamarindo con chile piquín al chicharrón rociado de salsa Búfalo, pasando por la espesa intensidad del mole.

El chile hace tan interesante el guiso que nos olvidamos del origen de la materia prima. No es casual que algunos estupendos puestos de tacos estén a orillas de grandes avenidas o a la salida de las carreteras. La mayoría de los capitalinos hemos comido perro atropellado, pero no nos enteramos porque las salsas transforman la carne en un personaje secundario. No quisiera alarmar diciendo que además de canicidas somos antropófagos. Baste saber que nuestras salsas arden lo suficiente para no preguntar por la procedencia de las carnes ni el paradero del vecino al que no vemos desde hace tiempo.

Charles de Gaulle dijo que era imposible gobernar un país con doscientas cuarenta y seis variedades de queso. En México, las estadísticas son una forma de la conjetura: no sabemos cuántos chiles hay, sólo sabemos que son un chingo. Eso sí, aún no ha nacido el mesero mexicano que confiese que algo pica. Si le preguntas al respecto, dirá "Para nada" o "Sólo para darle sabor". Enchilarse es cuestión de patriotismo. El buen chilango soporta que le sude la coronilla y las lágrimas resbalen de sus ojos sin dejar de elogiar lo sabroso que resulta ese suplicio.

Según el decir popular, al chile, como a los políticos mexicanos, cada vez se le descubren nuevas propiedades. Sin embargo, aún no hay chiles buenos para la úlcera. Los estómagos delicados o advenedizos tienen poca suerte en nuestros fogones. Esto ha llevado a mezclar el sentido de pertenencia con la escatología. Si la comida te cae mal, no eres de aquí. La *venganza de Moctezuma* pone en duda tu afinidad a la patria. El problema no es que hayas comido dos tacos de suadero, tres de nenepil y uno de buche, sino que no estás suficientemente aclimatado. Tener diarrea es antipatriótico.

Uno de los más estrambóticos efectos de esta creencia fue el mariachi Pepto-Bismol, que en la campaña comercial de 2009 a 2010 promocionó ese medicamento para el estómago cantando "La cu-cha-ra-da, la cu-cha-ra-da" al ritmo de "La cucaracha". Los músicos se vestían como estrafalarios emblemas de la identidad gástrica, con traje de charro rosa mexicano (que coincidía con el color de la suspensión estomacal).

En forma complementaria, hay quienes creen que por haber comido en los sitios menos higiénicos son inmunes a cualquier peligro. Abundan los temerarios que asocian su fortaleza estomacal con un rincón muy preciso de la capital: "¿Cómo me va a caer mal eso si diario desayuno en la glorieta de Vaqueritos?"

La Ciudad de México se distingue de otras macrópolis por la riqueza de su comida itinerante. No hay modo de evitar que esas tentaciones lleguen a nosotros, según compruebas al descubrir un palito de elote en el bolso de tu novia.

Como las migas de pan en el bosque hechizado de Hansel y Gretel, la comida de los nómadas demuestra que el extravío no consiste en perder la orientación, sino en perder antojos.

Cuando el apocalipsis amenaza con tender su manto, el chilango aguza la mirada. A lo lejos, el aire vibra como un espejismo en el desierto, no a causa de la temperatura ambiente, sino de la prometedora presencia del aceite en ebullición. Un estimulante aroma llega a la nariz del peregrino y la ciudad se convierte en el inabarcable territorio donde el oasis huele a cilantro.

CEREMONIAS: "HAZ EL BIEN SIN MIRAR A LA RUBIA". EL CINE DE LUCHADORES

La Ciudad de México ha hecho una singular contribución a la cultura de masas: el cine de luchadores. El ambiente del pancracio, como se le llama a las faenas de los enmascarados entre las doce cuerdas, se presenta en las más variadas circunstancias de nuestra vida urbana.

En 2006, poco antes del Mundial de Alemania, murió Ángel Fernández, máximo cronista del futbol mexicano, erudito del billar y el beisbol, y ocasional comentarista de lucha libre. Su estilo de narrar dependía de una voz vibrante y una excepcional capacidad para mezclar anécdotas con los datos puntuales del juego. Provisto de una cultura enciclopédica y popular, pasaba de las citas de la tragedia griega a las letras de los corridos. La epopeya era su ambiente natural; no en balde decía que el público representaba su "coro formidable".

El sepelio de un hombre que convirtió el exceso en mérito narrativo no podía pactar con la discreción. Enrique *el Perro* Bermúdez se acercó al féretro y lloró por la pérdida de su maestro. Otros repasamos en la mente los apodos y las metáforas que poblaron nuestra infancia. El hombre que vio el incendio del Parque Asturias, antiguo estadio de la Ciudad de México, entendió en ese momento que la verdadera causa del deporte no está en la cancha, sino en la reacción de la multitud. Ese cronista impar se había ido. ¿Era justo honrarlo en el silencio? Entonces, entre los cuerpos vestidos de negro, apareció la máscara plateada del Hijo del Santo.

La aparición fue imprevista pero no extraña. Recordé la asociación de Ángel Fernández con Doménico el Audaz, otro camaleón de la cultura popular, que al retirarse de la lucha libre fundó un grupo de música tropical. Cuando el mayor relator de la televisión quedó fuera de las principales cadenas, Doménico le propuso (o fue el propio Ángel quien concibió esa atractiva desmesura) narrar los bailes amenizados por el Grupo Audaz. El locutor que había gritado en Maracaná, viajó a salones sin acústica para inventar un nuevo género artístico. En las pausas de la música, comentaba lo que ocurría en la sala. Así, los bailarines de barrio se convirtieron en protagonistas de una gesta homérica. Con la misma pasión con que describía un gol de "excepcional coraje", Ángel detallaba los milagros de los zapatos de charol. En medio de la orquesta, Doménico miraba a su amigo trenzar frases con la pasión con que él había luchado en el cuadrilátero.

El gran narrador oral de México merecía una despedida a su altura y varios célebres enmascarados llegaron al sepelio para dársela. Quiso la casualidad —o el dios de la épica— que el Hijo del Santo llegara cuando se celebraba la misa de cuerpo presente justo en el momento en que el sacerdote decía: "Santo, santo es el Señor". Entonces vimos la máscara de plata. Ningún homenaje mejor para Ángel Fernández que esa mezcla de religiosidad, humor e idolatría popular, semejante al encabezado con que un periódico honró la muerte del luchador más famoso de nuestra historia: "¡El Santo al cielo!"

Hay pocos ámbitos tan desmedidos como el de quienes se golpean con una elaborada gestualidad de ofensas. Desde que sube al *ring*, un luchador revela su carácter. Como visitante asiduo de la Arena Coliseo y la Arena México en los años setenta, recuerdo a Adorable Rubí, que confirmaba su narcisismo poniéndose perfume antes de la pelea. También viene a mi memoria el Hippie Vikingo, cuyo amenazante aspecto revelaba que ciertas mezclas culturales no deben cometerse.

Curiosamente, al buscar información para este libro, encontré al Hippie y al Vikingo, pero no a un gladiador que los combinara a ambos. En la memoria, como en la biología, las cruzas raras tienen más posibilidades de perdurar.

El repertorio de las llaves sigue códigos equivalentes a los del toreo o el teatro kabuki, sistema de signos que llamó la atención de Roland Barthes. En su libro *Mitologías* comenta al respecto: "La función del luchador [...] no consiste en ganar, sino en realizar exactamente los gestos que se espera de él [...] Lo que el público reclama es la imagen de la pasión, no la pasión misma".

Si el boxeo es una actividad competitiva cuyas técnicas pueden perfeccionarse, la lucha no es tan libre como proclama su nombre. Cualquier agresión está permitida siempre y cuando forme parte del libreto. Ahí, la calidad no depende de la mejoría atlética ni de estrategia alguna, sino de la repetición de valores compartidos, ademanes que encarnan el bien y el mal.

El luchador rudo vive para la trampa, la ruptura de las reglas, el codazo a traición, el limón en los ojos del inocente adversario. Su salario es el ultraje; su propina, el abucheo. El luchador técnico está acorazado por su bondad. Aplica llaves terribles, domina la quebradora, la rana y la tapatía, pero cuando el oponente está en la lona y el público exige: "¡San-gre, san-gre!", no propina el golpe ruin y definitivo. Al contrario, le concede un respiro a su rival, se distrae con el cariño de la gente, permite la recuperación del enemigo y es aviesamente atacado por la espalda.

Los nombres de guerra, las máscaras, los tics definitivos (el caníbal que mastica orejas, el adonis de nariz fracturada que se mira en un pequeño espejo) hacen que la lucha libre sea intensamente narrativa. Nada de lo que ahí sucede reclama otra verdad que la del teatro, y más aun: la de un teatro extremado, que aspira al colmo de la representación. Cuando un rudo entre los rudos pierde la batalla en la que apostó su cabellera, la etiqueta exige que se arrodille en la lona, implore clemencia, vea llegar al peluquero que habrá de trasquilarlo y llore sin consuelo ante los gritos que lo humillan. Sólo lo excesivo es normal en ese entorno. Cada luchador compite en dramatismo con el instante en que Tosca se lanza a su muerte segura desde la muralla del presidio.

La lucha libre ocurre a escala desaforada: su psicología repudia la talla chica. Quien tenga dudas al respecto puede ir a la tortería El Cuadrilátero, fundada por Superastro en el Centro de la Ciudad de México, en la esquina de Pescaditos y Luis Moya. Ahí, la torta "gladiador *junior*" desafía a que alguien se la coma entera.

Iba a este templo de gastronomía para gigantes cuando trabajaba en el periódico *La Jornada*, que estaba a unas cuadras de distancia. Una torta bastaba para alimentar a media redacción. Desde entonces me acosa una pregunta que sólo puede ser respondida en clave mitológica: ¿existe la torta "gladiador *senior*"? Algunos rumoran que la han visto y otros agregan con perturbador conocimiento de causa: un coloso que oficiaba en la Arena México la devoró sin problema alguno y además pidió postre.

Imposible acercarse al pancracio sin ánimo legendario. De niño, leía las revistas *Lucha Libre* y *Box y Lucha* con la curiosidad de quien sigue un cómic trepidante. Mil Máscaras, Blue Demon, el Perro Aguayo, Huracán Ramírez y Black Shadow ponían en escena una saga que pedía a gritos continuar más allá del encordado. ¿Cómo vivían esos héroes cuando no estaban bajo los quemantes reflectores de la arena? ¿Llevaban una doble existencia, al modo de los espías, o también en la intimidad seguían los dictados de su personaje? En su novela breve *El principio del placer*, José Emilio Pacheco trata el tema de la pérdida de la inocencia a partir de un muchacho aficionado a la lucha libre que madura en forma amarga: descubre que, fuera del *ring*, los acérrimos rivales son amigos. El drama entre el bien y el mal no es otra cosa que simulación.

Gran aficionado a la lucha libre, Pacheco fue uno de los primeros en detectar que el Santo era Rodolfo Guzmán, quien había luchado con el apodo de Rudy. En *El principio del placer* se sirve del espectáculo de las caídas para simbolizar el rito de paso de un adolescente: perder la ingenuidad significa comprender que el mundo no está habitado por técnicos y rudos, prístinas figuras de la niñez perdida.

Saber que los héroes no existen representa un duro golpe a la fantasía. Sin embargo, lo que primero fue creído como verdad puede entenderse más tarde como teatro. Los seguidores de la lucha libre se dividen entre el que cree a pie juntillas en los suyos —el niño eterno que no ha visto a los rivales compartir cervezas— y el que sabe que todo es embuste, pero se apasiona con el cumplimiento de los lances prometidos.

La justicia que los luchadores imparten a tres caídas sin límite de tiempo es demasiado tentadora para permanecer entre las doce cuerdas. Más allá de la arena, un mundo menesteroso reclama vengadores. No es casual que el pancracio haya inspirado a luchadores sociales como Superbarrio, Superanimal o Fray Tormenta (este último alternó las tareas pastorales de sacerdote con las de gladiador profesional y mantuvo un orfelinato del que salió un luchador dispuesto a demostrar que los músculos son un artículo de fe: el Místico).

En el ámbito del cómic y el cine, Héctor Ortega y Alfonso Arau imaginaron a un luchador armado de más picardía que fuerza, una especie de anti-Batman de barrio: el Águila Descalza, que patrullaba las calles en una infructuosa bicicleta.

Abundan las alusiones que el cine ha hecho al género. José Buil logró una pieza maestra sobre la vida privada de un ícono de masas: *La leyenda de una máscara*. ¡Cómo olvidar la escena donde la esposa del héroe plancha las máscaras de su marido! En la historia del cine mexicano esta cinta ocupa un papel equivalente al de *El jeque blanco* en la filmografía de Federico Fellini. Ahí, Alberto Sordi representa a un héroe de la cultura pop tras bambalinas. Durante años, Nicolás Echevarría planeó una versión del *Popol Vuh* protagonizada por luchadores, con máscaras diseñadas por Francisco Toledo, quien se ha ocupado del tema con fortuna (en el Museo del Estanquillo, que reúne la colección personal de objetos de Carlos Monsiváis, un elocuente rincón muestra cerámicas de luchadores y escenas del *ring* pintadas por Toledo).

Pero fue en el cine popular donde la lucha encontró su mayor caja de resonancia. El libro ¡*Quiero ver sangre! Historia ilustrada del cine de luchadores*, de Rafael Aviña, Raúl Criollo y José Xavier Návar, es una bitácora definitiva para viajar al esquivo mundo de las producciones de bajísimo presupuesto que trasladaron la mitología del *ring* a las más diversas zonas del espacio exterior, con escala obligada en la Ciudad de México.

La película fundadora del género lleva un título tan elocuente que resume todo lo que vino después: *La bestia magnífica*. Filmada en 1952 por Chano Urueta, fue más un melodrama sobre las condiciones que rodean a los luchadores que una creación de superhéroes. Ahí todo gira en torno a los artistas del tope suicida, pero aún no se descubre que su verdadero cometido es la salvación, siempre provisional, de la raza humana. La saga del Santo sería la culminación de ese ideal a un tiempo modesto y excesivo: el héroe de barrio mantiene a raya a los vecinos, es decir, a los marcianos.

Durante un par de décadas el cine de luchadores prosperó gracias a la complicidad de un público dispuesto a creer que una bola de cartón es una bomba atómica. Aunque algunas películas mostraban un diseño visual fascinante, como *La sombra*, la mayoría despreciaba toda noción de verosimilitud. Si la ficción suspende la incredulidad, el cine de luchadores la aniquila con una patada voladora. La aceptación de ese ámbito será total o no será. Así se explica la obsesión por la tecnología como tema en un espectáculo incapaz de utilizarla como recurso. En vez de paliar la defectuosa recreación de los platillos voladores, los escenógrafos enfatizaron su irrealidad. Nadie podía dudar de ellos por la sencilla razón de que sólo podían ser creídos como un disparate evidente. En *Santo, el Enmascarado de Plata, vs. la invasión de los marcianos*, Wolf Ruvinskis, líder de los alienígenas, advierte que los terrícolas desconfían de sus ropas siderales. En consecuencia, somete a la tripulación a un cambio de aspecto en una cámara que modifica las identidades. Después de ser cubiertos por una previsible nube de humo, los marcianos quedan vestidos ¡como odaliscas y gladiadores romanos! En el gozoso sinsentido que propone el guion, ése es un disfraz perfecto para no llamar la atención en la Ciudad de México.

Las convenciones del cine de luchadores son tan flexibles como las del teatro isabelino, donde se agoniza en pentámetros. En los muchos laboratorios que aparecen en las tramas, lo único decisivo es que un matraz eche humo. Las aventuras más delirantes se ubican en los escenarios más comunes. En casi todas las películas de luchadores hay una escena en un sitio que parece la casa de uno de los actores, una sala con sofás donde se decide el destino del universo.

Otra extraña obsesión del género consistió en incluir números bailables, serenatas y *shows* del todo ajenos a la trama. Pero lo más curioso siempre han sido los enmascarados incapaces de actuar. ¿Qué méritos tienen esos intérpretes sin rostro?

El éxito del género dependió de la doble condición de los héroes: podían ser vistos en la Arena México y en el espacio irreal del cine. Pocas veces la cultura popular tuvo representantes tan próximos y tan lejanos. La misma persona que te daba un autógrafo en la lucha del viernes, enfrentaba desafíos extraterrestres en la película del domingo. En el cine, el catálogo de enemigos fue más variado que las conquistas de don Juan. Se conservaron las rivalidades canónicas (Santo contra Blue Demon, técnicos contra rudos) y se añadieron criaturas de ultratumba, marcianos de un solo ojo, vampiros, científicos dementes con acento ruso, mayordomos impertérritos y celebridades en estado de disparate, como el boxeador Mantequilla Nápoles o el cómico Capulina, "campeón del humorismo blanco". Además, el cine permitió la llegada del rival erótico, la estupenda mala mujer. Gina Romand, la Rubia de Categoría, promotora de la cerveza Superior, se convertiría en un ícono esencial al género. Esto puso a prueba el peculiar *sex appeal* de los luchadores. Aunque trabajaban con el torso desnudo, los héroes eran castos. Su compromiso con la humanidad resultaba tan grande que no podían particularizar su afecto y rechazaban la seducción de la Rubia.

Aunque ha habido contribuciones del cine de luchadores al porno, las obras canónicas tratan a los protagonistas como mártires del cristianismo primitivo, ajenos a otro goce que el servicio social. Bajo su ajustado pantalón, el sexo del luchador es apenas un botón de muestra.

En la perfecta desnudez del *David*, Miguel Ángel reveló que la discreción de un cuerpo no depende de la ropa: la estatua no suscita la menor curiosidad erótica; su intimidad es la de un excelso bulto de mármol. Los luchadores se someten a esa misma regla: comparecen ante las rubias en calidad de esculturas morales. El cuerpo turgente de la mujer es una tentación adicional para que los héroes muestren su temple. Adiestrados para suprimir su intimidad, también suprimen su libido.

El cine de luchadores se sirvió sin reparos del reciclaje. La misma escena podía servir para varias películas y la mezcla de escenas para un nuevo estreno. Esta vampirización recuerda el método de trabajo de José G. Cruz, creador de las historietas del Santo e impulsor del mito más allá del cuadrilátero. Cruz fotografiaba al héroe en poses diversas y luego le otorgaba insólitos trasfondos. Su frenética capacidad para servirse de las tijeras y el pegamento hacía que un montaje representara al Santo saltando de un edificio y el siguiente lo llevara al fondo del mar (en ambos, la foto del protagonista era la misma). "Lo que importa no es lo que [el espectador] cree, sino lo que ve", escribió Barthes a propósito de la lucha libre. Esta lógica rige los combates, las historietas y las películas del Santo. La verdad es decidida por los ojos, no por la conciencia.

La pantalla resolvió de una vez por todas esta pregunta: ¿Qué hacen los héroes al abandonar el *ring*? Rescatar a la humanidad de sus pérfidas tendencias. La vida privada de los luchadores ocurrió en el cine y la mayoría de ellos habló con la voz de Narciso Busquets, virtuoso del doblaje. Imposibilitados para hacer gestos, los enmascarados dependían de la entonación.

En la saga de Caronte el recurso llegó a un caso límite: todas las personas que se ponían la máscara del luchador que daba título al film, hablaban como Busquets. Otorgadora de identidad, la máscara estaba doblada.

De acuerdo con los autores de *¡Quiero ver sangre!*, hubo personajes que existieron en el celuloide sin subir al cuadrilátero. Fue el caso de la Sombra Vengadora. Fiel a su nombre, nunca se le vio de cuerpo presente. Otra excepción notable fue la del luchador sin máscara, muy común en las peleas, pero difícil de aprovechar en la pantalla, pues el rostro desnudo exige recursos histriónicos. Wolf Ruvinskis convenció con sus facciones, ofreciendo un necesario efecto de contraste ante los demasiados héroes sin rostro y llegó a estelarizar *Un tranvía llamado deseo*.

El cine de luchadores ha vivido el ciclo de las artesanías: con el tiempo, su ingenuo sentido inicial adquirió el encanto de lo arcaico y más tarde fue revalorado como objeto de culto: sus torpezas representan el conmovedor impulso creativo de una tecnología *anterior*.

El género que movió los sueños y las pasiones del México de los años sesenta y setenta pasó por el purgatorio del *kitsch* hasta adquirir la posteridad del DVD. Al margen de la programación comercial, ganó espacios en la piratería y las más variadas gamas del fetichismo.

El último parlamento de *La sombra* resume la condición del héroe enmascarado: imparte el bien en silencio, sin buscar protagonismo, desde la sombra.

LUGARES: MINISTERIO PÚBLICO

—¿Juan Antonia Villoro Ruiz?

　—Antonio.

　—Siéntese, señor Antonio.

　—Gracias, licenciada.

　—¿Trae su declaración de hechos?

　—Aquí la tiene.

　—A ver, déjeme ver... Uy, está mal escrita. ¿A qué se dedica?

　—Soy escritor.

　—Con todo respeto, pero no sabe escribir.

　—Ya me lo habían dicho.

　—Si es escritor me va a entender mejor por qué escribió mal.

　—Gracias.

　—¿Qué le pasó?

　—Lo escribí ahí.

　—Sí, pero no supo hacerlo.

　—Fui a Estados Unidos y me clonaron mi tarjeta.

　—¿La clonaron mientras estaba ahí?

　—No, me la clonaron después, yo ya había regresado a México. Tengo el pase de abordar para comprobarlo.

　—No agregue documentos que sólo distraen. ¿La tarjeta siempre estuvo con usted?

—Sí, lo escribí en la declaración.

—Deje de decir lo que escribió. No supo hacerlo.

—De acuerdo, licenciada.

—¿Por qué viene conmigo?

—El banco me pidió que levantara un acta en el Ministerio Público.

—Pero los hechos ocurrieron en el extranjero.

—Sí.

—Ahí debería levantar el acta.

—Pero vivo en México y todo sucedió cuando yo ya había regresado.

—Nosotros no tenemos jurisdicción internacional.

—¿Entonces qué hago?

—Tiene que escribir mejor. Hay gente que puede ayudarlo. Yo, por ejemplo.

—¿Qué debo hacer?

—Por principio de cuentas debemos justificar que usted esté aquí. ¿Qué motivos tiene para verme?

—¡Me robaron casi cinco mil dólares, en una tienda que se llama PJ Wholesale, que no conozco para nada!

—No se desespere, señor Antonio. Así no va a conseguir nada.

—Perdón, le pido que me comprenda.

—Eso trato de hacer, Antonio. ¿Puedo decirte Antonio?

—Sí.

—¿En qué delegación vives?

—En Coyoacán.

—Muy bien. Ésta es la delegación de policía que te corresponde, pero el delito sucedió en Estados Unidos. ¿A dónde fuiste?

—A Nueva York.

—Uy, qué padre. ¿Te fue bien?

—Sí, hasta que me clonaron la tarjeta.

—Pero entonces ya habías regresado.

—Sí.

—¿O sea que en Nueva York sí te fue bien?

—Sí.

—Tienes que ser preciso, Antonio. Todo se soluciona escribiendo bien. ¿Te enseño?

—Sí.

—Cuando una persona me dice que sí tres veces seguidas es que no me está entendiendo. ¿Me estás entendiendo?

—Sí… Quiero decir: entiendo.

—Concéntrate y no vuelvas a decir que sí.

—Okey.

—Mira: para que tengamos jurisdicción sobre el caso, es necesario que los hechos hayan sucedido aquí.

—¿Qué quiere que haga? ¡Me clonaron en Estados Unidos!

—¿Te clonaron a ti o a tu tarjeta? ¡Ah, qué Antoñito éste! Tienes que expresarte con claridad.

—Lo sé, perdóneme.

—¿Me permites que te enseñe a escribir tu declaración de hechos?

—Por favor.

—¿Cómo supiste que te habían clonado la tarjeta?

—El banco me mandó un correo electrónico.

—¿Dónde recibiste el correo?

—En mi computadora.

—¿Y dónde está tu computadora?

—En mi casa.

—¿Eres vecino de Coyoacán?

—Soy vecino de Coyoacán.

—¿Lo ves? ¡Los hechos ocurrieron en Coyoacán! ¡Ahí te enteraste de todo! Es lo que tienes que escribir. No hables de Estados Unidos, que no somos la Interpol.

—Lo entiendo, licenciada.

—Y de paso, Antoñito: a ver si mejoras tu letra. Se ve que venías muy tenso.

—Así escribo siempre.

—¡Tienes que relajarte! Si quieres te llevo a los separos para que veas a la gente que en verdad tiene problemas. Lo tuyo es mental. Todo es cuestión de que entiendas cuál es el lugar de los hechos.

—Mi casa.

—En efecto, no hay otro lugar de los hechos: todo pasó en tu casa. No hay nada como la verdad.

Vivir en la ciudad: El paseo de la abuela

La primera escritora de la familia fue mi abuela, María Luisa Toranzo viuda de Villoro. Con este nombre añejo –más apropiado para amparar una etiqueta de tequila que la portada de un libro–, firmó obras de autoayuda que fueron auténticos *best sellers* en escuelas católicas a mediados del siglo xx. *Azahares, espinas y... rosas, Charlas con mi hija, Átomos tontos* son algunos de sus títulos.

Hija natural, creció en la campiña potosina, donde su padre tenía dos haciendas: Cerro Prieto y Puerto Espino. Era pariente lejana de Teresa Toranzo, la mujer de ojos verdes que Ramón López Velarde cortejó cuando fue juez en Venado, San Luis Potosí.

El dinero de la familia venía de producir mezcal. Aunque creció en un entorno rústico, recibió una esmerada educación que no era infrecuente entre los hacendados. Hablaba cuatro idiomas y tocaba seis instrumentos, entre ellos la mandolina y el arpa. Además de sus obras de pedagogía moral, tradujo *La guitarra del soldado*, de Giuseppe Steiner. Gran aficionada a la ópera, fue a los festivales de Beyreuth y trabó amistad con el pianista Arthur Rubinstein, de quien conservaba un autógrafo. Ninguno de sus descendientes fue tan versátil para el arte y sus instrumentos musicales se convirtieron en extravagancias decorativas que despiertan el interés de las visitas:

—¿Y eso?

—Es el arpa de la abuela —responden mis primos, del mismo modo en que mi madre responde: "Es la mandolina de la abuela".

Alejada de su madre y las tareas del campo, María Luisa Toranzo creció entre enciclopedias y fonógrafos. Para perfeccionar su educación, la familia (que constaba de ella y mi bisabuelo) decidió mudarse a la Ciudad de México. Se instalaron en la Alameda, al lado de donde ahora se encuentra el Laboratorio Arte Alameda.

La casa ya ha sido derruida, pero la pude ver en el primer largometraje de la cinematografía mexicana: *El automóvil gris*. Basada en hechos reales, la cinta combina escenas recreadas por actores con elementos de lo que después se llamaría *cinéma-vérité:* fue protagonizada por un auténtico policía, Juan Manuel Cabrera, se filmó en las casas asaltadas por los bandoleros que huían en un automóvil gris y, en el desenlace, incluyó una secuencia documental del fusilamiento de los criminales. Uno de los atracos ocurre en la Casa Toranzo. Mi abuela se avergonzaba de la película porque la actriz que la encarnaba le "hacía ojitos" con técnica de cine mudo a un atractivo delincuente.

Los sucesos ocurrieron en 1915 y la cinta se rodó cuatro años más tarde. En cierta forma, la escena en la que aparece mi abuela resultó profética. María Luisa no se le insinuó a un bandido, pero un revolucionario trató de seducirla al estilo villista: le avisó galantemente que la iba a secuestrar.

Eran tiempos de revolución y la familia había abandonado el campo en busca de la paz relativa que ofrecía la Ciudad de México. Gran coleccionista de cachivaches (entre los que se colaban algunas obras de arte), mi bisabuelo se había instalado como para no volver nunca al campo.

Al caminar por la Alameda, mi abuela solía detenerse en la escultura más erótica de la ciudad: *Malgré tout*, de Jesús Contreras. Una hermosa mujer desnuda se arrastraba con esfuerzo, como si deseara huir del bloque de mármol. De acuerdo con Amado Nervo, máximo mitógrafo del sentimentalismo, el título *A pesar de todo* no tenía que ver con el ímpetu de esa mujer cuya sensualidad buscaba liberarse de la cárcel mineral, sino con el hecho de que el escultor había perdido el brazo derecho, teniendo que concluir la obra con su torpe mano izquierda. "A pesar de todo", lo había logrado.

La historia contada por el poeta nayarita no es del todo exacta. Jesús Contreras concluyó la pieza en 1889 y perdió el brazo en 1902, poco antes de morir a los treinta y seis años. Pero nada contiene a un poeta y Nervo explicó que el cáncer ya había invadido desde antes aquel brazo, convirtiendo al artista en un manco virtual. Inspirado en la historia de Nervo, Manuel M. Ponce compuso en 1900 la pieza para piano *Malgré tout*, en la que sólo se usa la mano izquierda.

Contreras también fue el escultor de veinte de las esculturas de bronce en Paseo de la Reforma y de la estatua de Cuauhtémoc en la misma avenida. Para mi generación, este monumento adquiriría novedosa importancia en 1988, cuando el ingeniero Cuauhtémoc Cárdenas se postuló a la presidencia como candidato de la izquierda. En las manifestaciones en su apoyo, nos deteníamos ante el último emperador azteca eternizado por Contreras para gritar el nombre de nuestra esperanza: "¡Cuauhtémoc!"

Según se sabe, aquella elección desembocó en un fraude descarado. En 1997, casi una década más tarde, Cárdenas se convertiría en el primer jefe de Gobierno democráticamente electo en el Distrito Federal. Este tardío reconocimiento de que los capitalinos merecíamos gobernarnos a nosotros mismos se había fraguado en nueve años de gritar ante la estatua ideada por Contreras.

Otro detalle singular es que la pose de esa escultura fue imitada por el excepcional delantero que durante unos veinte años (1992-2012) fue el máximo virtuoso del futbol mexicano, Cuauhtémoc Blanco. Nacido en el barrio de Tlatilco, Blanco recorrió las canchas con la picardía de quien viene de un sitio donde se juega entre coches a los que de paso se les roba el espejo retrovisor y copió en sus celebraciones a su tocayo Cuauhtémoc, hasta que las recatadas autoridades le solicitaron que no le faltara el respeto a un símbolo de la patria.

Pero la pieza de Contreras que más me interesa es *Malgré tout*. En tiempos pudibundos, una mujer desnuda reptaba inquietantemente en la Alameda. El cuerpo era perfecto, pero lo era más su mezcla de enjundia y rendición. Con las manos encadenadas a la espalda, los pies a una roca y la mirada vuelta al vacío, aquella mujer se rendía y no se rendía; arrasada por un trance, convulsa, quería algo más.

Mi abuela la contemplaba todos los días y años después me hablaba de ella. ¿Qué sentía esa mujer sin muchos atractivos físicos, cortejada por facinerosos que acaso sólo pensaban en su dinero? Sabemos, por sus muchos idiomas e instrumentos musicales, que sublimaba eufónicamente sus deseos. Hablaba con enorme liberalidad de los cuerpos turgentes de la pintura italiana y la necesidad de los artistas del Renacimiento de llevar vidas erráticas e irregulares. En la vida meramente real era conservadora pero suspicaz. Mis padres le ocultaron su divorcio para no decepcionarla, pero sus diarios revelan que estuvo al tanto de eso. No dijo nada al respecto para no privar a mi padre de la ilusión de engañarla.

Malgré tout condensaba las confusiones de una época donde el arte público podía ser erótico hasta la desgarradura y las mujeres, como en el poema de López Velarde, llevaban la falda "hasta el huesito".

La Alameda, de la que tanto hablaba mi abuela, representó en mi infancia el lugar con más globos del mundo, el sitio colorido que Diego Rivera retrató en el célebre mural donde reunió a todos los famosos de su tiempo y que me recordaba la portada del *Sgt. Pepper's* de los Beatles: *Sueño de una tarde dominical en la Alameda Central*. También era el sitio a donde íbamos a retratarnos el 6 de enero con los Reyes Magos, cuyas barbas falsas competían en textura con los algodones de azúcar que se vendían ahí mismo.

Fue en la Alameda donde pasé por los primeros protocolos de las caricias con una chica y donde toqué un seno con la torpeza de la mano inútil de Jesús Contreras. En la noche de nuestra graduación de la preparatoria, lo que menos queríamos era volver a casa. Un genio inventivo propuso ir a la Alameda. En una de las bancas de piedra semicirculares, nos sentamos por parejas formadas por los accidentes de la noche. De reojo, yo veía el reloj de la Torre Latinoamericana marcando los minutos de mi nerviosismo. Muy cerca de ahí estaba la mujer del escultor, con un cuerpo mucho más contundente que el que yo no lograba descifrar del todo por el tacto. No volví a tener otro acercamiento con esa muchacha. Por unas horas, nos unió la rareza de estar ahí y el deseo de poner a prueba nuestra inocencia. No nos amamos, estuvimos nerviosos juntos, fuimos capaces de algo que nunca habíamos hecho y ésa fue nuestra transitoria manera de querernos.

Muchos años después nos volvimos a ver para hablar de literatura y de lo que la vida había hecho con nosotros. La adolescente que tembló en esa banca de piedra era una mujer inteligente y sabia. Nos vimos varias veces, pero la ciudad, que una vez nos brindó el milagro de tocarnos con desconocido misterio, preparó otra trama para ella. Fue asaltada en un taxi, le dispararon, murió a las pocas horas.

No volví a pasar ante la estatua de *Malgré tout*. Aquella escultura ya no era para mí una revuelta representación del deseo, sino de la muerte.

En mi imaginación, siguió estando en la Alameda. Sólo al tomar apuntes para este libro supe que en 1983 había sido trasladada al Museo Nacional de Arte para ser protegida del vandalismo callejero. Lo extraño, y esto habla de los caprichos de la memoria, es que varias veces la vi en ese museo sin entender cabalmente que "estaba ahí"; es decir, sin retirarla mentalmente del sitio que ocupó en el parque y donde actualmente tiene una réplica. La ciudad es un sitio extraño que se vive de un modo y se recuerda de otro.

Mi abuela, que admiraba en plan estético la sensualidad detenida de la mujer de *Malgré tout*, comenzó a identificarse con otro aspecto de esa figura: el deseo y la imposibilidad de fugarse. Cortejada por un revolucionario, sólo pensaba en salir del país. La familia contaba con un amigo vasco de nombre inolvidable, Celestino Bustindui. Para evitar que mi futura abuela acabara embarazada en un campamento insurgente, Bustindui la llevó a San Sebastián.

A orillas del Cantábrico, conoció a un médico nacido en el Matarraña, la franja que separa Aragón de Cataluña. Apuesto, simpático y dicharachero, aquel doctor amaba la buena vida como sólo puede hacerlo quien ha padecido hondas penurias. Sus apellidos delataban que venía de un pueblo tan pequeño que ahí la proximidad se confundía con el incesto. Se apellidaba Villoro Villoro.

Se enamoró de mi abuela o de lo que ella representaba. Como he dicho, María Luisa no era guapa. Tenía ojos de tecolote (el único rasgo edípico de su hijo Luis es que fue coleccionista de búhos). Entre sus virtudes se contaban la inteligencia, la ironía, la capacidad de gestión, la cultura, la generosidad y la honradez. Pero la libido suele ser discriminatoria. Supongo que al médico Miguel Villoro Villoro también le atrajo darle una familia a una mujer que nunca había tenido algo semejante. Exiliada y desprovista de parientes, María Luisa necesitaba un asidero afectivo. Además, era millonaria. Recién casada con mi abuelo, se instaló en Barcelona, donde nacieron mi padre y sus dos hermanos.

Con el matrimonio, mi abuelo abandonó la medicina, por la que no parecía tener tanta pasión, y se dedicó, con mala mano y mucha simpatía, a administrar propiedades. Entre otras pifias, vendió la casa de la Alameda "con todo lo que tenía adentro" al señor Larín, dueño de la célebre fábrica de chocolates. A este episodio mi abuela le decía La Gran Vendimia (entre los muebles que se fueron gratis había dos cómodas pintadas por Watteau).

De niño, yo oía el relato de aquella irrecuperable grandeza. Ciertos nombres y ciertas marcas se me grabaron como símbolos de lo intangible. Mi abuela viajaba en un auto Hispano-Suiza, se vestía en Balenciaga, se hospedaba en Bilbao en el Hotel Carlton, asistía a las jornadas wagnerianas en Bayreuth.

Cuando su esposo murió (víctima de una mala operación), envió a los hijos a Bélgica, a internados de jesuitas, y continuó su fastuoso tren de vida. Sus ingresos provenían de la explotación de los campesinos y de las rentas de inmuebles. En consecuencia, sus grandes adversarios políticos serían Lázaro Cárdenas y Manuel Ávila Camacho. La ampliación del reparto agrario en los años treinta y la congelación de las rentas en 1942 perjudicaron a la clase de ociosos propietarios a la que pertenecía mi abuela.

Mi padre repudiaría a fondo esa vida burguesa basada en la injusticia. Lo mismo haría su hermano mayor, Miguel, jesuita y abogado. Lo más interesante es que, al llegar a la vejez, también mi abuela se arrepintió de su derroche. No lo hizo por una conversión ideológica, sino moral.

Cuando la conocí vivía en los Departamentos Mascota, que luego se conocerían como El Buen Tono, en la avenida de Bucareli. Aquel conjunto de ciento setenta y cinco departamentos había sido creado en 1904 como un proyecto modelo que Eugenio Pugibet, dueño de la tabaquería El Buen Tono, encargó a Miguel Ángel de Quevedo. Las espaciosas habitaciones estaban bien iluminadas y los techos eran altos, había sótanos ideales para triques y los departamentos daban a agradables patios interiores.

Sin embargo, de 1942 a 1992 las rentas congeladas provocaron que El Buen Tono recibiera el mantenimiento de una vecindad en tiempos de guerra.

Actualmente, esos departamentos tienen un encanto *hipster*, pero a mediados de los años sesenta, cuando yo visitaba a mi abuela, eran una ruina. Ella vivía ahí para expiar sus culpas, del mismo modo en que rezaba por los ciegos con los ojos cerrados mientras caminaba por la casa y asumía el riesgo, cumplido en dos ocasiones, de rodar por las escaleras.

La congelación de rentas perjudicó a María Luisa Toranzo cuando su mundo era una sucesión de trasatlánticos, restaurantes y festivales de ópera. Aun así, hubiera podido seguir con sus fastos, pero una radical conversión la llevó a cruzar la barrera inmobiliaria y envejeció como inquilina de una casa que se caía a pedazos.

Arrepentida de no haber atendido a sus hijos, consentía en exceso a sus nietos. A cada uno le asignó una pared para pintarla. En consecuencia, la decoración de esos muros era digna de un hospital psiquiátrico. Mi primo Ernesto, que tenía un trazo espléndido y sería arquitecto, pintó un diablo inmenso, con una palabra al calce: *yo*.

Mi abuela se concentró en hacer obras de caridad y extendió sus tardíos votos de pobreza a la vestimenta. Usaba dos batas que, en homenaje a los grandes cómicos de la época, llamaba Cantinflas y Tin Tan. Alguien le dijo que los dientes podían provocarle infecciones y pidió que se los quitaran todos. Como no usaba dentadura postiza, su rictus era idéntico al de las ancianas en las ilustraciones de los cuentos infantiles. Tenía una afección epidérmica en los tobillos que la hacía usar espinilleras de algodón, protegidas por cartulina morada.

Este aspecto precario contrastaba con su espléndido humor. No tenía televisión y oía radionovelas. Me relataba en detalle sus favoritas: *Alma grande*, la saga de un ranchero con habilidad para el revólver y para pronunciar las sentencias de un agreste Jesucristo, y *Kalimán*, serie de aventuras cuyo mayor alarde estaba en los créditos. Después de pronunciar los nombres de los distintos actores, una voz decía:

—Y en el papel de Kalimán… ¡el propio Kalimán!

Aquel héroe de acción, cuyo místico lema era "Serenidad y paciencia", incluso se daba tiempo para ir a los estudios de la radio.

En su vejez, mi abuela dejó de escribir libros de superación personal, pero llevaba diarios. A mí me tocó uno "por rifa", según aclaraba con lápiz. Lo leí muchos años después, sorprendido de su agudeza para juzgar a los demás.

Con una letra maltratada por la artritis, mi abuela consignó ahí su preocupación por mí, el más deprimido y tímido de sus nietos (a mi padre, siempre hermético, le decía el Caballero del Silencio). En esas páginas atribuye mi conducta introvertida, que me aquejaría en forma patológica hasta la adolescencia, al "problema" por el que yo estaba pasando (se refería, claramente, al inminente divorcio de mis padres, que ellos trataban de ocultarle).

Tal vez la rifa de ese diario fue ficticia. Acaso me lo dio para que lo leyera años después y entendiera el dolor por el que había pasado y me atreviera a dirigirle la palabra a los demás. Supongo que en el fondo nunca dejó de ser una autora de autoayuda.

Los sábados comíamos en su casa y a cada nieto le daba diez pesos –fortuna inmerecida– para gastar en el Mercado Juárez, que estaba a la vuelta. Fue mi primera incursión en el abigarrado mundo de los mercados capitalinos. Pocos sitios ofrecen tal mezcla de fragancias, procedentes de tan variadas consistencias: las tripas y el chocolate definen la densidad del aire. Pisas sangre, aserrín, semillas y un hueso de pollo; luego el aire huele a flores o a pescado. Los marchantes te llaman, con menos insistencia que los enganchadores de un bar o los empleados del *duty-free* del aeropuerto. Algunos ni siquiera mencionan sus mercancías: "¡Cómo vendo y cómo me divierto!", gritaba uno; "¡Aquí hay cariño!", respondía otro, mientras un tercero prefería promover sus precios: "¡Doy barato!"

En aquel tiempo me concentraba en la zona de los juguetes baratos. Iba en pos de un yoyo translúcido o psicodélico, un trompo de madera, un vaquero de plástico con rebabas que había que cortar con tijeras, pero que a veces dejaba intactas porque parecían plumas *cherokees*. Como las pinturas de Andy Warhol que deliberadamente imitaban una impresora defectuosa, fuera de registro, con el paso de los años las rebabas se convirtieron para mí en lo más valioso de esos juguetes, hechos por una tecnología imperfecta, vendidos para ser mejorados por el cliente. "Si alguna vez sientes que un texto tuyo es impecable, agrégale un defecto", me dijo Augusto Monterroso en su inolvidable taller de cuento. A veces, siento que hay una rebaba en un pasaje literario, una impureza que lo altera, pero no lo daña y lo vuelve entrañable en un mundo donde sólo lo irreal aspira a ser perfecto.

El principal bastión de los juguetes de aquella época era la juguetería Ara, que una familia armenia había instalado en México. Sus infinitos anaqueles estaban llenos de modelos para armar, botiquines de plástico, caballitos de palo, trenes y autopistas eléctricas. En cambio, en el Mercado Juárez los juguetes seguían la lógica de los tomates: llegaban ahí por caprichosos avatares. No dependían del clima, pero sí de los accidentes para conseguirlos. Si no comprabas ese mismo día un piel roja de penacho espectacular, tal vez no lo comprarías nunca. El abasto no derivaba de una regulada producción en serie, sino de lo que lograba conseguirse. Las vacilaciones de esta oferta otorgaban a las compras el prestigio de lo esquivo. Como frutas de temporada, las canicas del sábado eran distintas a las del siguiente sábado.

Beatriz Sarlo afirma que parte del encanto del centro comercial moderno (el *shopping*, como se dice en Argentina) proviene de establecer un contacto con productos que no puedes comprar, pero que ahí te resultan próximos. Como la televisión, el centro comercial sigue una "lógica de la celebridad". Carecer de dinero para adquirir ropas de Armani no impide admirarlas e incluso tocarlas. Escribe Sarlo en *La ciudad vista:*

> Como si se tratara de la belleza de una *celebrity* o de un programa de recetas de cocina, lo que el *shopping* ofrece no obliga en cada ocasión a la compra, aunque ésta sea el objetivo común del *shopping* y de su visitante. Existe una especie de zona donde puede neutralizarse la frustración. El espectáculo de la abundancia de mercancías en muchos casos inaccesibles funda el atractivo probablemente menor de las mercancías en efecto compradas y las ennoblece.

Liverpool, catedral del consumo edificada en Insurgentes a unas cuadras de donde yo vivía, me reveló la fascinación por los productos jerarquizados, donde, como observa Sarlo, los más caros tienen una condición inalcanzable, y no por ello menos atractiva, semejante a la de las estrellas de cine.

El Mercado Juárez me deparó el conocimiento opuesto. La zona de los juguetes y los disfraces de Superman y Batman no se desmarcaba mucho de los puestos de legumbres. Mis diez pesos podían convertirse en epazote, unas piezas de pollo, un tamal, cal viva, yodo, clavos, queso de cabra, hígado de res, rosas e incluso juguetes.

A diferencia del centro comercial, el mercado genera la impresión de que ahí todo puede ser adquirido. Lo que compras no se prestigia por pertenecer al mismo universo que lo inasequible (el Rolex en una vitrina del Palacio de Hierro); es parte de un todo orgánico; pertenece al mismo horizonte de suelo pegajoso, olores confusos, estantes de mosaicos toscos. Aunque ahí se amasan fortunas y de pronto nos enteramos de que alguien es el rey del ajo o el zar del frijol, el deterioro ambiental sugiere que toda venta es justa, pues nadie se enriquece en apariencia. La opción de regatear confirma que los precios son conjeturales y que las ofertas se dejan afectar por el sentimiento.

Ese escenario gastado recibe frescas mercancías. El mercado trabaja como un estómago y asume la compraventa como una digestión. El alegre colorido de los puestos y el humor esdrújulo de los vendedores: "Pásele, marchantita; ándele, pruebe este mamey", contribuyen a la sensación de que ahí no se vende por usura, sino para sobrellevar con alegría la vida difícil. Aunque el abulón tenga el precio de una joya, nadie imagina un emporio detrás del destartalado puesto de pescados y mariscos.

Los mercados me recuerdan los años en que María Luisa Toranzo decidió ser pobre, su encierro voluntario en un edificio de renta congelada, su repudio al mundo de los prestigios que cortejó de joven.

Pero la decisión de mudarse a El Buen Tono llegó acompañada de otra más interesante: no salir de ahí. Renunció al mundo exterior y se limitó a deambular de una habitación a otra.

Oía voces de personas ausentes y golpes en la cabecera de la cama. Nada de eso la alarmaba. Una vez escuchó el timbre y bajó a abrir la puerta que daba a Bucareli. Era un sacerdote amigo suyo. Había ido a anunciarle un largo viaje. Al día siguiente supo que él había muerto, muy lejos de ahí.

Aceptaba esta condición de vidente con la misma tranquilidad con que aceptaba sus malas ropas o las llagas en las pantorrillas. Después de recorrer el mundo, encontraba la plenitud entre muros pintarrajeados por las manos vacilantes de sus nietos.

Durante décadas, la ciudad se convirtió para ella en el ignorado sitio del que llegaban ruidos. Un día mis padres se propusieron sacarla a pasear. No recuerdo otro propósito en el que pusieran tanto empeño. Rara vez hacían algo juntos. En temporada de vacaciones, mi padre nos llevaba a la playa sin quitarse el traje ni la corbata. Llegábamos a Mazatlán, desempacábamos el equipaje, él le entregaba las llaves del coche a mi madre y volvía a la capital en el primer camión.

La idea de que decidieran movilizar a mi abuela me pareció fabulosa. Mi hermana Carmen, que entonces tendría unos seis años, también recuerda ese momento como único en nuestras vidas. El paseo de la abuela era algo inaudito, pero se nos grabó por una sorpresa superior: durante unas horas, nuestros padres tuvieron un proyecto común.

No fue fácil convencer a la reclusa de que abandonara por un rato su vocacional presidio. Mi padre le habló con la destreza retórica de quien ha ganado concursos de oratoria y se ha convertido en profesor de celebrada elocuencia. Seguramente, mi madre agregó los datos emocionales que la han convertido en experta gestora del sentimiento ajeno.

Mientras los escuchaba, mi abuela mostró la sonrisa curva de su boca sin dientes y aceptó ir con ellos. ¿Por qué lo hizo? Mis padres no podían convencerla de nada. Ella vivía bien al margen de las calles. Además, su encierro era emblema de su conversión moral: María Luisa Toranzo viuda de Villoro o la eremita de El Buen Tono.

A la distancia, conjeturo una hipótesis. Ella sabía que mis padres no estaban hechos el uno para el otro y pronto se separarían. Así lo escribió en sus diarios. Sabía, también, que moriría pronto. Aceptó ese recorrido que simulaba que éramos una familia y en realidad representaba algo más definitivo: ella se despedía de nosotros y mis padres simulaban lo que no pudieron ser.

Perderíamos los lazos que nos unían, pero algo quedaría de ese viaje en el que tuvimos una ilusión de proximidad y pertenencia: el escenario recorrido. No seríamos una familia, pero seríamos de la ciudad.

El objetivo del recorrido era ver la iluminación navideña en el Centro. Mi abuela debe de haberse sentido como Proust en el último tomo de *En busca del tiempo perdido*, regresando al horizonte de su juventud, que ya no era el mismo. La Alameda había perdido su aire de parque de postín, donde la gente rica paseaba entre vendedores de rehiletes.

Mi padre, que acababa de publicar su libro *El proceso ideológico de la Revolución de Independencia*, hubiera preferido ver la patriótica iluminación de septiembre. Por su parte, mi madre odiaba la Navidad. Ya divorciada, repetiría un mantra nihilista: "Nosotros no somos una familia", y encontraría cualquier excusa para despotricar contra la fiesta en la que todos se sienten obligados a formar parte de una tribu. Su momento más radical en esta lucha por aniquilar la hipocresía sentimental que hace que los espíritus blandos anhelen renos y nieves ilocalizables ocurriría en 1970. Yo tenía catorce años, mi hermana había ido de viaje con mi padre. Quedé a merced de los impulsos maternos. "¿Somos una familia?", me preguntó. "¡No!", exclamé para halagarla. "Perfecto: no celebraremos Navidad". Subimos a su Valiant Acapulco y tomamos rumbo al norte. La Nochebuena nos sorprendió en León, Guanajuato. Teníamos hambre, pero no íbamos a celebrar nada, de modo que entramos a un Vips. Pedí *cornflakes* para perfeccionar mi desprecio por el momento. Nos atendió una mujer de pelo flamígero. En su mirada, la desesperación se mezclaba con la tristeza. Ella sí tenía familia y odiaba estar ahí, atendiendo la única mesa ocupada. Fue nuestra Navidad heroica.

También fue la peor.

En cambio, recuerdo como una fiesta el viaje con la abuela. El Opel blanco con vivos verdes de mi padre apenas podía avanzar entre los otros coches y estuvimos a punto de chocar con un tranvía.

Hubiera querido que el tráfico se estancara para siempre mientras mi abuela miraba una ciudad demasiado moderna para ella y demasiado antigua para el presente.

Jules Laforgue se describe a sí mismo escribiendo en el momento en que se apaga la luz. El poeta termina sus versos gracias al resplandor que se condensa en los ojos de su gato.

No sé lo que mi abuela vio en ese recorrido. Supongo que nada interesante para ella, pero aceptó acompañarnos, acaso para que sus nietos recordaran la escena, su sonrisa sin dientes ante las luces de colores de una Navidad que no sería para nosotros, su manera de estar bien en ese sitio ya irreconocible, pero no para quien termina este capítulo con la luz que se condensó en sus ojos.

LUGARES: Tepito, el Chopo
y otras informalidades

El río Nilo es recorrido por falucas o falúas, barcas que llevan mercancías desde tiempos inmemoriales. A esa voz árabe se debe la palabra mexicana *fayuca*, que designa el contrabando. El otro término decisivo para definir nuestra economía informal es *tianguis*, proveniente de *tianquiztli*, que en náhuatl quiere decir 'mercado'.

Tepito es el sitio de la Ciudad de México donde más se usan estas dos expresiones. Visto desde el aire, el barrio ofrece un atractivo mosaico de toldos color buganvilia, naranja y amarillo. De día, el hervidero de gente recuerda a las películas de Hong Kong. La similitud no sólo atañe al paisaje: la capacidad china para producir piratería es idéntica a la capacidad tepiteña para venderla. De noche, este enclave céntrico, situado un par de kilómetros al norte de la Alameda, se reviste del oscuro prestigio del peligro. Durante décadas, ha merecido el apodo de Barrio Bravo.

Tepito vio nacer a boxeadores legendarios: Raúl *Ratón* Macías, Ricardo *Pajarito* Moreno y José Medel. También vio beber a otro atleta del cuadrilátero afecto a las cantinas locales: Rubén *Púas* Olivares, orgullo de la colonia Bondojito.

Sin embargo, la zona que algunos han sobrellevado a golpes también ha sido sede del movimiento contracultural Arte Acá, fundado, entre otros, por el escritor Armando Ramírez, quien en 1971 tomó la literatura por asalto con *Chin Chin el teporocho*. Contada con la voz de un vagabundo, esta novela actualizó las investigaciones del antropólogo estadounidense Oscar Lewis narradas en *Los hijos de Sánchez*, que en 1964 desataron un tormentoso escándalo.

Una cínica política de la negación ha llevado a pensar que lo malo de México no son los problemas, sino que se hable de ellos. Lewis fue acusado por las autoridades de difamar a México con sus testimonios de Tepito y Arnaldo Orfila, su editor en el Fondo de Cultura Económica, fue despedido.

Símbolo de la rijosa supervivencia, el Barrio Bravo también es el territorio donde el compositor Juventino Rosas, autor del celebrado vals "Sobre las olas", fungió como campanero de la iglesia, y donde han vivido personajes que se asocian con la valentía, pero no con el contrabando. Ahí nació el periodista Ricardo Rocha, que en 1995 tuvo que renunciar a Televisa por atreverse a informar de la masacre de Aguas Blancas, y en un mismo edificio de la calle Allende se criaron cuatro de los mexicanos más eminentes en la comunidad científica: Marcos Rosenbaum, Pablo Rudomin, Carlos Gitler y Samuel Gitler. Hijos de inmigrantes pobres de la comunidad judía, que comerciaban con fierros viejos y otros trastos sin valor aparente, los cuatro futuros investigadores comenzaron su indagación de los misterios del mundo en las calles del barrio y en el Jardín de los Topos, al otro lado de Paseo de la Reforma, donde luego se edificaría la Secretaría de Relaciones Exteriores y donde ellos buscaban el mítico tesoro de Moctezuma.

De la calle de Allende, la familia Rudomin se mudó a la de Jesús Carranza. Muchos años después, Pablo quiso mostrarles a sus hijos y nietos el sitio donde había descubierto las calles y los olores de la ciudad. Se presentó en Tepito con su prole, no tan numerosa como una de las tribus de Israel, pero fácilmente reconocible. Los lugareños vieron al científico de barba blanca y líquidos ojos azules con una curiosidad un tanto defensiva hasta que él localizó el edificio exacto y dijo: "Yo viví aquí". La gente de cierta edad recordó a su abuelo

Isaac y la bienvenida fue inmediata. "Me sentí mejor que en cualquier reunión académica", sonríe el tepiteño que crecería para estudiar las neuronas del cerebro.

Visité la zona por primera vez en 1971. Inspirados en *El juego que todos jugamos*, de Alejandro Jodorowsky, un grupo de amigos hicimos una obra de creación colectiva sobre los lugares comunes (para nosotros sumamente novedosos) de la Era de Acuario. La pieza se llamaba *Crisol* y desembocaba en un diálogo con el público sobre la paz y el amor. Corrían tiempos en que la "greña loca" era, en sí misma, una señal de libertad y en que la paciencia inculcada por los franciscanos del Nuevo Mundo podía ser descrita como "aliviane". En otras palabras: encontramos un público capaz de resignarse a estar ante nosotros. Sólo esto explica que pudiéramos actuar en muy diversos foros. Héctor Azar, director del Departamento de Teatro de Bellas Artes, incluso se atrevió a darnos una temporada en el Teatro Comonfort, en la colonia Peralvillo, vecina a Tepito. Fue mi primer trabajo remunerado. A fin de mes, recibía un sobre con un sueldo tan magro que constaba de más monedas que billetes.

Jaime Nualart, quien luego sería embajador de México en Egipto y la India, era nuestro líder. Vestía una túnica con anémonas de anilina morada, usaba un tenedor doblado en la muñeca a modo de pulsera y llevaba una máscara antigases, comprada en una tienda de desechos del ejército estadounidense. Este desaforado aspecto, que difícilmente anticipaba a un diplomático, nos otorgaba la seguridad del carnaval (rara vez se asalta a quienes desfilan disfrazados). Aun así, nos alejamos poco del Teatro Comonfort y apenas nos atrevimos a echar un vistazo a las calles donde prosperaban los célebres genios del gancho al hígado.

Después del terremoto de 1985, el artista Felipe Ehrenberg se mudó a Tepito. Muchas veces visité la casa que él y su compañera Lourdes convirtieron en una extraordinaria pieza de arte popular mexicano. Para que no le pasara nada a mi Volkswagen, el anfitrión colocaba una cartulina en el parabrisas con la leyenda: "Amigo de Felipe".

Fernando del Paso definiría a Ehrenberg como "neólogo". Sin embargo, su gusto por las vanguardias no le impidió establecer un fecundo contacto con la tradición popular; a tal grado que se tatuó unos huesos en la mano izquierda en homenaje a José Guadalupe Posada. Con ese gesto indeleble acaso también rindió tributo, según corresponde a alguien de prosapia alemana, a Wilhelm Röntgen, inventor de los rayos X.

En las dilatadas cenas y comidas en casa de los Ehrenberg, la publicitada peligrosidad de Tepito no aparecía por ninguna parte. ¿Una marea invisible nos rodeaba mientras disfrutábamos en el ojo del huracán los imaginativos guisos de Lourdes?

Sería esnob extraer una genuina vivencia del lugar a partir de esas visitas. Quien conoce el campamento de un antropólogo no conoce a la tribu que él estudia.

En su obra de teatro *La cacatúa verde*, Arthur Schnitzler pone en escena a un grupo de aristócratas franceses que se dan un "baño de pueblo" y sienten la "tentación del fango" en una taberna. Para ellos no hay nada más chic que convivir por un rato con maleantes.

Tepito ha sido satanizado como enclave del mal, pero también, aunque en menor medida, ha promovido variantes de un turismo extremo para sentir por unas horas la arrebatada vida de "los otros". Confieso haber cedido a la ilusión intelectuosa de estar en un sitio proscrito para la mayoría de los habitantes de la ciudad, un enclave cerrado y duro, cuando en realidad sólo estaba en casa de Felipe.

Las excursiones a las regiones convulsas pueden estar animadas por los mejores deseos, pero rara vez producen otra experiencia que el desconcierto. Recuerdo la noche en que una pandilla de acelerados fuimos al bar gay Spartacus en Ciudad Nezahualcóyotl. Esto sucedía a fines de los años ochenta, cuando esa periferia de la capital aún conservaba su aspecto de región desurbanizada, sin servicios públicos ni códigos postales y cuando la alteridad sexual contaba con pocos sitios para decir su nombre. En la Zona Rosa, baluarte del turismo y de la bohemia refinada, el Bar 9 había sido precursor de la movida gay. Más difícil era encontrar un lugar equivalente en las zonas populares. A fines de los años setenta, José Joaquín Blanco publicó en el suplemento *Sábado*, de *Unomásuno*, un texto decisivo, "Ojos que da pánico soñar", sobre la doble condena que padece el "puto jodido".

La noche que aquí recupero parecía animada por el espíritu de *La cacatúa verde*. Habíamos ido a Bellas Artes, a ver la ópera *Salomé*, de Richard Strauss, dirigida en escena por el desaforado Werner Schroeter. La excursión a Ciudad Nezahuacóyotl surgió como un deseo de prolongar en plan vernáculo el libreto de Oscar Wilde. Buscábamos lo Otro como quien practica un deporte de alto riesgo, que conlleva peligros a los que se sobrevive deliciosamente.

El mayor atractivo del Spartacus era Alejandro el Erótico, *stripper* que copulaba con una papaya. Años después leería una crónica de Empar Moliner sobre el Bagdad, local de sexo en vivo de Barcelona, que también invitaba a explorar otros niveles de la experiencia humana. Ahí, un chico se untaba una sustancia gelatinosa en el vientre y se paseaba entre los asistentes para ser lamido por ellos. La cronista no se privó de la vivencia y probó el torso condimentado por una película tenue, levemente frutal, que le recordó a las sutiles espumas de Ferran Adrià. Dos polos del gusto se volvían idénticos, el de la pornografía y el de la cocina molecular. En ocasiones, lo "alto" es el otro nombre de lo "bajo". La experiencia de Moliner es muy parecida a la que los turistas de los bajos fondos tuvimos en el Spartacus. Aquella noche creímos formar parte de un submundo al que no pertenecíamos. Un veloz diálogo debió alertarnos desde un principio acerca de nuestra condición foránea. El vecino de mesa oyó hablar a mi mujer y le preguntó si era extranjera.

—¿De dónde te parece mi acento? —preguntó ella.

El hombre pensó en un lugar remoto y contestó:

—Como de Tijuana.

El saldo más contundente de la noche fue el siguiente: después del *show* erótico bailamos en la pista y al volver a la mesa descubrimos que nuestros suéteres habían sido acuchillados, elocuente señal de que esa realidad existía, pero no era nuestra.

Conocer la ciudad implica meterte donde no te llaman, colarte, estar de más, a riesgo de que te rasguen la ropa o lo que hay debajo. Pero tampoco se puede decir que por entrometerte un rato conozcas la circunstancia ajena. El periodismo de inmersión suele fallar por esa causa. Cuando el reportero cuenta cómo se hizo pasar por otro y vivió una realidad que no es la suya, lo más interesante no es el recuento de ese mundo, sino los problemas que pasó para narrarlo.

Lo digo francamente: no conozco Tepito ni creo poder hacerlo. Pero no sería chilango sin saber que existe ni sentir la tentación de ir ahí de vez en cuando.

Estamos ante un bastión del frenesí laboral, sólo que ahí se trabaja de otro modo. En rigor, su principal fuente de ingresos no es tan excéntrica. De acuerdo con la página oficial de la Organización Internacional del Trabajo, "la economía informal genera entre la mitad y las tres cuartas partes de todo el empleo no agrícola en los países en desarrollo".

En la zona se distribuyen juguetes, útiles escolares, tijeras, cortaúñas, electrodomésticos, ropa, peines, paraguas y otros productos dignos de una adaptación al siglo XXI de los bazares de *Las mil y una noches*. Ninguno de ellos tiene garantía porque todos son de contrabando. Esto no sería tan grave si la piratería y las drogas no pasaran por el mismo circuito de la fayuca. Las barcas del tercer milenio traen cosas más dañinas que las de los tiempos de los faraones.

En consecuencia, Tepito no ha dejado de estar en la mira policiaca, sobre todo cuando se trata no de combatir el crimen, sino de ofrecer una representación espectacular de que es combatido. La fama del Barrio Bravo, situado a unos metros del Centro Histórico, hace que las intervenciones policiacas parezcan más convincentes al ocurrir ahí. Una larga saga de delitos –a veces reales, a veces legendarios– confiere a esas calles el aura de sitio inexpugnable.

La dramaturgia con que los vehículos antimotines derriban puestos de mercancías y se apoderan "estratégicamente" de la zona tiene una clara función simbólica. En Tepito, el "golpe al hampa" es más noticioso que en otras partes.

En 2007 se expropió un predio conocido como La Fortaleza, supuesto bastión del crimen organizado (luego se supo que el centro de operaciones del hampa estaba en otra parte). En 2012 un comando antipiratería llegó a la zona, pero fue repelido por doscientas personas armadas de palos. En 2013 se hizo un nuevo operativo, luego de que cuatro personas fueran asesinadas en el gimnasio Body Extreme. Ese mismo año, a partir del secuestro de doce personas en un antro, se habló cada vez más del cártel de Tepito, con fuertes conexiones con Los Zetas, la banda criminal más dedicada a la piratería.

¿Qué tan grave es la situación? Aristegui Noticias informó en 2013 que Tepito formaba parte de las cincuenta y siete demarcaciones del país donde se comete cuarenta por ciento de los delitos.

Reales o ficticios, los desafíos de Tepito no impiden que, después de cada redada policiaca, la piratería regrese a las calles con la misma constancia que su platillo vernáculo: las *migas*, manjar de la pobreza que consta de migajón, caldo de carne de puerco y huesos.

El *Apóstol del Rock* en *Tepito*

Hace unos años fui con José Xavier Návar a comprar DVD piratas a Tepito. Quería ir con alguien familiarizado con el rumbo. Cuando le pregunté a Pepe qué tan seguido iba ahí, contestó en el tono de incombustible entusiasmo con que habla de cualquier cosa:

—Por lo menos dos veces a la semana.

Nos conocimos en 1977 cuando él era jefe de prensa de discos Polygram. Generoso en extremo, me regalaba inencontrables álbumes de Roxy Music para transmitirlos en el programa de radio *El lado oscuro de la luna*, del que yo era guionista. Periodista apoyador de numerosas causas perdidas, productor del grupo de rock progresivo Chac Mool, especialista en lucha libre, Pepe sólo interrumpe su búsqueda de rarezas artísticas para escribir sobre ellas en la prensa.

Quienes descubrimos la contracultura en una época anterior a la globalización, asumimos la adquisición de libros, discos y revistas como un safari de esquivos tigres blancos. La búsqueda se convirtió en parte esencial de nuestra pasión, como si superar los obstáculos para llegar a la Obra nos dotara de méritos morales para merecerla. "Pide que el viaje sea largo", dice Kavafis en su célebre poema. En nuestra cacería de talismanes, los avatares de la búsqueda podían ser más interesantes que la meta.

Hace más de treinta años, el Tianguis Cultural del Chopo surgió como el principal mercado libre de la contracultura, en la colonia Santa María la Ribera. El tianguis prolongó el influjo alternativo generado del Museo del Chopo. Según rumores, ese edificio de hierro del siglo XIX siguió un diseño del arquitecto Alexandre Gustave Eiffel.

Los puestos callejeros de discos, posters, camisetas y demás memorabilia mitigaron las ansias de consumo de la tribu de la era industrial. Pero incluso después de la llegada de internet, siempre hay cosas que no se consiguen. El poeta romántico busca la intangible flor azul.

Pepe pertenece a la estirpe de los que padecen insomnio si saben que un disco fascinante aún no forma parte de su colección. Su interés por las expresiones más recónditas del alto volumen le valió el apodo de Apóstol del Rock.

A él le debo uno de los momentos más escalofriantes de mi vida. Fanático del cine de terror, en sus más ricas variaciones *gore*, Pepe disfruta creando falsas alarmas. En 1980, The Police dio un insólito concierto en el DF. Durante años, el Hotel de México fue un proyecto delirante. Nunca llegó a alojar huéspedes, pero prometía hacerlo y creció como el edificio más alto y contundente en la parte sur de la ciudad. Un bloque de ciencia ficción, descomunal y desafiante, ideal para ser derruido por Godzilla.

En 1980 el inmueble tuvo su momento de gloria en un salón para banquetes del primer piso. The Police, un grupo ya fulgurante del *new wave*, aceptó tocar para un público bastante reducido. Yo hacía el programa *El lado oscuro de la luna* y tenía acreditación de prensa. También colaboraba en la revista *Melodía/10 Años Después*, dirigida por Víctor Roura. Ahí escribí una nota más o menos demoledora sobre Pako Gruexxo y su Tlatelolco Rock Symphony. Conocido por dominar los conciertos en la zona de Tlatelolco con apoyo del Partido Revolucionario Institucional, amedrentar a sus músicos y tener más voz para la arenga que para el canto, Gruexxo era, en términos de lucha libre, un rudo detestado por los técnicos.

Llegué con Pepe a la mesa donde se daban las acreditaciones de prensa y nos topamos con la temible mole de más de cien kilos de Pako Gruexxo. De inmediato, el rockero tlatelolca preguntó:

—¿Has visto al hijo de puta de Juan Villoro? Le voy a partir su madre.

Disfrutando a fondo el momento, Pepe contestó:

—No —volviéndose hacia mí, preguntó—: ¿tú lo has visto, Juan?

Por un segundo, consideré la posibilidad de morir como mártir del periodismo musical en un país donde el rock era una utopía. Pero esa fuerza preservadora de la vida que con cierta simplicidad se llama *miedo* me hizo decir:

—No lo conozco.

Hasta la fecha, el memorioso Pepe recuerda la escena en que me negué a mí mismo y no acepta el argumento filosófico de que nadie se conoce en realidad por dentro.

Amigo imprescindible, Pepe es compulsivo cronista de fenómenos estéticos marginales. Como sus expediciones son aun más raras que sus presas, con el tiempo se ha convertido, él mismo, en un ícono popular.

La gente lo saluda en Tepito como uno más del barrio. En la calle Jesús Carranza, conocida como "la más peligrosa de la Ciudad de México después de las siete de la noche", visitamos medio centenar de puestos cuya principal característica es ofrecer productos inencontrables en el resto del mercado nacional. Hay una disyuntiva ética entre comprar un DVD legal de *Birdman* o uno ilegal. No la hay si la única posibilidad de tener ese producto depende de la economía informal.

Cuando fui a Tepito con Pepe, mi hija tenía trece años. Me había dado cuarenta títulos de animé japonés, esperando que encontrara un par de ellos. De acuerdo con su código samurái, escribió los nombres en el idioma original (aunque tuvo la deferencia de no usar ideogramas). Pepe me llevó a dos sitios especializados en fantasías japonesas. Conseguí todo el pedido de Inés (a menos de un dólar por DVD). Las únicas palabras que intercambiamos en español tuvieron que ver con los precios.

El secreto de la piratería tepiteña depende de la inmensa variedad de los productos que ofrece, pero también, y sobre todo, de la forma especializada de ordenarlos. Previsiblemente, hay puestos dedicados al porno. Más singulares son los santuarios consagrados a la prolífica producción de Bollywood en la India, el cine de autor, los documentales, la ciencia ficción, los dibujos animados y las muchas clasificaciones del *gore*. La sufrida cinematografía nacional se divide en tantas secciones que aparenta haber tenido éxito: hay puestos de la "época de oro", el destape echeverrista, el cine experimental, el cine de ficheras, las comedias románticas, las películas de serie B e incluso las nunca estrenadas.

Erudito en cine de luchadores, Pepe ha surtido ahí su invaluable colección. Como ya dije, me sorprendió encontrar todas las peticiones de animé de Inés. Aunque esto se puede atribuir a que Japón ha colonizado el imaginario mundial, el hecho de que no faltara una sola película es notable.

Más aun lo fue encontrar lo que yo buscaba. Transcribo mi lista, que sin duda me deja en una luz esnob, pero sirve para comprobar el abasto de ese tianguis. Cada puesto tiene el tamaño de un baño de visitas de la clase media. Hay fugas de agua que forman charquitos en todas partes. El aire huele a los chorizos que se fríen en una parrilla cercana. Algunos productos pirata tienen un esmerado empaque y simulan con destreza ser originales. La mayoría han sido envueltos en honestas fotocopias de las portadas.

En ese ámbito precario está el Aleph del cine. Conseguí *El capital* de Alexander Kluge, *Historia(s) del cine* de Jean-Luc Godard, el "corte del director" de *Blade Runner*, la historia de la tipografía Helvética, los cursos de Lacan en la Sorbona, una entrevista con Foucault, el documental del hijo del arquitecto Louis Kahn sobre su padre, el de la campaña de Gore Vidal al senado de Estados Unidos y otras rarezas por el estilo. ¿Hay otra tienda en el mundo donde eso esté a la vista? Tepito demuestra que los productos culturales rechazados por la mayor parte del comercio ahí tienen demanda. Si se venden videos sobre Castoriadis y Heidegger es porque alguien los compra. En caso de que por un inexplicable azar algo no esté disponible, te lo consiguen en menos de una semana.

La Ciudad de México depara numerosas sorpresas en la circulación de los bienes culturales. De pronto, un vendedor sube al vagón del metro a ofrecer la *Ética* de Aristóteles y tres personas la compran en menos de dos minutos. Es cierto que eso no ocurre a diario y que el siguiente vendedor trae en la espalda una bocina que transmite los espasmódicos pujidos de Shakira, pero no hay duda de que uno de los rasgos más peculiares de nuestra vida urbana es la promoción informal de la más sofisticada cultura. Todo esto para decir que si a un crítico de *Cahiers du Cinéma* le hace falta una película de Raoul Ruiz, la encontrará en Tepito.

En su abusivo reparto del planeta, los consorcios transnacionales han creado regiones definidas para los productos, dividiendo los continentes al modo de una pizza. México pertenece a la región 4. ¿Qué hacer con todos los DVD que no pertenecen a nuestra jurisdicción? En Tepito, eso se remedia con otro producto de importación ilegal: el *humillator*, como le dice Pepe Návar, baratísimo cacharro hecho en China capaz de descifrar cualquier DVD planetario.

La fayuca y el tianguis ponen en tensión un tema que acompaña a las civilizaciones desde los fenicios: lo que ahí se consigue es único, pero ha llegado por vías cuestionables.

Los fabricantes son como los programadores de la televisión comercial: creen saber lo que la gente quiere; en cambio, los contrabandistas dejan que la gente pida cosas.

El cártel de Los Zetas asesina para mantener sus circuitos de piratería. Resulta imposible defender las actividades de quienes han despojado a varios Estados de la soberanía. Numerosos DVD llevan como logotipo la última letra del alfabeto, en señal de que fueron aprobados por ese grupo criminal.

Desde que Felipe Calderón lanzó su infausta "guerra contra el narcotráfico" en 2006, México ha sido devastado por un baño de sangre en que diversas bandas delictivas luchan por recuperar el control de ciertas plazas y en que el gobierno da golpes a la cúpula del crimen organizado sin acabar con un problema que involucra al propio Estado y que no sólo debe ser combatido en clave militar. Tepito forma parte de las zonas en disputa. La confrontación entre lo legal y lo ilegal pertenece al tejido de las ciudades. En el Barrio Bravo, esa urdimbre es un tapiz áspero y vivo que sólo comprende cabalmente la gente del lugar. En sus calles concurridas, el comercio informal teje a diario su dibujo y lo desteje antes de que se conozca el revés de la trama.

PERSONAJES DE LA CIUDAD: PAQUITA LA DEL BARRIO

En un país donde la vida sexual es asunto hermético, la pasión requiere de complicadas estrategias para ser "legítima". Aunque algunos intrépidos promueven sus depilaciones más íntimas en la prensa y el último vagón del metro sirve en horarios nocturnos para el desenfadado encuentro gay, buena parte de los mexicanos aún se apoya en la canción romántica para transmitir o templar sus emociones.

Hasta los años cincuenta del siglo pasado, las serenatas contribuyeron a que criaturas renuentes se animaran a bajar del balcón en las casas de la colonia Roma o de Villa de Cortés, tan propicias para esa escena, pero ya no consiguieron que las chicas de los años setenta bajaran de los condominios.

Con todo, el bolero no ha dejado de contribuir a la forma en que administramos las penurias del desamor con el vasto repertorio que va de la pasión no correspondida al despecho que causa el abandono.

La doble tarea que Ovidio se asignó como poeta amoroso –ayudar al cortejo y consolar a los rechazados– encarna entre nosotros en voces acompañadas de guitarras.

En el último tramo del siglo xx, la ciudad presenció el encumbramiento de una sacerdotisa del corazón capitalino: Paquita la del Barrio, que rara vez se ha presentado en foros alejados de su salón popular en la colonia Guerrero. El sitio adquirió desde su origen un fascinante aspecto decorativo. Parece la sede de un sindicato transformada en cabaret por la urgente decisión de una asamblea.

¿Hay un Max Weber del sentimiento capaz de clasificar los arquetipos sociales que integran el público de Paquita? El mexicano tristemente tradicional, cuya hombría se pone en entredicho si cambia los pañales de sus hijos, rara vez se asoma por ahí. Lo mismo ocurre con las mujeres que llevan la dignidad en la mirada y contemplan el piso como si fuera un espectáculo inagotable. También los matrimonios consolidados —es decir, los que no se separan ni se dirigen la palabra— prefieren evitar ese santuario de la exaltación romántica y la libertad femenina.

Uno de los muchos efectos secundarios de la vida en común es la maledicencia. Buena parte de la población se dedica a imaginar pecados ajenos en vez de atreverse a cometer los suyos. "¿Te has fijado en cómo come galletas?", dice quien refrenda su virtud al comprobar la caída ajena, y agrega: "Debe tener problemas mentales". Quienes intrigan de ese modo son involuntarios discípulos de Sartre, consideran que "el infierno son los otros" y cultivan la cizaña para protegerse de su reverso, el descaro, ejemplificado por la diva de la colonia Guerrero.

México es un sitio tan adicto a la tradición que acepta el cambio sólo para cultivar la nostalgia. Después de setenta y un años en el poder, el Partido Revolucionario Institucional dejó la presidencia. Pero nuestros derrumbes sociales rara vez son definitivos. Cada despedida provoca que los mariachis canten: "Y volver, volver, volver…" El antihéroe de la democracia, que había organizado toda clase de fraudes electorales, comenzó a ser extrañado y en 2012 volvió al poder.

Sabedora de que en México la renovación es una oportunidad de añorar el pasado, Paquita combina temporalidades para redefinir los protocolos amorosos. Atávica y vanguardista, desafía la convención.

Nacida en 1947 como Francisca Viveros Barradas, se adelantó a Juan Gabriel para combinar el bolero con la canción ranchera. Desde su debut, su presencia escénica vulneró los códigos del espectáculo. En un territorio donde las cantantes románticas suelen ser sílfides de pelo flamígero, con escotes que no parecen recortados por un sastre, sino por un cirujano plástico, la Mujer del Barrio lleva su sobrepeso con sereno aplomo y encara al público con gravedad de erudita. Enfundada en inmensos vestidos que parecen túnicas, usualmente bordados y recamados, semeja una gran dama de la Academia de la Lengua en la noche de su discurso de ingreso. Su ceño fruncido anticipa el vértigo de la disertación. Acto seguido, pronuncia mensajes de ardiente elocuencia.

Paquita acaba de una vez por todas con las convenciones del México casto, donde las mujeres sólo cantan si son unas perdidas profesionales o si están lavando ropa a mano (íntima y recoleta versión del psicoanálisis) y donde los hombres disponen de un inmenso repertorio musical para catalogar los problemas que causan las mujeres (no sólo las que cantan, sino también las que se van o las que están ahí y no obedecen, o las que besan otros labios sin saber que recibirán la maldición de recordarnos). El poeta más popular en México a fines del siglo xx, Jaime Sabines, resumió esta actitud en dos versos: "Bendita entre todas las mujeres / tú, que no estorbas".

En el más conocido de sus himnos, Paquita respondió: "Tres veces te engañé: la primera por coraje, la segunda por capricho, la tercera por placer". Con el combustible del rencor, encendió la llama de la pasión.

A las tres o cuatro de la tarde, el local de Paquita se llena de mujeres solas, amas de casa fugitivas que acaban de hacer compras y dejan en el guardarropa sus bolsas con legumbres. Rara vez beben otra cosa que un refresco y salen del sitio a tiempo para preparar la cena.

Un poco después, llega un contingente de oficinistas en busca de una discreta opción de caos. Por alguna causa insondable, durante el tránsito del siglo xx al xxi en el México de las oficinas se consideró *sexy* que las mujeres tuvieran un bucle en la frente, como el fleco de un ave tropical. Tal fue el distintivo en esos años de las secretarias que llegaban al local de Paquita en compañía de burócratas de traje color marmota. El bucle solitario, en forma de tubo, llegó a definir el aspecto de Rosario Robles, provisional jefa de Gobierno de la ciudad. El peinado dejó de estar de moda, pero las oficinistas encontraron otras formas de complicarse el pelo. Lo decisivo es que el público que llega a partir de las seis o las siete, cuando cierran los despachos, está dominado por la elegancia burocrática. Los hombres llevan pisacorbatas, esclavas, medallas de la Virgen y relojes revestidos de falso baño de oro, y las mujeres, uñas decoradas, maquillaje excesivo y peinados recién salidos del horno.

Un poco más tarde, el local se convierte en sede de una consolidada institución parafamiliar: el segundo frente, la amante duradera, que se conduce con la ostentación de quien ya olvidó que eso era clandestino y conoce a su pareja mejor que la esposa que le lavará la camisa.

Los llamados a la libertad de la cantante hacen que algunas mujeres acepten el idilio salvaje que codiciaban desde la contemplación de una lejana telenovela y abandonen a los inútiles de sus maridos, pero la mayoría de las veces producen una rebeldía más limitada. El gerente que invita a la recepcionista al local de Paquita no intenta que ella se libere como una Bovary de uñas color naranja, sino que, en el confuso romper de las amarras, acepte las transitorias condiciones de un "amor prohibido".

Hacia las diez de la noche aparece gente de ojos despistados, sorprendida de verse reflejada en los espejos. Son los solitarios que han hecho una cita a ciegas por internet. De acuerdo con Manuel Vicent, las conquistas cibernéticas siguen una trayectoria inversa a la de aquellas que suceden en la tercera dimensión. En el mundo virtual, la gente se enamora de dentro hacia fuera.

La sofisticada hipocresía de la vida mexicana provoca que muchos enamorados prefieran sincerarse en la red. Ante la difícil elección de un sitio extrañamente verdadero, los ciberamantes optan por escenarios tan peculiares que parecen virtuales. En el salón de Paquita, las parejas que ya se querían con desparpajo digital estudian sus relieves al compás de canciones de amor insumiso.

Los penúltimos en llegar son esos camaleones de la noche que parecen narcos, judiciales en asueto o simples extras sin papel definido que contribuyen al color local con sus lentes oscuros y sus camisas de seda imitación leopardo. Los últimos son los turistas de la otredad, los universitarios y los productores de cine independiente ávidos de autenticidad y valores vernáculos (para conocer lo genuino que sólo en parte es propio, hay que hacer antropología).

Desde el escenario en el que oficia con la imperturbable contundencia de un mito contemporáneo, Paquita revisa a su auditorio. Su rostro es el de una parlamentaria ante una crisis de gobernabilidad. De pronto, localiza en el público a un hombre de sonrisa beatífica o bigote bravío, es decir, a alguien que por las buenas o las malas se resigna a estar ahí. Llega el momento cumbre, el gesto kabuki en que la diosa rebelde interrumpe la canción para increpar al infiltrado (¿qué hombre no lo es?) con la frase que la ha vuelto célebre:

—¿Me estás oyendo, inútil?

Lo mejor de la noche es que los hombres no contestan.

CEREMONIAS: LA VIRGEN DEL TRÁNSITO

Los capitalinos hemos transformado los coches en capillas para salvar nuestra alma. Sólo esto explica que aceptemos la ruta de expiación que significa conducir en la ciudad.

Las travesías han desordenado la conducta, produciendo a un ser molesto: el conductor o la conductora dispuestos a demostrar que el tráfico no es un problema, al menos para ellos.

Trataré de explicar este encuentro del tercer tipo. Cada vez que voy tarde a un compromiso digo en voz alta: "Ojalá hayan invitado a los Jiménez".

Los Jiménez son una pareja feliz a la que no le importa llegar a la hora del flan. Casi siempre soy más puntual que ellos. Por eso los considero amigos esenciales.

Pero hay situaciones más allá de la vergüenza en las que incluso los Jiménez llegan antes. No te queda más remedio que poner cara de haber atropellado un espíritu inocente (el tuyo, antes de ser el energúmeno que odia lo que no se mueve) y decir algo sobre las desventajas de no vivir en Calcuta. Entonces aparece el Genio Vial:

—¿Por dónde viniste? —pregunta, muy ufano.

Nadie que llegue con dos horas de retraso sabe por dónde llegó. Tuviste que doblar por Añil para salir a Tepezcohuite, te dirigiste con fe por la desconocida Prosperidad Social, cruzaste Héroes del 32 y llegaste al inevitable bulevar Rancho San Felipe. Ahí alguien te recomendó un eje rumbo a la nada.

El mexicano que circula durante media hora sin encontrar una calle llamada Zapata sabe que está irremediablemente perdido. El nombre del Caudillo del Sur se repite menos por patriotismo que para crear la ilusión de que orientarse es posible. Ante el vacío de próceres, no pregunto dónde queda la calle a la que voy, sino dónde está la Zapata más próxima.

Nada de esto es para presumir, lo sé, pero al Genio Vial no le basta que hayas sufrido:

—¿No conoces la calzada Alijadores? —pregunta, como si ese camino ignoto condujera al Zócalo. Ante tu ignorancia, baja la vista, sorprendido de que uses zapatos.

Es posible que esa gente detestable logre circular sin problemas (lo cual, por supuesto, la hace más detestable), lo cierto es que el tráfico ha aniquilado nuestra forma de vida (que de por sí no era la gran cosa). Tengo amigos que me hablan sólo porque están en un embotellamiento. Para matar el tiempo, cuentan una historia larguísima que les interesa muy poco (y a mí nada). Otros aprovechan que el coche apenas se desplaza para comprar mascotas, pequeñas campanas de bronce vagamente tibetanas, juegos de té coreanos y superhéroes que tal vez les gusten a personas que aún no han conocido, pero que existen en alguna parte (así fue como mi amigo Chacho inauguró su bazar de los domingos).

Nuestro tráfico resulta insoportable desde hace demasiado tiempo. El 31 de marzo de 1972 escribió Jorge Ibargüengoitia: "Los conductores de vehículos mexicanos reúnen la torpeza de los italianos, el sadismo de los franceses y el mal humor característico de los parientes del sha de Persia". En 1976 volvió a repasar los desastres de la capital: "El futuro de aquí a veinte años es una visión que muy pocos se atreven a comentar". Ya rebasamos ese futuro y es mucho peor que el previsto por Ibargüengoitia.

El tráfico alcanza su esplendor apocalíptico en las avenidas que evacúan la ciudad. Es tal la esperanza de abandonar el horror que miles de pasajeros se someten al purgatorio de ir en cámara lenta al paraíso.

Voy a contar ahora lo que me pasa con los Nava, pareja hospitalaria pero aquejada de una variante local del síndrome de Moisés: creen que Insurgentes Sur es el mar Rojo y que se abrirá de pronto para que su Tsuru llegue a la tierra prometida.

Los Nava viven a la vuelta de mi casa, pero organizan estupendas comidas en Chipilo, donde tienen una granja. En vez de caminar dos calles para verlos, hay que tomar la carretera a Puebla, pasando por la calzada Ignacio Zaragoza, donde resulta aconsejable repetir como un mantra la frase célebre de aquel prócer: "Las armas nacionales se han cubierto de gloria".

La salida a Puebla, como el resto del país, suele estar en obras. Además, ha logrado una concentración de fealdad tan extrema que sólo mejoraría empeorándola como un set para filmar una hecatombe. En la novela *Señorita México*, de Enrique Serna, la protagonista se arrepiente de suicidarse, pero vive en la calzada Ignacio Zaragoza; al asomarse a la ventana y ver el horripilante paisaje, considera que no tiene caso seguir con vida para estar ahí.

La obras de mejoría empeoran la situación. De pronto (es un decir: en la lentitud no hay sorpresas), los carriles se angostan; a la izquierda, vedado y conjetural, queda el de alta velocidad, protegido por una malla, macetitas con focos y un burro de planchar.

En el tráfico detenido, una señora exprime naranjas y un vendedor se recuesta en una silla para ofrecer bloqueador solar. En la orilla, un hombre administra un "camellón de peaje" (ha excavado la tierra para que los coches puedan saltar a la lateral a cambio de una propina).

La Virgen del Tránsito fue concebida para ayudar en el paso al más allá. En lo que llega ese pasaje final, los chilangos la honramos con la penitencia de salir a la calle. A diferencia del islam, el cristianismo es partidario de los martirios lentos. No hay inmolación instantánea rumbo a la vida eterna. Es necesario recorrer Añil, Tepezcohuite, Prosperidad Social, Héroes del 32 y bulevar Rancho San Felipe para llegar al cielo mexicano, es decir, al rincón de la ciudad donde al fin aparece la cerrada Emiliano Zapata.

Vivir en la ciudad: El conscripto

Las fuerzas armadas carecían de todo prestigio en mi ambiente familiar. El hecho de que integraran un ejército pobretón, incapaz de ganar guerra alguna, era menos grave que su papel represor en el movimiento estudiantil de 1968. Durante esos días de esperanza y zozobra, mi padre perteneció a la Coalición de Maestros y varios de sus amigos fueron a dar a la cárcel después del 2 de octubre.

A pesar del repudio paterno a todo lo castrense, a los dieciséis años decidí hacer el servicio militar con dos años de anticipación. En la década de los setenta del siglo pasado, la rutina "cívica" de la clase media consistía en comprar la cartilla militar o en ir cada domingo al lote baldío donde trotaba un batallón a pagar una cuota por no hacer ejercicio. Mi padre me había advertido que eso sería imposible entre nosotros. Odiaba al Ejército, pero odiaba más hacer trampas. Tarde o temprano yo tendría que desfilar con el uniforme color cartón de los conscriptos.

Las actividades del servicio militar mexicano eran casi nulas. No se trataba de un adiestramiento, sino de una molestia. Tenías que cortarte el pelo en casquete corto, sostener un rifle que había disparado su última bala en la rebelión delahuertista y soportar el sol durante dos o tres horas. El máximo desafío marcial consistía en distinguir el paso redoblado del paso veloz.

Desde los cuatro años, mi mejor amigo era Pablo Friedmann. Durante dos décadas integramos un binomio indisoluble. Si alguien me veía solo, preguntaba: "¿Dónde anda Pablo?" Él era un año mayor, pero pertenecía a mi generación escolar por un cruel mandato del Colegio Alemán: había repetido segundo de kínder.

Al entrar a la preparatoria decidimos adelantar el reloj biológico, que en nuestro caso pasaba por el Ejército. Consideramos que a los dieciocho años nos haría falta tiempo para llevar una vida tumultuosa, para cortejar chicas, destacar en el futbol juvenil, armar un conjunto de rock, cursar un seminario sobre *El capital* y hacer la revolución. Si superábamos el servicio militar, yo a los dieciséis y Pablo a los diecisiete años, podríamos cumplir mejor la abultada agenda de nuestra mayoría de edad.

En uno de sus cuentos de juventud, Italo Calvino divide la fauna de la ciudad en los "ya" y los "todavía", los que *ya* están despiertos y los que *todavía* lo están. Anhelaba llegar a los dieciocho años para adentrarme en los misterios de la vida nocturna y recibir el amanecer en la calle, luego de una épica parranda. En el futuro pertenecería, apasionadamente, a los que siguen despiertos.

A los dieciséis debía conformarme con ser parte de quienes salen temprano a la ciudad. Con un sentido esotérico de las compensaciones, pensaba que marchar con anticipación contribuiría al frenesí de mis dieciocho años. Era un *ya* que compraba su derecho a ser un *todavía*.

En la decisión de adelantar el servicio militar también influyó mi reciente lectura de *La ciudad y los perros*, de Mario Vargas Llosa. En la formación de ese admirado autor, Faulkner había sido tan decisivo como sus años de cadete en el Colegio Militar Leoncio Prado.

Aunque insolarse en un terreno baldío tenía poco que ver con la épica, pensé que el servicio militar me llevaría a zonas imprevistas de la realidad. Con interesado masoquismo, suponía que los agravios del Ejército servirían para convertir la humillación en narrativa.

El primer domingo, un teniente abusivo juzgó que nuestro pelo incumplía los rigores del casquete corto. Tomó una tijera y nos trasquiló en forma agraviante. Ese día estaban cerradas las peluquerías. El lunes, Pablo y yo asistimos a clases llevando un corte de manicomio.

Al tercer o cuarto domingo, un *jeep* color verde olivo se presentó en el terregal donde marchaba el Batallón 21. El teniente que nos había trasquilado se cuadró con disciplinado servilismo ante un hombre de unos cincuenta años cuyos galones mostraban un rango superior. Detuvimos la marcha y nos formamos para ser inspeccionados.

El oficial del *jeep* seleccionó a los más altos. Pablo y yo quedamos en ese grupo. Informó que estaba conformando escoltas para el desfile del Día de la Bandera en que los conscriptos juran lealtad a la patria. Ofreció que continuáramos el servicio en el Campo Militar Número 1. Tendríamos que marchar dos veces a la semana, pero acabaríamos el adiestramiento en medio año y saldríamos con el rango de sargento primero.

Pablo le había regalado un libro de Marx a una chica, ofreciéndole su "corazón comunista", y yo había escrito la primera reseña literaria de mi vida sobre *Los conceptos elementales del materialismo histórico*, de Marta Harnecker. Ir al Campo Militar Número 1, donde los líderes del 68 y otros disidentes habían sido torturados, significaba conocer al monstruo en sus entrañas. La idea nos pareció magnífica.

Durante seis meses fuimos a Naucalpan, ya en el Estado de México, en la punta norte de la ciudad, tomando una compleja sucesión de camiones. Cerca del Campo Militar estaba el Centro Deportivo Israelita, donde entrenaba mi equipo, el Necaxa, lo cual lo convertía en favorito de la comunidad judía. Otros sitios de interés en la zona eran el Toreo de Cuatro Caminos y el Centro Deportivo Olímpico Mexicano.

En ese extremo de la capital, los propósitos deportivos alternaban con la vida castrense. No muy lejos de ahí, la Secretaría de la Defensa y el Hospital Militar coexistían con el Hipódromo de las Américas.

Estas colindancias sugerían que en México el deporte y la guerra se preparan del mismo modo: hay que entrenarse para las contiendas sin aspiraciones de ganar.

El Campo Militar Número 1 tenía una barda de piedra de tres metros y medio de altura. La calle de acceso estaba en el Distrito Federal y el resto de la construcción en el Estado de México. Una puerta permitía el paso al restringido grupo de los Guardias Presidenciales. En esa entrada, los guardias portaban un brazalete blanco con dos letras verdes: PM (Policía Militar).

Rafael Rodríguez Castañeda, director de la revista *Proceso*, investigó en su libro *El policía* la conducta impune de Miguel Nazar Haro, creador de la Brigada Blanca. Ahí escribe:

> Abierto por primera vez a policías y detenidos civiles en 1968, el Campo Militar Número 1 se convirtió en el centro de coordinación del ejército con las corporaciones policiacas en el combate contra los "subversivos". Ahí vio la luz y ahí tuvo su sede la Brigada Blanca, una especie de escuadrón de la muerte formado por militares y por elementos selectos de diversos grupos policiacos estatales y federales. La Brigada Blanca actuó como un organismo paramilitar sin más regla ni freno que los que imponía el criterio de sus jefes.

Sin tener un conocimiento tan preciso como el de Rodríguez Castañeda, yo sabía que los detenidos del 68 habían ido a dar al Campo Militar Número 1. Esperaba algún tipo de revelación de mi paso por esa mansión del terror, pero todo transcurrió con monótona normalidad.

Los miembros de la escolta no aprendimos a marchar con el compás cercano a la levitación de los cadetes del Heroico Colegio Militar, pero logramos llevar el paso.

Nos servían el almuerzo en un comedor semivacío (sopa de pollo, arroz rojo, milanesa, un bolillo y gelatina) y en los ratos muertos conversábamos con soldados rasos, que habían estado en las más remotas carreteras cortando plantas en las grietas del asfalto con oxidadas tapas de conservas, sin conocer nada más del país. Esa gente pobre, que hablaba con torpeza, había ayudado a la población civil en inundaciones y colaborado en infructuosos retenes en los que muy de tanto en tanto se decomisaba un arma o un carrujo de marihuana. Más que militares, eran obreros de uniforme, fuerza de trabajo no calificada que se usaba para cargar ladrillos, cortar ramas, tapar un pozo y, sobre todo, cortar las hierbas que no dejan de crecer en las carreteras (a esa actividad la llamaban *chapear*). La aspiración de la mayoría de los soldados consistía en ascender para estar al servicio de un coronel. Eso significaba pasar de obrero a mayordomo. Los miembros de la élite castrense disponían de un coche verde olivo con chofer que, dado el caso, acompaña a la esposa del jefe al supermercado para cargar las bolsas de la compra.

El Campo Militar que conocí se parecía más a una escuela pública que a un baluarte. Lo único que llamaba la atención era la inmensidad del sitio. Un espacio subutilizado.

Pablo y yo éramos adolescentes de la clase media en busca de una experiencia fuerte, turistas de la otredad. Obviamente, no nos veíamos así, sino como futuros guerrilleros que aprenden a desclasarse.

Lo cierto es que mis fantasías de cachorro de la rebelión se vieron decepcionadas y no pude ver a los soldados como enemigos represores. Ellos estaban más cerca del pueblo que yo. Mi paso por el Campo Militar Número 1 sólo enfatizó los privilegios de mi clase. La estatura es una forma de discriminación racial. Todos los compañeros de la escolta pertenecían a la clase media. Recibiríamos el grado de sargento primero por un rasgo biológico.

Me resigné a marchar como quien cumple un trámite burocrático hasta que el conocimiento de otra realidad llegó en forma inesperada. Una tarde, el camión que tomaba en mi largo regreso a casa tardó en llegar a la parada cercana al Campo Militar y ensayé una ruta diferente. Fui a dar a Nonoalco, cerca de la estación de trenes de Buenavista, barrio que sólo conocía por la novela *José Trigo*, de Fernando del Paso.

La mayoría de las casas eran antiguas y mostraban un vencido esplendor. Mansiones reconvertidas en su planta baja en talleres, sastrerías, pollerías cuya parte superior se había subdividido en pequeños departamentos. Los palacetes de fines del siglo XIX eran ahora destartaladas vecindades. Vi tanques de gas amarrados a los balcones, latas de aceite habilitadas como macetas, jaulas con canarios, perros que ladraban desde las azoteas. El aire olía a tortilla quemada y combustible de aserrín.

Yo llevaba mi uniforme reglamentario y nadie reparaba en mí. Un conscripto cualquiera.

Me acerqué a una señora para preguntarle por un camión que fuera al sur y ella se dirigió a un tercero con voz de hombre:

—Aquí el soldado ocupa ayuda.

Dos o tres jóvenes suspendieron su juego de rayuela. Se acercaron a hablar conmigo. Uno de ellos preguntó cuánto me habían costado las botas. Rebajé el precio que había pagado en el almacén El Tranvía. Otro se quitó una gorra de beisbolista, con el escudo de los Tigres, y se frotó la frente, como si de ahí brotaran sus ideas.

Me llamó la atención que jugaran rayuela con monedas tan anchas. Las miré durante suficiente tiempo para que el de la gorra dijera:

—Las aplastan los trenes.

Yo llevaba una moneda talismán, aplastada por un tranvía en la colonia Del Valle. Se la mostré, con un gesto cómplice. Era un veinte, de los que tenían la Pirámide del Sol con un gorro frigio en una cara y el águila en la otra.

—¿Águila o sol? —preguntó el que se había interesado por mis botas.

Entendí que ponía a competir su moneda aplastada con la mía.

Escogí águila. Perdí y se quedó con mi moneda.

—¿Te juegas las botas con otro volado?

Antes de que pudiera responder, la señora con voz de hombre me insultó con compasión:

—¡Pinche soldado, te la metieron sabroso! —luego encaró a los otros—: No sean ojetes; le están bajando todo al chavo.

Me imaginé caminando descalzo hasta el sur de la ciudad.

Un camión se detuvo junto a nosotros. Iba atestado, pero aún quedaba sitio en el estribo.

—Te deja en Salto del Agua y de ahí jalas para Nativitas —dijo la señora.

La ofensiva compasión con que ella me había tratado se desplazó al joven de la gorra. Me señaló y dijo con afrentoso afecto:

—No tienes remedio, cabrón. Si te caes del estribo vas a acabar peor que tu moneda. ¿Ya merendaste?

Ese domingo eran los quince años de su hermana.

—Es fiesta de paga —sonrió—, pero ya me diste tu moneda.

Hasta donde recuerdo se llamaba Fernando. Su padre trabajaba como garrotero en Ferrocarriles Nacionales de México. Fuimos a una casa de una planta, con patio interior, adornado con macetas en las que refulgían incrustaciones de espejitos recortados. Todas tenían helechos. De las paredes colgaban jaulas de madera con pájaros de colores.

Entramos a una habitación en semipenumbra. El interruptor de la luz tenía la forma de un pequeño torniquete. Fernando lo giró y el resplandor amarillento iluminó un cuarto lleno de cajas, presidido por un altar de la Virgen. Sobre una repisa forrada de hule azul turquesa, había vasos con veladoras apagadas y trenes de juguete.

La reunión, que todavía no alcanzaba el rango de fiesta, se celebraba en el cuarto de al lado. Fernando me presentó a su padre, un hombre predispuesto a la conversación. Al ver mi uniforme, habló de los soldados que en los ferrocarriles viajaban gratis en tercera clase. Lo rodeaban tres o cuatro amigos inquebrantables. A lo largo de la tarde, le pedirían que contara historias que conocían casi de memoria, pero deseaban volver a oír.

—Mis tías —Fernando señaló a unas catorce mujeres sentadas en semicírculo, muy tiesas, con las rodillas juntas, maquilladas en exceso.

Llamaba la atención que alguien pudiera tener tantas tías. Todas iniciaban o concluían cualquier frase con la expresión "ay, tú":

—Ay, tú, trajiste un soldado —una le dijo a Fernando.

—¿Cómo te llamas?

—Juan.

—*Yo soy rielera y tengo mi Juan* —canturreó una tía.

—Todas somos rieleras, ay, tú —dijo otra.

Me ofrecieron un jarrito de pulque de guayaba. Pregunté si aún existía la pulquería Los Cuatrocientos Conejos, que conocía por *José Trigo*.

—¡Ya sólo quedan dos conejos, ay, tú! —dijo una de las tías.

A petición de uno de sus amigos, el padre de Fernando habló del vagón La Guadalupana, el primero en llegar a principios del siglo xx a la estación de Buenavista. Los ferrocarrileros vivían entonces en vagones, como un campamento indio. Él había llegado a conocer a los primeros garroteros.

Yo había viajado varias veces en *pullman* a Veracruz y había oído el grito de los garroteros antes de la partida: "¡Pasajeros, al tren!" Ya entonces, los vagones estaban tan avejentados como los rifles del servicio militar. Recuerdo las cortinas color verde botella, de tela gruesa, que aislaban las literas, las redes para colocar nuestras pertenencias, las lámparas en forma de velador para leer. Muchos años después vería el cuadro *Compartment C, Car 293*, de Edward Hopper, donde una mujer lee en un asiento abatible, que durante la noche se convierte en cama. Ese vagón fue pintado en 1938 y era idéntico a los que treinta años después seguían circulando de México a Veracruz.

El padre de Fernando había formado parte del movimiento ferrocarrilero que a fines de los años cincuenta paralizó el país. En las estaciones más apartadas de México aún era posible ver trenes de carga con la leyenda "¡Viva Vallejo!", en apoyo a Demetrio Vallejo, el líder arrestado en 1959, que se convirtió en uno de los más célebres presos políticos de la cárcel de Lecumberri y a quien conocería en 1974, al afiliarme al Partido Mexicano de los Trabajadores, del que él era secretario.

Nuestro anfitrión lo había tratado. Hombre intachable, Vallejo no le transmitió un arsenal de consignas políticas, sino de chistes colorados.

El padre de Fernando contó uno sobre un burro que tenía una erección tan potente que se daba golpes de pecho.

—Otra vez el burro, ay, tú —dijo una tía.

—Otra vez la burra al trago —el padre me tendió un caballito con algo que tomé por tequila reposado. Era *whisky*.

—No me gusta la marranilla —dijo, refiriéndose al tequila.

Aún no estaba de moda beber tequila, y mucho menos mezcal.

El aire se hinchaba con la agobiante fragancia de flores desconocidas (salvo las rosas, los claveles, los girasoles y las margaritas, todas lo eran para mí). Tal vez se trataba de nardos.

Me acerqué a la mesa, cubierta por un mantel de plástico azul rey estampado con duraznos y manzanas. Tomé un puño de cacahuates sin advertir que entre ellos iban un ajo y un chile seco. Bebí el *whisky* de un trago y la boca me ardió más.

Regresé al círculo de amigos con lágrimas en los ojos. El anfitrión no paraba de hablar. Había participado en el movimiento ferrocarrilero reprimido por el presidente Adolfo López Mateos. Ésa era su gesta, pero su narración pronto se desplazó a otra. En México no se puede hablar de trenes sin llegar a la Revolución.

Fernando del Paso evoca de este modo la cultura ferroviaria en *José Trigo*:

> Él te dirá que la Revolución se hizo en tren. Escucha su sangre que corre por sus venas como jugo de pólvora, que se le encarabina y le canta como cuando aquella vez un jueves santo de los años quince (corre corre maquinita no me dejes ni un vagón, nos vamos

para Celaya): esa Revolución, ésa bendita Revolución de capotas azules y carabinas treinta-treinta, de caramañolas de agua con sotol y días y días de no comer sino biznagas y nopales o pinole y agua sucia y de hombres que dormían en las vías abandonadas como balas de canana y de botellas de aguardiente que giraban y saltaban como potros de tiovivo en los corros de los hombres de mitazas de hebillas tintineantes, esa Revolución, ésa que se fue se fue (una mañanita blanca en los rieles del tren se fue camino del Norte se fue para no volver): esa Revolución, se hizo en tren.

Del Paso se sirve del tono fluido del *stream of consciousness* que jubila las comas para mezclar neologismos *(encarabinada)* con arcaísmos *(caramañola)*. En 1966, *José Trigo* apareció como una novela supermoderna (algunos decían que se trataba de la primera "hecha en computadora") que al mismo tiempo recuperaba una época perdida.

En aquella casa de relativa pobreza descubrí que la precariedad remite a una época anterior. La familia de Fernando no vivía mal, pero dependía de cosas viejas. Los muebles, los cubiertos, las paredes mismas estaban tocadas por la pátina del tiempo. La pobreza es una forma vicaria del recuerdo; alude al desgaste, el deterioro, la pérdida: memorias que no son tuyas.

El padre cantó con sus amigos:

El tren que corría
por el ancha vía
de pronto se fue a estrellar
contra un aeroplano
que andaba en el llano
volando sin descansar.

Las siguientes estrofas salieron entre accesos de risa:

Quedó el maquinista
con las tripas fuera
mirando pa'l aviador
que ya sin cabeza
buscaba un sombrero
para taparse del sol.

Una de las tías dijo:

—Ay, tú, ¡pita y pita y caminando!

Ése fue el momento en que apareció Lucía, la chica festejada, acompañada de varias amigas. Entonces supe que la auténtica celebración de quince años ya había ocurrido y participábamos en una suerte de *tornafiesta*. El padre, centro absoluto de la casa, había estado de viaje en tren durante la ceremonia y apenas ahora podía disfrutar la presentación en sociedad de su hija.

A partir de ese momento, no pensé que estaba en casa de Fernando, sino de Lucía.

Un hombre de bigote zapatista se levantó para hacer una presentación al modo de los pregoneros de la lotería:

—"Soldadito, estate quieto, ya te van a relevar: ¡el soldado!" —me señaló a mí y luego a Lucía—: "La dama chiquita y bonita: ¡la dama!"

—Está pedo, ay, tú —dijo una de las tías.

Lucía me preguntó si era amigo de Fernando. Hablé de la moneda perdida y ella quiso saber más cosas. Hasta ese momento mi presencia había sido perfectamente normal para los demás. Mi uniforme borraba las diferencias sociales. Incluían a un conscripto en la fiesta como podían haber incluido a un vendedor de globos o a un organillero. Mi presencia le daba variedad al ambiente sin alterarlo del todo.

Lucía era más curiosa. Dije que mi padre era portero de la unidad habitacional donde vivíamos; tenía seis hermanos y yo era el menor. Quería estudiar arquitectura.

No me avergonzó decir mentiras: me avergonzó que eso no fuera verdad. Detestaba ser hijo de universitarios neuróticos que se habían separado sin que eso fuera interesante. Anhelaba la tumultuosa vida de barrio que ahora tenía enfrente.

Los ojos negros de Lucía brillaban como si mejorara las cosas con un esfuerzo de la vista. Escuchó mis datos básicos y dijo:

—¿Te da miedo ir a la guerra?

Le dije que lo único que sabía hacer era marchar. En caso de combate podía avanzar ordenadamente a la derrota.

Pronuncié esas dos frases entre balbuceos. La gramática había desertado de mi cerebro. La piel canela de Lucía, el lunar en el cuello, la nariz pequeña pero definida, el labio superior ligeramente vuelto hacia arriba eran estímulos para la taquicardia, no para el idioma.

Me enamoré de ella en forma tan intensa que no volví a dirigirle la palabra ni la saqué a bailar.

Regresé al grupo de Fernando y sus amigos. Él odiaba a los Diablos Rojos del México porque eran "nacos":

—Puro pinche indio —me dijo.

—¿A cuánto las botas, güero? —insistió el que desde un principio estaba obsesionado con el tema.

Las amigas de Lucía hablaban en secreto y me veían de rato en rato. Representaban el coro griego de Lucía, su opinión pública.

El hermano, que tan bien me cayó al invitarme, comenzó a parecerme un imbécil con aires de superioridad que despreciaba a los aficionados de los Diablos Rojos por "indios". Al paso del alcohol y de las horas se convirtió en mi latente adversario, el obstáculo para llegar a Lucía y el cómplice del otro imbécil que codiciaba mis botas.

Sirvieron sopa de verdolaga y tacos de tinga. De un tocadiscos empotrado en una consola de madera bruñida, del tamaño de un ataúd, salió una horrenda música tropical.

Tenía que salir de ahí. Me había asomado a esa casa como quien se asoma a un pozo. Vi lo que no debía ver. Lucía me gustaba demasiado para sentirme cómodo. Debía salir.

Quise ir al baño antes de despedirme. Pensé que estaría cerca del patio. Me dirigí hacia ahí, pero Lucía me detuvo:

—¿Me concede esta pieza, sargento?

Extendió la mano para que la siguiera al baile. Unos segundos después ya la había pisado con mis botas. Ella me dijo "idiota" de un modo fascinante. No quiso que siguiéramos bailando.

Fui al baño, que estaba al fondo de un pasillo. El lavabo era un aguamanil y el calentador un bóiler que ardía con combustible de aserrín. Los papeles usados no iban a dar al excusado, sino a un bote que despedía un olor nauseabundo. La pobreza que buscaba con romanticismo estaba ahí como lo que siempre ha sido: una mierda.

Al salir del baño, encontré a Lucía:

—Ven —dijo—, quiero que conozcas a mi mamá.

Me llevó a un cuarto vecino. Abrió una puerta, mitad madera, mitad cristal esmerilado. En la penumbra, me costó trabajo distinguir a una persona entre almohadones, cubierta por tres o cuatro sarapes.

—Mamá, te presento a Juan, un sargento que va a perder la guerra —dijo Lucía.

Un gemido salió de la cama. Poco a poco advertí las facciones ajadas de una mujer de pelo ensortijado. Un olor agrio dominaba la atmósfera.

—Lleva dos años así. La operaron y no quedó bien.

Hizo una pausa, se acercó a un mueble, tomó un cepillo y le dijo:

—La enfermedad le tiene miedo a la gente bonita —Lucía sonrió de un modo triste—. La peino todas las mañanas —añadió.

Luego comenzó a cantar, con una suavidad extrema; de su garganta salía la sombra de una voz.

La madre sonrió y los ojos se le llenaron de lágrimas.

—Es muy romántica —Lucía pasó un pañuelo sobre sus ojos.

La madre no podía hablar y tal vez había perdido el entendimiento. Lucía le contaba cosas delirantes, pero ella no oía las palabras, sino el tono tierno, afectuoso:

—Juan quiere morir por la patria, vino a despedirse, quería conocerme antes de que le volaran la cabeza. ¿No es lindo? La gente hace cosas raras antes de ir a la guerra.

A través de su madre me hablaba a mí. Le di un beso torpe en la mejilla. Ella se volvió, resuelta:

—Así no se gana la guerra.

Me besó en los labios. Sentí su lengua rápida. Luego se apartó y volvió a peinar a su mamá.

—Regresa a la fiesta o van a pensar que me estás violando —me dijo—. Le caíste bien a Fernando, pero te puede cortar los huevos. Me imagino que los necesitarás en la guerra.

Lucía me descubrió la maravilla de ser ofendido con afecto.

Regresé a la fiesta. Antes de salir del cuarto, ella volvió a decirle a su mamá:

—La enfermedad le tiene miedo a la gente bonita.

Los amigos del padre de Lucía se habían enfrascado en un extraño juego. Uno de ellos tenía una bala alojada en la pierna. Era una herida de honor, producto de la represión del movimiento ferrocarrilero.

—No quiero que me la quiten: es mi parte americana —explicó—; lo único que les acepto a los pinches gringos es una bala Remington.

Otro de los amigos pasó un aparato circular por la pierna. Cada vez que se acercaba a la bala, producía un ruido que partía de risa a todo mundo.

Las veladoras que rodeaban a la Virgen habían sido encendidas. La atmósfera vacilaba con sus flamas. El aire olía a hollín.

Cuando se cansaron de auscultar la bala en la pierna del ferrocarrilero, el padre de Lucía contó la historia de un vagón que llevaba un contrabando de maniquíes.

—¿Dónde andabas? —me preguntó Fernando, con un filo agresivo.

Me tendió una botella de aguardiente. Tal vez quería medir mi aguante, tal vez ésa era su forma de vengarse o de reconciliarse. No podía rechazarlo. Bebí, sabiendo que ese trago me impediría regresar a casa.

Salí al patio a tomar aire. Había oscurecido. Las pajareras habían sido tapadas con paños y toallas.

Cuando volví a la sala, las tías numerosas ya se habían ido. Busqué un sillón. Me desplomé ahí y me quedé dormido.

Desperté de madrugada. Una solitaria veladora ardía frente a la Virgen.

Quise incorporarme y advertí que estaba descalzo. ¡Me habían robado las botas! Eso me contuvo en el sillón. Con la serenidad del ebrio consideré que si no podía ir a ningún lado, al menos podía seguir durmiendo.

Horas después sentí una mano en la cara. Abrí los ojos. Era Lucía. Dijo algo que me costó trabajo entender:

–Te van a hacer falta en la guerra.

Tenía las botas en las manos.

–El Güero se las quería llevar, pero yo lo detuve. Ven –me tendió la mano. La seguí, sin ponerme las botas.

Tomamos una escalera de caracol que iba a la azotea.

Amanecía en Nonoalco. Oí el silbato de una locomotora. Vi el edificio triangular de Banobras, una marea de casas bajas y el puente donde termina *La región más transparente*, que Carlos Fuentes publicó en 1958:

> ...y sobre el Puente de Nonoalco se detiene Gladys García, veloz también dentro del polvo, y enciende el último cigarrillo de la noche y deja caer el cerillo sobre los techos de lámina y respira la madrugada de la ciudad, el vapor de trenes, la somnolencia de la carne, los tufos de gasolina y alcohol y la voz de Cienfuegos, que corre, con el tumulto silencioso de todos los recuerdos, entre el polvo de la ciudad, quisiera tocar los dedos de Gladys García y decirle, sólo decirle: Aquí nos tocó. Qué le vamos a hacer. En la región más transparente del aire.

En 1966, Fernando del Paso concluye el primer capítulo de *José Trigo* en el mismo lugar:

A lo lejos, también, los ferrocarrileros parecen soldados de juguete. Esto pasa cuando se les ve desde lo alto del Puente de Nonoalco o a través de las ventanillas de un tren. Uno ve a lo lejos hileras y más hileras de viejos carros llenos de polvo y algunos hombres de uniformes azules que descansan en bancos o que caminan del brazo. Uno no les ve las caras. Uno no ve, como vi yo, a un viejo ferrocarrilero baldado que se rascaba con un molinillo de chocolate los muñones de las piernas que tal vez había perdido en un accidente de trenes. Uno no ve al hombre que orina en una botella de refresco. Uno no ve a las mujeres que tienden las sábanas amarillas y las faldas de colores entre las vías hace mucho tiempo abandonadas, como si alfombraran el camino de un tren que nunca ha de llegar.

Mi destino estaba cifrado en esos párrafos. Yo era un "soldado de juguete", en espera "de un tren que no ha de llegar", condenado al "tumulto silencioso de todos los recuerdos".

El cielo adquirió un tono violáceo, rayado por las antenas de televisión. Muy al fondo, se adivinaban las siluetas de los volcanes.

—¿Cuánto haces hasta Nativitas? —me preguntó Lucía.

—Depende —contesté, sin saber que esa vaguedad me delataba. Yo había dicho que vivía en esa colonia porque me avergonzaba de la mía.

No sé si ella desconfió de mí desde un principio, en todo caso me hace bien pensar que no la engañé, o no del todo. Me dio un beso largo y vimos un rato la ciudad, en silencio, como si cada uno calculara los recorridos, los futuros posibles, las vidas que nos correspondían. Yo era virgen y seguramente ella también lo era. Recordé relatos —tal vez fantasiosos— de amigos que habían hecho el amor en azoteas. No me atreví a otra cosa que a tomarla de la mano hasta que dijo:

—Ya hay camiones. Es mejor que Fernando no te vea.

La rabia de su hermano era la prueba de su interés por mí. Salí de la casa con esa convicción y la refrendé mientras me amarraba las botas en la siguiente esquina, como si anudara la certeza de amar a Lucía.

Decidí fugarme con ella, ser, para siempre, alguien irreal, un falso soldado que moldearía su identidad en el camino. Encontré un dinero en mi casa, en el cajón de la mesa de la cocina, que me pareció suficiente para llegar a la frontera. Lo tomé, redactando mentalmente la carta en la que le explicaría a mi madre mi huida por amor.

Marchábamos los jueves y los domingos en el Campo Militar Número 1. Cuatro días después de la fiesta estaba de nuevo en Nonoalco. Ella no tenía teléfono, de modo que no pude avisarle que iba.

Llamé a la puerta y Lucía me vio con enorme asombro:

—Pensé que no ibas a volver —dijo, sin mostrar alegría por el reencuentro—. No puedo salir. Estoy estudiando.

Me había fugado de mi casa. Llevaba encima dinero ajeno. Podía empezar una nueva vida. Me quitaría el uniforme para ser otro.

No dije nada de esto. Con tranquilidad, casi con tedio, ella cerró la puerta.

Fui un intruso en su vida. Eso tuvo sentido durante unas horas de un domingo. Seguramente presintió que yo mentía. En algún momento me había dicho: "Hueles a nuevo". Quizá fue una manera de remarcar mi ingenuidad, mi condición de niño rico, la mentira que ya nadie creía. O tal vez todo fue más simple y la rareza que le gustó un domingo se convirtió en una molestia con mi regreso, que amenazaba con transformar el capricho de unas horas en una incómoda costumbre.

Nadie supo que me fui de la casa ni que robé dinero. Restituí los billetes al volver, sin alivio alguno.

No volví a Nonoalco, pero no olvidé mi tarde en ese barrio, el furgón cargado de maniquíes de contrabando, las tías que repetían "ay, tú", el ferrocarrilero con la bala en la pierna, la madre postrada entre almohadones, el tipo que quiso quedarse con mis botas, el pulque de guayaba, el amanecer en la azotea, el beso final de dos cuerpos que no llegarían a unirse en esa ciudad y, sobre todo, las ganas de ser otro.

Muchas veces pensé en Lucía, haciendo feliz a alguien, sufriendo o peleando por causas que me estarían vedadas, animando destinos que no me estaban concedidos, rieles en una ruta que yo no iba a tomar.

No volví a saber nada de ella hasta que el destino me deparó un contacto espectral, que acaso no sea sino una fabulación, pero que redondea ese recuerdo tan trabajado por el deseo, más parecido a la leyenda que al testimonio.

En septiembre de 2012 mi esposa ingresó al Hospital ABC de Santa Fe para ser operada. Nos instalamos en esa zona absurda de la ciudad, un enclave del lujo corporativo, construido a toda prisa en las últimas dos décadas, frente a una barranca donde los antiguos moradores de la zona viven en casuchas de lámina y cartón.

El 15 o 16 de septiembre el personal del sanatorio se vio disminuido por las fiestas patrias. Mi esposa se recuperaba de una hemorragia y necesitaba analgésicos. Salí del cuarto en busca de ayuda. No había nadie en el piso. Deambulé por pasillos que me hicieron sentir en una locación fantasma. Pasé por una sala con grandes ventanales. Al fondo, las luces de la barranca semejaban un nacimiento al pie de un árbol de Navidad. De día, el paisaje volvería a ser oprobioso.

Bajé un piso y caminé por un corredor que prometía una lujosa eficiencia, pero donde no había nadie. Finalmente di con un cuarto entreabierto, del que salían voces. Una enfermera decía algo.

Estaba por empujar la puerta, desesperado por encontrar a alguien, cuando oí una inolvidable fórmula del consuelo:

—La enfermedad le teme a la gente bonita.

No era la voz de Lucía, al menos no era la que yo recordaba. ¿Cuarenta años de vida habían alterado de ese modo su tono y su acento? ¿Hablaba otra persona? ¿La frase era un refrán que yo no había vuelto a oír? ¿Se trataba de una simple coincidencia?

En caso de que fuera Lucía, ¿qué podía decirle? Lo único que conoció y apreció de mí fue un disfraz que me asimilaba a cualquier conscripto de la ciudad. Un sargento que se perdió en la guerra, le robó un beso, creyó amarla y quiso huir con ella sin que ella lo supiera.

Si en verdad se trataba de Lucía, ¿qué podía decirle?

Oí el sonido de las suelas de goma sobre el piso de linóleo que se acercaban a la puerta.

Hay cosas que valen la pena porque son imposibles. Antes de que la enfermera llegara a la puerta, volví sobre mis pasos, con la urgencia del simulador.

¿Aquella mujer era otra? ¿Era la misma? Para efectos de este texto era las dos cosas: la oportunidad que perdí, pero recuerdo.

PERSONAJES DE LA CIUDAD: EL REY DE COYOACÁN

Durante un tiempo Coyoacán fue una monarquía. La única persona que en verdad se enteró de eso fue el propio monarca.

Llegué al barrio en 1969. Nos instalamos en una casa que había pertenecido al dueño de un cabaret, el Quid. La decoración hacía pensar en seducciones de estilo francés. En el interior, el papel tapiz imitaba un diseño versallesco y un espejo de pared recordaba el salón de Madame de Staël. En la fachada había ventanas de ojos de buey, una cornisa con torneados macetones y una mansarda de lámina, pensada para la nieve que nunca llegaría. Mi madre suavizó el ambiente de *boudoir* con un inflexible método decorativo: juntar cháchara.

Entre las preseas que ha reunido hasta la fecha, se cuenta una sopera de cerámica verde, en forma de una col gigante. Cuando mi tío Poncho la vio, preguntó en forma elocuente:

—¿Esa sopera tiene una historia?

Los adornos de mi madre ameritan narración. Aquella sopera viajó en sus manos en un avión desde Portugal hasta la casa donde reiniciamos nuestra vida.

Éramos vecinos de una panadería, lo que tenía ventajas aromáticas y problemas de roedores. Cuando nos fuimos a quejar con el vecino (un español que enharinaba la masa como si se hubiera enojado con ella), nos tranquilizó mostrándonos su pistola para matar ratas. Al saber que yo tenía doce años y no había un "hombre de la casa", prometió tomarnos bajo su custodia, al modo del *sheriff* del condado.

En esas circunstancias entramos en contacto con su majestad. Tal vez llegó a nuestro hogar atraído por su aire de falsa aristocracia o su vecindad con la panadería. Lo cierto es que tocó el timbre y dijo con aplomo:

—Soy Antonio Gaitán, el Rey de Coyoacán.

Durante varios años escucharíamos esa presentación rimada, pero, sobre todo, escucharíamos sus canciones. Gaitán había sido seminarista y tenía hermosa voz de barítono. En cualquier momento entonaba su himno:

—Ron con cerveza y tehuacán: ¿Quién es el Rey de Coyoacán?

La alusión a las bebidas no era casual. Se trataba de una obligación del reino. Cada tercer día, el monarca amanecía borracho en el quicio de la puerta. Aunque le prestaban una habitación al otro lado de la avenida México-Coyoacán, a veces no alcanzaba a llegar ahí.

Sus características físicas eran peculiares. Tenía pies enormes y caminaba en zancadas rígidas, al modo de Popeye el Marino. Las palabras fantasiosas que salían de su boca de gran quijada y su mirada encendida hacían pensar que había pasado por un hospital psiquiátrico.

Leía durante horas, afuera de la panadería. Una frase podía retenerlo mucho tiempo. En una ocasión me preguntó:

—¿Qué quiere decir "de izq. a der."?

—De izquierda a derecha —contesté.

—¿Como en política? —dijo con entusiasmo.

Cada primero de septiembre, su majestad ofrecía un caótico informe de gobierno. Sólo se dirigía a su imaginario Congreso de la Unión cuando ya estaba borracho. Su delirio, habitualmente manso, salía de tono en este caso. Confundía las secretarías de Estado con secretarias que se pintan las uñas en oficinas de gobierno. De ahí que procediera a insultar a la "señorita secretaria de la Marina, que es una auténtica puta". El gabinete no le merecía el menor respeto. Después de brindar las ditirámbicas cifras de sus logros, tan incomprobables como las del presidente en turno, denostaba a esas inciertas colaboradoras femeninas.

Otra de sus peculiaridades era su olfato superfino. A través de la puerta de la calle podía saber qué había cocinado mi mamá:

—La doctorcita hizo tamales —decía con estruendoso deleite.

En días de fiesta, nos acostumbramos a preparar la porción del Rey. De más está decir que su apetito era imperial.

En una ocasión fungí como su escolta. Como he contado, pertenezco a un tipo de fanático de las obligaciones al que no le basta hacer el servicio militar: debe hacerlo antes de tiempo. El 15 de septiembre de 1972 desfilé por Coyoacán en la escolta que llevaba la bandera. Nos seguía la banda que solía tocar en el kiosco de la plaza.

Todo fue parecido a una película del neorrealismo italiano hasta que Antonio Gaitán perfeccionó la irrealidad para volverla mexicana, poniéndose al frente del cortejo. Saludó con recios ademanes, acostumbrado a hacer ese gesto de tribuno. La gente lo vitoreó con entusiasmo, bajo una nube de serpentinas y confeti. Ningún policía pretendió alejarlo.

—¡El Rey-el Rey: ra-ra-ra! —coreó la multitud.

Luego se impuso otro grito:

—¡Mé-xi-co, Mé-xi-co!

Esa locura nos definía. Guiados por un monarca, integrábamos un ejército fugaz, que nunca iría a la guerra. Bajo nuestros rasposos uniformes, los reclutas sentimos en la piel que valía la pena defender esa patria alucinada.

Las funciones de su majestad Gaitán fueron tan estrafalarias como las que me permitieron obtener la cartilla militar. Él cantaba para demostrar que tenía las llaves del reino y nosotros marchábamos para fingir que el país disponía de nuevas tropas.

A veces, el documento que me acreditó como sargento primero del Ejército Mexicano aparece en mis cajones. Es ya inservible; hace mucho que pasé de la primera reserva a la segunda y de ahí a la jubilación del militar que no ganó batalla alguna. Sin embargo, el documento tiene memoriosa utilidad. La foto en la que aparezco con el bozo de quien aún se atreve a rasurarse, me recuerda la tarde bajo el sol de Coyoacán en que fuimos algo más que un barrio y algo menos que un imperio, el día de gloria en que celebramos, con apasionado sentido de pertenencia, la monarquía proclamada por un loco.

CEREMONIAS: LA BUROCRACIA CAPITALINA: DAR Y RECIBIR

Hay países tediosos donde la rutina tiene el mal gusto de parecerse a sí misma. México es una patria interesante donde la tradición es algo que se adivina.

No creo ser el único que se siente en falta con las maneras de nuestra barroca sociedad. De pronto, unos ojos de rencilla anuncian que cometiste una ofensa indescifrable. En muchas ocasiones resulta placentero molestar con justificación y conocimiento de causa; lo malo es cometer una grosería sin saberlo ni disfrutarlo.

Vivir en Chilangópolis implica ser experto en trámites. La capital es la insustituible sede de los sellos, las hojas foliadas, los infinitos oficios de gobierno. Mucha gente viene de provincia con el solo propósito de cumplir un trámite. He visto a personas padecer crisis de nervios cuando el burócrata de turno les pide que regresen a Culiacán o Tamazunchale por el documento que les falta.

Como sabemos que ahí todo será muy complicado, llegamos a la oficina dos horas antes de que abran. No hemos desayunado y caemos en la provocación de la gastronomía callejera que los capitalinos de viejo cuño prefieren evitar: compramos una torta de tamal que huele de maravilla. Ese bocadillo de harina envuelta en harina opera como tranquilizante, pero sólo mientras se mastica. Después se convierte en una molestia duradera, más difícil de digerir que el trámite en cuestión.

Es posible que haya peores burocracias que la nuestra, pero la ciudad no se entiende sin estas inmensas oficinas, galerones mal construidos, de luz enfermiza, donde las puertas suelen ser color gris rata o verde pistache, y donde medran buscavidas que a cambio de un billete logran que la transacción sea larguísima en vez de eterna. Estos hombres (rara vez se trata de mujeres) son los afamados *coyotes*. En la entrada, saludan al policía con triple apretón de manos, preguntan si ya se alivió Rosa, regalan caramelos y recorren el edificio con la calma de quien busca goteras. Son los burócratas de los burócratas, la economía informal que alivia los rezagos de la economía pública.

La modernidad ha permitido que el ciudadano sea registrado en numerosas áreas de su vida. Esto aumenta la cantidad de documentos necesarios para que una persona esté en orden con su destino.

La licencia de manejo o el pasaporte no bastan para acreditarte en la ciudad, o sólo bastan para acreditar que, si estás aquí, es porque no tienes dinero para irte. Para recibir un pago, es necesario identificarte con documentos que se consideran más confiables porque provienen del laberinto de las siglas: debes mostrar que tienes CURP, RFC y código interbancario CLABE. A veces, encontrar dichos papeles en los cajones ameritaría un GPS y enviarlos, otras venturosas iniciales: UPS o DHL.

A los extranjeros les sorprende que les pidan "constancia de domicilio" para hacer un cobro en esta tierra. "¿Qué importa dónde vives o si te estás mudando o si no tienes una dirección estable?", me preguntó el cronista argentino Martín Caparrós, desesperado ante los muchos papeles que le pedían para cobrar en México. ¿La remuneración de tu trabajo puede depender del sitio donde duermes? ¿Qué pasa si la cuenta del agua o de la electricidad no están a tu nombre? Para colmo, la constancia debe ser de los últimos tres meses. La persona que se pelea con su mujer y vive temporalmente en casa de su madre, ¿carece de legalidad para cobrar? ¿Qué relación hay entre disponer de un domicilio fijo y recibir un pago? Estamos ante una de las más capciosas sutilezas de nuestra burocracia, fundada en dos valores axiales del trato mexicano: la desconfianza y la superstición. Quien solicita un documento, carece de algo; en consecuencia, hay que desconfiar de él; si no ha dormido en el mismo sitio en los últimos tres meses resulta sospechoso. ¿Y de qué sirve disponer de un papel que dice Mártires Irlandeses 34 bis, colonia Héroes de Churubusco? Esto genera la superstición, no sólo de que podremos encontrar ahí a la persona indicada, sino de que podremos encontrar esa calle.

La constancia de domicilio se opone a la libertad de tránsito consagrada por la Constitución y al derecho ciudadano a la vida nómada. Sin embargo, se trata de un requisito infranqueable. Es una suprema ironía que una ciudad fundada por peregrinos de Nayarit otorgue tanta importancia judicial a la vida sedentaria.

¿Qué sucede con la gente que lleva no sólo tres meses, sino treinta años en el mismo sitio, pero no tiene facturas de servicios a su nombre? Burocráticamente, es un descastado.

Estamos ante un principio de seguridad fundado en una teología de los papeles. Se necesita mucha fe para creer que en un paraíso de la falsificación como México todo documento es auténtico. Del mismo modo en que muchas personas honestas no reciben una boleta de luz con su nombre, otras disponen de facturas con direcciones en las que no viven.

La constancia de domicilio no prueba nada definitivo, pero se solicita porque en México las molestias son una forma de la eficacia. Además, ese documento parece decisivo por la dificultad que tenemos para dar con los lugares. El papel con el domicilio sugiere que, en caso necesario, la policía podrá acceder a ese sitio. Desde que la tribu de Aztlán llegó al Valle de Anáhuac en busca de la imagen de un águila devorando una serpiente, dependemos del mito para desplazarnos. Tal es la función de la constancia. Como el escudo nacional, ofrece una dirección simbólica, la esperanza de que ese lugar exista.

A veces te solicitan un documento aun más raro: el título universitario. Entiendo que un médico deba presentarlo para abrir un cuerpo o un ingeniero para construir un puente. En otros casos resulta absurdo. Estudié sociología en la Universidad Autónoma Metropolitana-Iztapalapa. ¿Qué sapiencia técnica garantiza esa carrera? Si fuera a dar clases sobre el tema, sería lógico que me pidieran el título correspondiente. Pero me dedico a la literatura, oficio en el que Juan José Arreola alcanzó notable erudición con una escolaridad de cuarto año de primaria.

Las oficinas que piden una fotocopia del título para hacer un pago no tienen el menor interés en la vida académica. Su objetivo consiste en dificultar el pago.

Contaré una anécdota relacionada con la Secretaría de Educación Pública. Escribí un cuento infantil para uno de sus libros de texto e inicié la ruta de expiación para cobrarlo. Entre otras muchas cosas, me pidieron mi título de licenciatura. ¿Qué relación hay entre la sociología y un relato para niños? Ninguna.

Pero nuestros trámites son una ocasión solemne y no hay modo de sortearlos. No entregamos documentos: los rendimos, sabiendo que el último de ellos será nuestra acta de defunción. Moriré siendo mexicano, pero al hacer trámites tengo la impresión de que moriré de ser mexicano.

La SEP me pidió doce documentos diferentes. Más difícil que reunirlos fue entregarlos. No siempre es fácil entrar a una oficina. Hay que dar el nombre completo de la persona que se visita, el de su secretaria y las extensiones de teléfono a las que se debe marcar desde la recepción. Esto último es indispensable porque los guardias no saben quién trabaja en el edificio. Además, es necesario llevar una identificación para dejarla en la entrada (distinta a la que tendrás que mostrar al tramitar algo en un piso superior) y firmar el libro de seguridad que, como señalaré en otro capítulo, nadie consulta y donde te puedes registrar como Jack el Destripador, pero que sugiere que la vigilancia es posible.

De nada sirvió tomar esas precauciones en la SEP. Después de varias llamadas, el guardia recibió la instrucción de no dejarme entrar.

Fui a un teléfono público y llamé a la persona que me había pedido el cuento. Entonces me dio esta fabulosa solución:

—No digas que vienes a dejar documentos, sino a recibirlos.

Así lo hice y el mar Rojo se abrió. Fue una auténtica novedad en mi vida de oficina. "¿Cuál es la diferencia entre dar y recibir?", pensé en el elevador, de la planta baja al décimo piso. Ya arriba, la persona que me dio el consejo explicó:

—El que trae algo viene a solicitar, el que recibe ya solicitó.

Creí entender que los trámites del presente eran vistos como una molestia y los trámites del pasado como un logro. La razón era otra:

—Es un principio de seguridad: si ya pasaste por aquí alguna vez, te tienen confianza.

Obviamente resulta imposible recoger un documento sin iniciar antes un trámite. La estratagema para vencer la severa vigilancia de la oficina dependía de una mentira.

El *Homo burocraticus* es primario: aunque ese proceso me tomó dos horas, al volver a la calle me sentí de maravilla y consideré que las oficinas de gobierno eran espacios para suavizar los ánimos sociales: resulta tan relajante salir de ahí que la gente no retoma su vida con ánimos de incendiar el Palacio Nacional, sino de festejar en Garibaldi hasta agotar el repertorio de los mariachis. En pocos sitios el malestar tiene un desenlace tan feliz.

Por desgracia, esta visión curativa de la burocracia duró poco. ¡Cuán equivocado estuve al pensar que los trámites eran una perversa forma de terapia! El conocido que me solicitó el cuento tuvo la amabilidad de integrar mi expediente, elaborar el contrato y enviarlo a mi casa. Todo parecía en orden. Usé tinta negra porque la azul es ilegal en muchos trámites, incluidos los de la UNAM, cuyos colores son el azul y el oro. Puse mi rúbrica al margen en las primeras hojas y tracé la firma en la última.

Sentí el alivio que espero sentir cuando mis hijos se reciban.

Al día siguiente me habló el conocido:

—Tenemos un problema.

Pensé que el mensajero había sido asaltado y el contrato se había perdido. La situación era más rara:

—Pusiste tu rúbrica en el margen izquierdo.

—¿Y eso qué tiene?

—El contrato va a ser engargolado.

—No entiendo.

—Lo van a engargolar del lado izquierdo.

"El hombre acorralado se vuelve elocuente", dice George Steiner. Improvisé argumentos que no sabía que podía decir:

—El contrato ya es válido; es como enmicar una credencial *después* de que ha sido expedida; no pierde validez jurídica, pues no está siendo alterada ni destruida. No importa que perforen el contrato para ponerlo en una carpeta.

—Déjame hablar con el jurídico.

Esta frase jamás desemboca en una solución. El jurídico es el nombre legal de lo imposible.

El contrato fue declarado inválido. En un gesto de orgullo, me negué a firmar otro. Preferí derrochar los trámites hechos hasta entonces, asumiendo que en la burocracia dar y recibir significan lo mismo: nada.

Lugares: Las ferias, los parques temáticos, la Ciudad de los Niños

Después de dos mil años de creer que el trabajo es una maldición para ganar el pan con el sudor de la frente, surgió la Ciudad de los Niños, donde la condena de los adultos es la diversión de la niñez.

En este parque temático, situado en un centro comercial del barrio más acaudalado de la ciudad, Santa Fe, y con una sucursal en Cuicuilco, al sur de la ciudad, los visitantes menores de doce años juegan a ser empleados de grandes corporaciones.

Un grupo de empresarios con olfato para la modernidad descubrió que se puede hacer negocio permitiendo que los niños finjan ser adultos. El proyecto ocurre a contrapelo de las demás formas de diversión infantil: no se trata de poner el acento en lo que los niños tienen de particular, sino de permitirles que se despojen de su cáscara pueril y anticipen su destino de señores.

Sin proponérselo, el sitio regresa a una idea del juego anterior al Siglo de las Luces, cuando la minoría de edad no significaba otra cosa que una larga espera para ser adulto. Como los niños del Medioevo que jugaban a matarse, anticipando batallas por venir, los visitantes de la Ciudad de los Niños (también llamada Kidzania) se desentienden de su presente de peluches y dibujos animados para dedicarse a lo que odiarán en unos años y rinden pleitesía a los emblemas de neón que iluminan las noches de las ciudades. Si la heráldica medieval dependía de la Casa de Orleans o del rey Arturo, la contemporánea depende de los logotipos de las sociedades anónimas.

En la mayoría de los parques temáticos, los cuentos de hadas se vinculan en forma secundaria al consumo y la mercadotecnia: un trenecito te lleva de un juego mecánico a la tienda de *souvenirs*. En la Ciudad de los Niños, no es necesario dar un rodeo para llegar al *marketing* porque el hecho mismo de jugar pertenece al comercio. Ahí no se venden objetos, sino funciones: los niños pagan por consumir su propio trabajo.

La invención del niño

A partir de la Ilustración, el niño pudo ser visto como un sujeto realizado; ya no era un ser potencial —un adulto de talla chica—, sino alguien con destino propio y méritos que podría perder con los años.

El descubrimiento de las virtudes infantiles permitió que la literatura hablara de adictos a la niñez que desean posponer para siempre la odiosa edad adulta: Peter Pan en su país de Nunca Jamás; Oskar Matzerath y el redoble de su tambor de hojalata; el rostro de eterno afeitado de Tarzán.

"¡La culpa es de Rousseau!", grita el pequeño Gavroche en *Los miserables*. Aunque no fue el único responsable del viraje pedagógico que entendió al niño como padre del adulto, el autor de *El contrato social* hizo una notable contribución teórica al tema (como tantos intelectuales, en el limitado mundo de los hechos actuó de otra manera: sus cinco hijos fueron entregados a un orfanato).

En *Emilio o de la educación*, Rousseau ve a su protagonista como un sujeto que debe desarrollar sus propias capacidades antes de probar las del adulto, que aún le son ajenas. Esta idea no parece especialmente original en un mundo salpicado de opciones para los niños, guarderías que se llaman Blancanieves y coloridas tiendas de ropa para bebé, pero hubo un tiempo en que significó una ruptura.

Cuando el niño deja de ser concebido como cachorro del hombre y se convierte en una criatura con derechos peculiares, surge la pregunta de cómo divertirlo. Esto presenta un problema insoluble: la tribu de los niños no toma sus propias decisiones; entretenerla depende del criterio de los mayores.

Ferias pueblerinas y parques temáticos

Las ferias y los parques temáticos son ofertas del vértigo y el estruendo imaginados por adultos. Su principal característica es la de brindar zonas de irrealidad, separadas de la lógica de la ciudad: un dominio alterno donde es posible ingresar en un castillo o tripular una ambulancia en miniatura.

En la nueva sección del Bosque de Chapultepec se alza la montaña rusa que los automovilistas contemplan con envidia cuando están embotellados en el Anillo Periférico. A un lado, el Museo del Niño se extiende como una sugerente fábula en mosaicos azules, concebida por el arquitecto Ricardo Legorreta. Este edificio no alberga las colecciones que anuncia su nombre. Se trata de una inmensa y atractiva ludoteca. Al sur de la ciudad, en las faldas del Ajusto, está el parque temático Six Flags, que nació con un nombre más atractivo: Reino Aventura.

Tanto esos espacios como las ferias pueblerinas que se instalan por unos días en las plazas y calles de la ciudad asocian la diversión infantil con la maquinaria. En el Museo del Niño, un sofisticado laboratorio permite embotellar una nube. En las ferias, un motor ronco hace girar patos de lámina que pueden ser abatidos por balines. El niño juega ahí a cazar. Dependiendo de su puntería y de la calidad de la feria, recibirá un Chapulín Colorado de yeso o un koala del tamaño de una lavadora. La economía de las recompensas forma parte de la irrealidad del sitio. El absurdo canje de trofeos confirma que la norma ha quedado fuera.

En las ferias del mundo globalizado circulan artesanías vernáculas y deslumbrantes artefactos chinos. Cada vez que, a los seis u ocho años, mi hija triunfaba en el arte de pescar truchas de plástico color kriptonita, enfrentaba la disyuntiva de escoger entre una artesanal muñeca de trapo o un platillo volador con luces que molestan de seis modos distintos. Sorprende que cuesten lo mismo. La economía informal ha igualado el precio de un producto atávico con el de un ovni menor. Hace poco fui a un almacén y compré un desodorante y un despertador. Para mi sorpresa, el desodorante salió más caro. "Es que el despertador está hecho en China", me explicó un pariente que conoce mejor la realidad, es decir, lo que viene de Shanghái.

Los productos chinos ofrecen a bajo costo funciones que sólo cumplen durante la compra. Instantes después, la nave intergaláctica deja de emitir rayos y el despertador se atasca en la hora de Taiwán. Estos simulacros de objetos resultan muy normales en las ferias, donde jugamos a recibir un premio.

Provisionales y pueblerinas, las ferias ocupan un trozo de ciudad como una expansión de la kermés escolar o vecinal donde todo mundo se conoce, los voluntarios venden sándwiches a precio de una rebanada de jamón y una chica cambia besos por chocolates. A esta ONG de la diversión, la feria agrega la técnica, artilugios que van de un espejo que distorsiona las imágenes a fantasiosos vehículos mecánicos.

La kermés puede ser gratuita; la feria depende de un sistema de intercambio que tiene algo de treta. Subir una vez al carrusel cuesta una moneda; subir diez veces cuesta seis monedas. El atribulado padre debe decidir de antemano si sus hijos tendrán suficiente estómago y sentido de la reiteración para que el pago mayor signifique un ahorro.

Las ferias se ubican en plazas, lotes baldíos, huecos donde la ciudad se repliega y depone su lógica de avance, espacios de excepción destinados a las palomas, la estatua del héroe olvidado, los yerbajos que crecen con descuido, la explanada polvosa o adoquinada.

En su invasión sutil de la ciudad, las ferias alteran las costumbres. Ahí merodean los carteristas, los vendedores de globos, las rubicundas portadoras de canastas que huelen delicioso. No falta el exceso culinario: el *hot cake* de fábula, decorado con chispas y asteriscos de colores.

La feria es la última atracción industrial operada por personas. En los parques temáticos, los empleados se limitan a guiar a la gente a juegos que funcionan solos. En cambio, en las ferias pueblerinas cada puesto depende de un hombre al que por lo menos le faltan dos dientes. Supongo que no hay nada más arduo que montar y desmontar un carrusel donde circulan cisnes. Lo cierto es que el encargado de esa atracción suele ser alguien vencido, con la cara cruzada por una cicatriz y las uñas negras de quien lucha contra los arrebatos de un motor.

En Europa, los responsables de los juegos mecánicos hablan con un vendaval de consonantes que parece venir del este de la razón. Tienen los ojos huidizos de los que han visto demasiadas guerras y demasiadas carreteras. En sus manos calludas, el boleto parece un pétalo. La leyenda quiere que sean gitanos.

Aunque también en México algunos dependientes maldicen en rumano, casi siempre pertenecen a variantes locales de los hombres gastados. Quizá por tener manos tan grandes, prefieren tazas o vasos muy pequeños que realzan su fabulosa condición de gigantes. En recipientes diminutos, beben cosas fuertes: un café que despide humo de incendio o el licor bronco de los exploradores que van al frío.

Los padres temen a los hombres de pocas palabras y bigote carcelario que suben a sus hijos a una rueda giratoria, pero los niños confían en ellos con el respeto que se le tiene a un ogro bueno. Lo mejor de una feria popular son esos exponentes de la vida difícil en medio de las ilusiones infantiles. Un gordo impasible mastica chicle a unos centímetros del tiro al blanco, convencido de que ningún niño le va a dar en la cabeza. Un fortachón desprovisto de pulgares revisa con delicadeza la cadena que protege a una niña en un columpio. Alguien más, salido de una mina de carbón, sonríe con arrobo ante lo bien que crujen las láminas de sus cochecitos. Así, los niños de la era postindustrial entran en contacto con los guardabosques de tierna aspereza que en los cuentos de hadas demuestran que sólo un monstruo salva de otro monstruo.

Algo distinto sucede en los parques temáticos, que rehúyen el vínculo con la ciudad. Se trata de espacios enclaustrados, al margen de los curiosos, los metiches, los participantes informales. Quienes los atienden no han cargado las atracciones en su lomo ni pertenecen a la genealogía del energúmeno. A diferencia del circo trashumante o la feria migratoria, el parque no va en pos de sus clientes: los aguarda como una catedral del ocio. Lo primero que define su grandeza son las filas de quienes peregrinan para entrar ahí.

Estos lugares de alambicada arquitectura se ajustan a la definición que Michel Foucault hace de la *heterotopía*. Entramos a una región "que tiene el poder de yuxtaponer, en un solo lugar real, múltiples espacios, múltiples emplazamientos que son en sí mismos incompatibles".

Si las ferias dependen de corpulentos seres lastimados, los parques temáticos tienen un invisible cerebro electrónico que controla los trenecitos a distancia. En ese espacio sustraído a los afanes de la urbe, los dependientes despliegan una alegría corporativa. Vestidos como hadas, ratones o jueces de un torneo de golf, no hacen otra cosa que distribuir a los visitantes y pulsar algún botón. Trabajan como si se divirtieran: "Disfruten el juego", dicen con maquinal agrado.

En las ferias callejeras, nadie recomienda que te la pases bien. Los encargados parecen haber visto dolores sin número; no promueven sus juegos ni tratan de ser amables. Están ahí como un efecto de contraste, una prueba de que sólo la dicha de los otros es posible. El mundo se incendia, pero los niños juegan. Si algo falla, el responsable meterá su mano entre los metales chirriantes a riesgo de perderla o coleccionar otra cicatriz. Nadie le dará las gracias ni él pedirá que lo hagan. Los gigantes salvan, pero no sonríen. Las sillas voladoras están destartaladas y todo parece a punto de venirse abajo. Pero alguien vigila para que ocurra la alegría.

Temibles y benévolos, los ogros de feria son extraños representantes de la ley en un país donde todo es inseguro.

El panda Tohuí y la orca Keiko

En 1964, en la Segunda Sección del Bosque de Chapultepec, se inauguró La Feria, que decidiría los mareos de mi generación con la Montaña Rusa, el Martillo y el Ratón Loco.

Dos décadas después, Reino Aventura ofreció fantasías mecánicas en las faldas del Ajusco. El momento más singular de este parque tuvo que ver con una orca, Keiko, capturada en Islandia y amaestrada en Canadá. En 1985 llegó a la Ciudad de México y su popularidad compitió con la de Tohuí, el primer panda nacido en cautiverio fuera de China (el inolvidable 21 de julio de 1981), emblema de la explosión demográfica del DF.

Si Yuri había cantado para Tohuí (que significa 'niño' en tarahumara), Lucerito (ahora Lucero) cantó para dar la bienvenida a Keiko (que significa 'niña afortunada' en japonés). Una exótica mascota blanquinegra había preparado la imaginación capitalina para entusiasmarse con otra.

En 1993 (año de la muerte de Tohuí Panda), Keiko protagonizó la película *Liberen a Willy*. Tres años más tarde la realidad imitó el arte: la revista *Life* publicó un artículo en el que describía las condiciones de vida de la orca en el parque temático del Ajusco, parecidas a las de un reo de alta peligrosidad. A consecuencia de las protestas que siguieron al reportaje de *Life*, Keiko siguió a medias el destino de su personaje cinematográfico. Fue llevada de Reino Aventura al acuario de Oregon, donde contó con la libertad condicional de un estanque más amplio.

Posteriormente, fue liberada en Islandia, en cumplimiento del ideal ecológico de que los animales prefieren vivir en su hábitat natural. Pero Keiko había crecido en México, donde la soledad es un laberinto, según escribió el poeta. Ante el desafío de la libertad, la orca nadó más de mil millas en busca de compañía. Llegó a Noruega y se enteró de que ahí no había mexicanos, gente que le cantara y le echara porras. Recorrió los fiordos sin hallar lo que buscaba, se sumió en una depresión digna de un personaje de Ibsen y murió de neumonía, en diciembre de 2003.

¿Qué echaba de menos? Recuerdo las intensas jornadas de despedida en que los capitalinos íbamos a Reino Aventura a cantarle "Las golondrinas" a una orca entrenada para decirnos adiós con su aleta. A esas alturas del sentimentalismo, ya era una mascota mexicana.

La vida sin ataduras no es fácil para quien conoce el cariño mexicano. Para la orca, la libertad era un sitio donde nadie le cantaba "Cielito lindo". Murió de neumonía, como el poeta nacional, Ramón López Velarde. La enfermedad que se asocia con el éxtasis sensible resulta extraña en un cetáceo, pero no tanto en uno aquejado de nostalgia mexicana. Keiko había cumplido veintisiete años, edad respetable para un ejemplar de su especie, pero el veredicto popular fue otro: murió de tanto extrañarnos.

Kidzania

En 1999 surgió el santuario del neoliberalismo que protagoniza este capítulo: la Ciudad de los Niños, también conocida por el maniático nombre de Kidzania. Quienes protestaron por las condiciones de vida de Keiko harían bien en reparar en el trato que los niños reciben en esta zona de esparcimiento. Si el pintor asume el trabajo como un juego, el visitante de la Ciudad de los Niños asume el juego como un trabajo.

Desde que Engels denunció la explotación infantil en las fábricas de Mánchester, el capitalismo no había encontrado una forma tan eficaz para aprovecharse de la niñez en nombre del progreso. La Ciudad de los Niños pertenece a una fase tardía del desarrollo capitalista, el bastión de los monopolios. Ahí ninguna marca compite con otra: todas tienen exclusividad en su ramo. Las hamburguesas son de McDonald's y los programas de Televisa. Esto ayudó a conseguir inversionistas interesados en hacer una "siembra de imagen" para que los niños crezcan con devoción por sus productos; sin embargo, es posible que los excesos del parque produzcan un efecto paradójico y ahí se incube a una generación de diabéticos globalifóbicos.

Como dije antes, hay una sede de Kidzania en Cuicuilco, muy cerca de una de las pirámides más antiguas del país, edificada hace más de cuatro mil años, cuando los asentamientos urbanos casi no existían. Esta parte sur de la ciudad se ha convertido en un emblema del desarrollo a lo loco. Ahí se alza Villa Olímpica, conjunto de edificios muy bien diseñados que albergaron a los atletas de los Juegos Olímpicos de 1968. Pero al lado se encuentran algunos de los edificios más horrendos de la ciudad, como el de Elektra y el de Teléfonos de México, el primero propiedad de Ricardo Salinas Pliego, también dueño de Televisión Azteca, y el segundo del megamillonario Carlos Slim. En esa zona se encontraba una fábrica de papel que despedía un agradable aroma a podrido. Por motivos ecológicos fue cerrada, pero no se convirtió en un parque, lo cual hubiera mejorado el medio ambiente, sino en un centro comercial del que forma parte la nueva Kidzania.

En 2005 fui a la sede original de ese negocio de la diversión, en Santa Fe. Visité el sitio con mi hija y dos de sus mejores amigos que, atraídos por el nombre de Ciudad de los Niños, esperaban encontrar una vida urbana alterna, con calles en las que venturosamente podrían pasear sin miedo. Pero no se trata de un espacio con casas y zonas a la intemperie, sino de un enclaustrado baluarte de la diversión. A lo largo de seis mil metros cuadrados, el parque se extiende como un puebo de plástico de dos pisos.

El acceso es un eficaz rito de paso: los visitantes llegan a un mostrador de American Airlines, como si fueran a emprender un vuelo, y reciben un cheque a cambio de su pago. El documento debe ser cambiado en un banco HSBC por la moneda local: los kidzos. A partir de ese momento, los niños pueden entregar kidzos para visitar juegos o recibirlos por trabajar en ellos. En este modelo económico sólo hay una actividad gratuita: la cárcel. No cuesta nada roncar en una de sus literas.

La ciudad ofrece setenta y cinco profesiones donde los niños se aproximan con mayor o menor veracidad a la vida de los adultos. Ser bombero es un trabajo ideal para alguien de cinco años, pues consiste en subir a un camioncito y jalar una campana; en cambio, ser reportero del periódico *Reforma*, donde yo colaboro, exige tener al menos once años, para hacer una entrevista y redactarla en una computadora que la imprime en primera plana.

Como las opciones laborales carecen de explicaciones, se pueden hacer colas de veinte minutos para un juego inapropiado. Pero esto es lo de menos: el atractivo del lugar no depende de un sentido lúdico, sino de las muchas opciones a las que *no* has llegado. El niño más aplicado puede practicar como mucho una docena de oficios: importa más lo que podría hacer que lo que hace. "¿Cómo será el hospital?", se preguntan los niños que salen del veterinario. El destino conservará su aura mágica en la medida en que no sea alcanzado.

En ese sistema social todas las tareas son empresariales, incluso las que se acercan al arcaico mundo del arte. Cuando mi hija y sus amigos descubrieron que había un teatro, corrieron con entusiasmo para participar en ese oficio sin logo. Pero la dinámica se sometía a las restricciones de la televisión comercial: se preparaba un *show* donde todas las niñas serían modelos y todos los niños payasos. Mientras las musas no lleven en su pecho el escudo de una franquicia, el arte no interesará en Kidzania.

En 2005 cada familia gastaba unos ochenta dólares por sus cinco horas ahí; sin embargo, muy pocas parecían provenir del próspero territorio de Santa Fe. "Nosotros preferimos ir a Disney World", me dijo una amiga que vive en la zona.

México es un país de castas: tu aspecto revela tu intención de voto, tu grado de escolaridad y el tipo de iglesia a la que vas o dejas de ir. Quienes llenaban los pasillos y los locales de comida rápida en la Ciudad de los Niños parecían empleados de nivel medio del gobierno con aspiraciones de mejoría, gente que peregrina a Santa Fe como a un Lourdes del consumo.

Kidzania es una *paideia* para que los hijos de la vacilante clase media se eduquen como seres corporativos. A ninguno de ellos le gustaría crecer para colocar *pepperoni* en una pizza Domino's, pero el fetichismo de la mercancía fomenta ilusiones de superación: si a los seis años jugaste a ser cajero, a los treinta serás gerente.

Ninguna modernidad prospera sin precedentes. En la Ciudad de los Niños también hay diversiones humildes y comunes: cochecitos de feria, una falsa pared de roca para ser escalada, un rincón con colchones donde se comprueba lo flexible que es la gente pequeña. Estos juegos son los menos frecuentados y los únicos que estimulan la repetición. "¡Venir acá para que saltes en un colchón!", le reprochó una madre a un niño que en verdad se divertía. De forma contradictoria, algunas "diversiones" en realidad son trabajos demasiado simples: la fábrica de dulces es el sitio aburrido donde entregan una paleta insípida y dos sobres de sabor para hundirla y convertirla en golosina.

A veces, los niños imponen un toque propio al trabajo: quienes juegan a pintar la fachada de una casa en beneficio de pinturas Comex escogen un delicioso color chicle bomba, lo combinan con trazos verde pistache y terminan satisfactoriamente manchados.

Aunque el mantenimiento de la ciudad es impecable, la mayoría de las palancas y los tableros con botones son meramente decorativos. Los padres no participan en otra actividad que la de vigilar a sus hijos. Aunque un recinto está reservado a los adultos, no me atreví a acercarme ni a diez metros. Aquel sitio representaba algo así como el club de los padres sin alma, que dejaban de supervisar a sus hijos.

La Ciudad de los Niños es un teatro donde triunfa el escenógrafo. El director y el dramaturgo resultan secundarios. Lo importante de la gasolinera es su aspecto reconocible: "Mira, hijo, una gasolinera", dice al verla un padre elocuente. Estamos en un horizonte laboral sin rendimientos, conflictos sindicales, estímulos o pérdidas, ni otra función que la apariencia.

Esto convierte a los padres en fisgones. Como cada atracción ocurre en un sitio provisto de ventanas, los adultos miran desde la "calle" con la ansiedad de quienes sólo participan a través del ADN. Bajo esta perspectiva, el parque temático podría llamarse el Zoológico de los Niños. Los protagonistas no se comportan como lo harían en libertad, pero tampoco como lo harían en un circo donde estuvieran amaestrados. Los presenciamos en un mundo intermedio, un encierro con reglas simples e inquebrantables: el *zoo* humano.

Hay casos excepcionales en los que el niño sí entra en contacto con una profesión. La clínica veterinaria se separa de lo meramente representativo. Sus animales son de verdad y está atendida por auténticos doctores que enseñan a auscultar gallinas. En cambio, el hospital de humanos, patrocinado por Johnson & Johnson, tiene cuerpos de plástico en las camas y propone el dudoso placer de rebanar un fémur que parece una refacción de bicicleta.

La invitación a jugar al trabajo en un país con 55.3 millones de pobres y altas tasas de desempleo representa una utopía compensatoria. No es casual que haya tenido éxito. En 2001 se inauguró una segunda Ciudad de los Niños en la industriosa Monterrey y en 2005 la franquicia se estrenó en Tokio, donde acaso represente un nostálgico regreso al capitalismo primitivo. De acuerdo con la expansión capitalista, la empresa ya se ha instalado en Portugal, India, Tailandia, Chile, Malasia, los Emiratos Árabes Unidos, Corea del Sur, Indonesia, Kuwait, Egipto y Turquía. Creada por el mexicano Xavier López Ancona, Kidzania encontró una mina de oro al transformar el trabajo mercantil en juego de niños.

Durante unos minutos mi hija visitó Walmart, principal supermercado de la Tierra. Ahí jugó a llenar un carrito con las diez mercancías permitidas, se las llevó a otra niña que trabajaba de cajera, revisaron la compra con un lápiz óptico y hubo que devolverla en la entrada. Este ejercicio puede ser divertido para un ama de casa de cuatro años. Como mi hija ya tenía seis, esperaba algo más.

Poco antes de que la megafonía nos instara a salir, un niño pasó junto al dulce que mi hija había "fabricado" en uno de los juegos y quiso robárselo. Lo perseguí y me encaré con él. Durante unos segundos cruzamos miradas de furia. Tal vez él se interesaba menos en el dulce que en vulnerar el ordenado entorno con una conducta azarosa. Por mi parte, yo deseaba volver a ser un padre real. Nos miramos con odio primitivo. Él soltó el dulce sin decir palabra ni pedir disculpas. Lo recogí con intensidad patrimonial. No hacían falta explicaciones. Volvíamos a luchar en el ámbito espontáneo de la tribu.

Durante la visita llevamos brazaletes en la muñeca con un chip que nos unía. Ningún otro padre podía llevarse a los tres niños que yo portaba. Esta protección es decisiva en un país donde una de las principales industrias es el secuestro. Sin embargo, había algo incómodo en ese enlace cibergenético, no sólo porque dos de los niños no eran "míos", sino porque nos afiliaba al criterio dominante del lugar: la serie y la cadena. Cuando un empleado me quitó el brazalete con unas pinzas, me sentí como un esclavo liberado.

Al salir, la sabiduría china nos reconcilió con las formas del mundo. Los tres niños quisieron el mismo juguete: un tubo translúcido cuya función era emitir luces. Después de desempeñar numerosos oficios, querían algo garantizadamente inútil. "Made in China", leí con satisfacción. Antes de abandonar el estacionamiento, los tres juguetes ya se habían roto. Los chinos saben cumplir: mientras otros diseñan agobiantes utopías, ellos venden promesas que duran poco.

Si la Ciudad de los Niños disuelve el cuento de hadas en el que se fundan los demás parques temáticos para sustituirlo por la hiperrealidad del trabajo, las baratijas chinas permiten volver a la primigenia gratuidad del juego.

En el largo trayecto a casa, mi hija y sus amigos se divirtieron más que en Kidzania con sus juguetes rotos.

LUGARES: UN METRO CUADRADO DE PAÍS

¿Cómo se mide la importancia de una noticia? El invento del tenedor pasó inadvertido y el de la servilleta sólo se recuerda porque algunos lo atribuyen a Leonardo da Vinci. ¿Podemos vincular el gran trazo de la historia con los episodios nimios que también nos afectan?

Desde el punto de vista informativo, la realidad nacional es un sitio donde se dispara. El crimen integra un relato sólo interrumpido por algún escándalo. ¿Es posible vincular las noticias con nuestra percepción cotidiana del entorno?

Al modo de quienes escriben el nombre de la amada en un grano de arroz, me gustaría resumir la primera plana de un periódico en este texto. El tema del día es el precio del maíz, talismán de nuestra cultura. Según recuerdan las ciclópeas mazorcas pintadas por los muralistas, Mesoamérica debe su origen al maíz. Actualmente, el grano predilecto de la cosmogonía prehispánica se ha convertido en producto de importación. A esto se añade el problema de traer maíz transgénico, que requiere de una supervisión que no se cumple. ¿Nuestros descendientes comprobarán que comimos tortillas con una masa tan dañina como el ántrax o el polonio? Pasemos a los protagonistas de la historia: productores, importadores, distribuidores, autoridades del ramo. Todos coinciden en que, si sube el maíz, todo lo demás debe subir. De manera extraña, ninguno de ellos considera que, si baja el precio de la tortilla, todo lo demás debe bajar. El emblemático grano sólo parece influir en un sentido. Como los declarantes desean ser optimistas, afirman que un precio tope es posible. ¿Por qué entonces la tortilla se valora en una subasta antojadiza? ¿Cuál es el origen del problema? Aquí aparece un personaje con claro nombre de villano: el etanol. Estados Unidos nos vende menos maíz del que necesitamos porque dedica buena parte de su producción a hacer gasolina de etanol. Esto amplía el problema y agrega variables como la dependencia estructural de nuestra economía, las iniciativas que otros países sí tienen en materia de fuentes alternas de energía, el calentamiento global, la importancia del Protocolo de Kioto, la ausencia de nieve en el invierno europeo... En suma: para que la noticia del maíz fuera tratada con rigor, debería haber ocupado la extensión de una monografía del tamaño de una novela de Tolstói.

Estamos condenados a cubrir noticias parciales, fragmentos de fragmentos. Mientras más imperfectas son las sociedades, más obvios son los temas insoslayables: el asesinato, el escándalo, el desfalco, el fraude...

¿Queda un espacio en las noticias para la aventura de lo ordinario? Limitaré mi análisis a un metro cuadrado del país. Me detuve en la esquina de Miguel Ángel de Quevedo y avenida Universidad. En el camellón no había gente ni sucesos. Quedaba algo del pasto original, manchones verdes cubiertos de polvo. Lo demás eran restos. Vi un zapato de niña muy usado, uno de esos zapatos que incluso nuevos delatan pobreza, un zapato hecho con apuro y mala paga por un chino desesperado. ¿Por qué estaba ahí? Pensé en los niños que pasan la mayor parte de su infancia en la cuneta de una calle mientras sus padres tratan de vender chicles. ¿Había muerto la portadora de ese zapato?, ¿un golpe de suerte le permitía tener otro mejor?, ¿ya no le quedaba? Al lado, vi la caja de una muñeca Barbie. Tal vez había una conexión entre la caja y el zapato, usados por la misma niña. Ciertos dobleces en el cartón me hicieron suponer que la caja no había sido un estuche: había sido el juguete.

Una lata de refresco, un empaque de comida para llevar, una cajetilla de cigarros daban cuenta de que en ese rincón de la ciudad los servicios de limpieza habían estado tan ausentes como la civilidad de los automovilistas. Hice a un lado los envases y advertí que formaban una primera capa de desperdicios; más abajo, hallé restos trabajados por el tiempo y las pisadas, trozos de trozos, noticias sueltas, un mosaico del deterioro. En una pestaña de cartón y en difusas envolturas reconocí algunas marcas, casi todas extranjeras. Estaba en un basurero para cosas venidas de Hong Kong. Miseria globalizada. Luego encontré un periódico local hecho jirones. Hablaba de un crimen de hace dos años que todavía no se había resuelto, como si las indagaciones siguieran la misma suerte que los desechos en el polvo.

¿Era posible mejorar ese sitio, plantar ahí el maíz que nos urge, crear una pequeña milpa en ese hueco ocioso? Pocas cosas deprimen tanto como mirar con atención un metro cuadrado del país. Lo más dramático es que la sensación de desorden y despojo que transmite ese lugar puede aplicarse a muchos otros sitios. Nuestro más habitual uso de suelo es ése.

Los descendientes de los hombres del maíz somos depositarios de un basurero en el que ni siquiera producimos lo que desechamos. La portada del periódico que quisiera resumir es ésa: un metro cuadrado de país, una metáfora de las noticias que no circulan por parecer pequeñas y, sin embargo, definen lo que somos.

Pensé en Ulises, el hombre cuya hazaña no fue otra que volver a casa, y seguí con mi camino.

CEREMONIAS: ¿CÓMO SE DECORA LA CIUDAD? DE LA IMAGEN FUNDADORA A LA BASURA COMO ORNATO

Nuestra megalópolis debe su existencia a una imagen aparecida en el transparente aire de los dos mil doscientos metros de altura. Todo comenzó lejos del Valle de Anáhuac, en las húmedas cuevas de la era prehispánica, cerca de la costa del Pacífico, donde ahora es Nayarit. De acuerdo con el mito, los fundadores perseguían un emblema para levantar su ciudad: un águila devorando una serpiente.

Lo más interesante es que esta historia se construyó de manera retrospectiva para darle mayor relevancia simbólica a la fundación de Tenochtitlan. Elementos muy significativos se condensaban en la imagen que se convertiría en nuestro escudo nacional: el águila que devora una serpiente, único emblema patrio que es un acto de depredación.

El antropólogo Alfredo López Austin ha encontrado rastros de esta historia en narraciones contemporáneas de los indios huicholes de Nayarit. El enfrentamiento entre los animales representa la pugna del Sol (cuyo avatar es el águila) por dominar el agua (cuyo avatar es la serpiente). Esa lucha permite la fertilidad.

Según la leyenda, los aztecas encontraron la escena en un islote del lago de Texcoco, en el Valle de Anáhuac. Sobre un nopal, el águila desayunaba. Para matizar esta violencia fundadora, la más célebre canción que se refiere a nuestro escudo y que lleva un título gastronómico, "Me he de comer esa tuna", incluye estas estrofas:

La águila siendo animal
se retrató en el dinero.
Para subir al nopal
pidió permiso primero.

La letra captura la hermética cortesía mexicana. El ave de rapiña solicita licencia para subir al cactus a liquidar a la víbora. Mata sin deponer su amabilidad. Así se inicia una larga tradición en que los agravios no impiden la buena educación y se asesina de usted.

Siempre de acuerdo con la leyenda, el pueblo que buscaba el triunfo del Sol venía de Chicomoztoc, 'lugar de las siete cuevas'. En las cosmogonías prehispánicas, ni el principio ni el fin ocurren a la intemperie. El origen suele ser representado por una gruta y la muerte por el inframundo. Lo que ocurre en medio, la vida breve, es el lapso del Sol. Nada más lógico que una tribu que procedía de una cámara oscura buscara una imagen luminosa.

Fiel a esa tradición fotosensible, el pueblo nahua, que los fuereños llamarían *azteca*, edificó su capital donde encontró la imagen fundadora, a cientos de kilómetros de su cueva original, en el brillante altiplano.

Se ha concedido más peso histórico a ese emblema que a la acción que representa. No nos interesa lo que sucede (la depredación); nos interesa que haya sucedido. Aunque no están en buenos términos, el águila y la serpiente comparten un momento bronco, pero "nuestro", en que la patria es una unión de los contrarios. Lo que vino después, la digestión voraz, no se menciona.

De esa convulsa estampa deriva la ciudad. El águila y la serpiente ofrecían un fiero vaticinio: el Sol se comería el agua. Entender la escena implicaba arrepentirse de ella. El ecocidio posterior se anunciaba en ese mínimo bestiario.

El escudo sirve de adorno cívico en la papelería oficial, las monedas y el monumento que se alza a un costado de la Plaza de la Constitución, junto a la Suprema Corte de Justicia. ¿Qué otros elementos decorativos provienen del mundo prehispánico?

El centro simbólico del Museo Nacional de Antropología es el calendario azteca. Sus glifos miden *ataduras de años*. ¿Qué podemos leer en ese disco mineral? "Horas de luz que pican ya los pájaros, / presagios que se escapan de la mano", escribe Octavio Paz en *Piedra de sol*, la cadena de endecasílabos blancos con que busca actualizar el tiempo azteca.

Ávida de presagios, la mirada moderna pacta con los designios circulares del tiempo mítico. En nuestra cultura, lo grandioso es algo que regresa. Numerosos monumentos y edificios de la ciudad remiten a la cultura prehispánica. El caos cotidiano y la progresiva desurbanización adquieren así un simulacro de orden. Todo es un desastre, el autobús no llega, la calle se encharca, el asaltante está a la vista, pero una greca en una fachada indica que eso es "histórico". La zona de desastre no mejora con ese signo, pero adquiere grandeza trágica al asociarse con una época anterior, lejanamente esplendorosa. Saber que el presente es una degradación de algo que en su día fue magnífico brinda un consuelo melancólico, la nostalgia de lo que no se tuvo.

¿Qué imágenes definen la ciudad actual? Con frecuencia, las megalópolis se extienden en paisajes difíciles de asociar con la noción de "lugar". En ciertas zonas, las "señas de identidad" son logotipos de neón. Sabes que avanzas porque ya viste tres veces la *m* parabólica de McDonald's. Al respecto escribe John Berger:

> Las marcas y los logotipos son los toponímicos de Ninguna Parte. También se utilizan otras señales que indican Libertad o Democracia, términos robados a periodos anteriores para crear confusión. Antiguamente, los defensores de la patria utilizaban contra los invasores una técnica que consistía en cambiar las señales de la carretera; así, la señal que indicaba "Zaragoza" acababa mostrando la dirección opuesta, "Burgos". Hoy no son los defensores sino los invasores extranjeros quienes cambian las señales para

confundir a los locales, confundirlos sobre quién gobierna a quién, la naturaleza de la felicidad, la dimensión del duelo o dónde se encuentra la eternidad.

La reconversión del ciudadano en cliente hace que enfrente la urbe como una red de tiendas y logos reconocibles. El tejido simbólico depende del consumo.

En medio de esta deslocalización, los detalles históricos de la Ciudad de México (el águila y la serpiente, los símbolos prehispánicos, las geometrías del arco triangular maya y las grecas teotihuacanas) remiten a una edad desaparecida.

De pronto, una oficina piramidal con vidrios de espejo interrumpe el trazo urbano. Poco importa que ese triángulo de cristales parezca un delirio futurista de Asia Menor: toda reminiscencia arqueológica, así parezca un zigurat de Mesopotamia, debe ser vista como "nuestra".

Lo mismo sucede con los diseños de color rosa mexicano, tonalidad que nunca favorecemos en lo que compramos, pero que una asentada retórica del gusto nos obliga a interpretar como seña de identidad.

Los bajorrelieves de inspiración prehispánica no llegan a configurar un estilo arquitectónico moderno; sugieren, a manera de paliativo, que la expansión urbana, por caótica que sea, "nos pertenece". Casi siempre se trata de fragmentos decorativos que se mezclan con otras referencias históricas. De este modo, el nacionalismo ornamental combina fuerzas históricamente enemigas: basamentos aztecas, las tres cruces del Gólgota, estatuas de caudillos revolucionarios que combatieron entre sí. Si la mezcla resulta abigarrada es porque nuestra tradición es demasiado rica para parecer sencilla.

La imaginación popular entiende el paso del tiempo de otro modo. No busca el legado, sino el desecho. André Le Nôtre, arquitecto de los jardines de Luis XIV, solía decir: "El caos es bienvenido, siempre y cuando se ajuste al presupuesto". La inventiva callejera no somete sus deseos al sentido de orden. Con creatividad voraz, asume el deterioro como una vasta posibilidad decorativa y transforma el entorno con placer escenográfico. No aprovecha signos o detalles de "elegancia"; se concentra en el desecho; recicla lo que ya no sirve o nunca sirvió, lo inútil que nos gusta.

En *Ornamento y delito* comenta Adolf Loos: "A medida que la cultura se desarrolla, el ornamento desaparece de los objetos cotidianos". En las civilizaciones primitivas, la artesanía se confunde con el arte. El caprichoso ángel del progreso hace que la estética se especialice: una lata para conservar sopa se aparta por completo de la pintura digna de figurar en un museo, hasta que llega Andy Warhol y el objeto vuelve a confundirse con el arte.

La Ciudad de México es intensamente warholiana. Aquí los objetos cotidianos existen para convertirse en ornamentos. Lo significativo en la cadena de desgaste es que el resultado final sirva de adorno. Para que esto suceda, hay que tener sentido ecléctico de la decoración y asumir que todo utensilio mejora al despojarse de su uso.

El desecho decorativo

En cualquier estacionamiento público capitalino se encuentran insólitos altares de la posmodernidad: una pantalla de televisión con una guirnalda de focos de árbol de Navidad y la cabeza de un muñeco en la antena (el rasgo estético es que la televisión no funciona, pero los focos sí). Resulta simplista decir que la ciudad es una galería espontánea de instaladores. Los desechos reconvertidos en adornos no están ahí para desestabilizar la mirada y romper la autonomía del arte; pertenecen al modo clásico: aspiran a perdurar, librados de su función original.

Los capitalinos hacen suya la calle en la medida en que la alteran y dejan ahí su huella. Rara vez estos gestos se inscriben en una estética codificada por el arte moderno. Su principio rector consiste en hacer acto de presencia. Alguien proclama: "Estuve aquí", deja una impronta, como las manos rojas en las ciudades mayas o las huellas de pies en los códices nahuas. Un testimonio de que el espacio pudo ser atravesado.

Lo primero que veo al salir de mi casa es una instalación azarosa: un cable de luz del que cuelga un par de zapatos. En la siguiente calle, un rectángulo de césped ha sido cubierto por botellas de plástico llenas de agua que protegen de las intenciones escatológicas de los perros; un poco más allá, el tronco de un árbol está tapizado de chicles. Salir a la calle significa entrar en contacto con una extraña pasión decorativa.

"Viena está siendo demolida en gran ciudad", escribió Karl Kraus. A pesar de esta queja de Kraus, Viena es hasta la fecha una ciudad burguesa ordenada y conservadora, o al menos lo es en comparación con otros sitios que han cambiado tanto como las arenas del desierto.

Territorio edificado sobre ruinas para producir más ruinas, la Ciudad de México no acaba de ser demolida en gran ciudad. En todas partes surge el estruendo del taladro o la picota, y la mayoría de las veces resulta imposible saber si se edifica o se destruye. En el aire vuelan corpúsculos de cal, trozos leves de lo que fueron casas, columnas, estatuas, vecindades.

No es necesario moverse para mudar de escenario. La ciudad migra hacia sí misma, se desplaza, adquiere otra piel, una máscara en espera de otra máscara.

En este teatro de las transfiguraciones, el gusto se opone a lo transitorio para imponer su voluntad en la marea de los desechos. La pieza suelta, desprendida de su uso original, adquiere la segunda vida del adorno. Ninguna artesanía se practica tanto en Chilangópolis como el reciclaje.

De pronto descubres un burro de planchar al que le han encajado herramientas, como si se tratara de un toro ante el suplicio de las banderillas. La pieza parece una cruza de Gabriel Orozco (que colocó burros de planchar en azoteas de Holanda) y Abraham Cruzvillegas, que ha creado series con los elementos que se utilizan para la "autoconstrucción". Si se exhibiera en Documenta o la Bienal de Venecia, el "burro herido" pertenecería al arte conceptual y se entendería como una sugerente desestabilización de los objetos cotidianos. En la Ciudad de México forma parte de la costumbre, pues el entorno se parece mucho a esa instalación. Orozco y Cruzvillegas no son ajenos a esta forma de mirar la urbe. Sus piezas permiten que entendamos los objetos de otro modo y encontremos en ellos una intención creativa que acaso sólo se debe al accidente y a los caprichos de nuestra vista. La naturaleza imita el arte en la misma medida en que el arte nos permite saber que eso sucede.

La abigarrada reunión de restos decorativos es una constante en la ciudad hiperactiva y precaria donde todo se destruye, pero nada se abandona. Lo que se arruina sirve de adorno. El simple gesto de juntar cachivaches revela el placer de intervenir en el orden de las cosas. A propósito de la pasión por colocar piedras de modo caprichoso, comenta John Berger: "En todas partes una piedra toca otra piedra. Y aquí, en este suelo cruel, uno se acerca a la cosa más delicada: una manera de colocar una piedra sobre otra que irrefutablemente anuncia un acto humano como distinto del azar natural". Marcar un sitio con una piedra es una forma de convocar una presencia. Un guijarro es la primera sílaba en la gramática del mundo.

Las instalaciones espontáneas dependen menos de una voluntad artística que de un afán de expresar identidad. Aunque alguien decide que eso se ve bien (o "bonito"), su motivación esencial consiste en convertir la basura en seña de identidad y pertenencia.

Como el embalsamador o el taxidermista, el instalador accidental hace que el desperdicio se sustraiga al trabajo demoledor del tiempo; inventa objetos mixtos, desordena en forma personal el caos y lo transforma en algo propio e incluso íntimo.

¿Qué sentido del gusto pone en juego? El chilango afecto a lanzar zapatos a los cables de luz no piensa en la belleza intrínseca de sus materiales; se acerca, por un lado, al artista barroco que odia el vacío y distorsiona lo existente hasta sus últimas posibilidades y, por otro, al posmoderno que incorpora citas del pasado (lo que ocurrió de otra manera vuelve como fragmento, ensamblaje de tiempos que dialogan entre sí).

Esta cultura del ornato no depende de tradición estética alguna ni puede someterse a la crítica en curso. Sencillamente, pone en juego las posibilidades que lo imperfecto tiene de perdurar. Lo inservible, lo que no da para más, se transforma en signo, presencia que acompaña, talismán tribal. Por vía del azar, el instalador logra uno de los propósitos centrales del arte: el objeto único.

En los baluartes del consumo, los coches último modelo y las ropas de lujo crean un espejismo de singularidad. Se proponen como "exclusivos", pero rara vez lo son. Al respecto comenta Juan José Saer: "La minuciosidad obsesiva de ingenieros y diseñadores pretende en vano crear la ilusión del modelo exclusivo, llegando apenas a concebir ligeras variantes del prototipo". Por el contrario, el desgaste hace que los vehículos y las ropas comunes se revistan de curiosa personalidad: "Un viejo camión de la llanura adquiere, por las vicisitudes de su propia evolución, ese estatuto de objeto único que es la finalidad principal del arte", agrega Saer. Las abolladuras, las calcomanías, los letreros, el volante forrado de peluche, la cola de castor en la antena y, sobre todo, las heridas del tiempo en la carrocería cargan de significado al viejo camión. En cambio, el bruñido modelo que se exhibe en un escaparate carece de otras señas de identidad que las planeadas por el diseñador: un producto de catálogo, incapaz de peculiaridad, afiliado a la serie, así se trate de una edición para coleccionistas.

Galería de galerías, la Ciudad de México se alza sobre basamentos prehispánicos y practica a diario la arqueología exprés de la chatarra: lo que se rompió ayer se sustrae a la cronología, queda al margen del uso y cumple la función, posiblemente eterna, de ser visto. "Un televisor recién salido de la fábrica resume el conformismo servil de nuestra época", continúa Saer: "pero uno hecho pedazos junto a un tarro de basura revela la vacuidad irrisoria del mundo". El instalador accidental convierte la basura en un retablo duradero que comenta la fugacidad del entorno. No pretende violentar la tradición, sino afianzarla. Anticuario del instante, sabe que la única costumbre urbana perdurable es el residuo. Su inventiva se pone al servicio del rescate y la conservación.

Vista desde las alturas, la Ciudad de México es una mancha urbana; vista desde la cercanía más próxima, un muestrario de destrozos. Ciudad sin forma, encuentra sentido en la deformación: el aparato descompuesto, el cristal resquebrajado, la piedra pintada de amarillo, la fila de botellas vacías encajadas en las varillas de una azotea.

Las calles de la ciudad son un estacionamiento que a veces se mueve. Nada más lógico que los cementerios de automóviles parezcan unidades habitacionales. En una instalación accidental captada por el fotógrafo Francisco Mata Rosas, los coches se encaraman unos sobre otros como edificios del futuro.

Los zapatos en los cables de luz ofrecen otra parábola del tránsito. Como en las calles no hay salida, los últimos pasos deben darse en las alturas. Los zapatos muertos alcanzan ese anhelado más allá, el paraíso donde el paseante pisa el cielo.

La apropiación de los detritus se desmarca de la tradición oficial, que se prestigia con reconocibles signos del pasado, pero comparte con ella la idea de que el desgaste adorna. El discurso nacional pone en piedra restos de tiempo (incorpora las ruinas a lo nuevo o las imita con otros materiales); por su parte, la reapropiación popular descubre el perenne valor de la chatarra (de manera emblemática, uno de los apodos cariñosos del Distrito Federal fue Detritus Federal). El sabor de un chicle no dura ni una hora, pero el árbol tapizado de chicles demuestra que la vida útil de un objeto no se compara con su posteridad como desecho.

La ciudad se desintegra para adornarse. "Nuestra época asocia la belleza a la desaparición", ha dicho el escritor Guillermo Fadanelli. No se refiere a la evanescente condición cinemática que Paul Virilio advirtió en las macrópolis contempladas desde los medios de transporte, sino a la extinción como forma del arte. En nuestra fantasmagoría urbana, desaparecen los sitios pero no los adornos.

Adornos ambiguos: Tláloc, la Virgen de Guadalupe, el Ángel de la Independencia

El uso de la nomenclatura azteca revela que la ciudad puede ser conquistada, pero no entendida. Los nombres nahuas prestigian el caótico presente con la sugerencia de que en algún momento hubo un modelo previo y comparten espacio con apellidos de los siglos XIX y XX que en su mayoría aluden a la sangre derramada.

Los héroes más reconocibles se reparten por el espacio con un criterio de *hit parade*. Un prócer importa si se repite.

La revuelta toponimia urbana genera la misteriosa seducción de lo ilocalizable. Para no quedarse atrás, nuestra estatuaria es nómada: la Diana Cazadora, la efigie de Cuauhtémoc, los Indios Verdes y el monumento ecuestre de Carlos IV han cambiado varias veces de ubicación.

¿Qué símbolos perduran en este escenario movedizo? Tres efigies aspiran a la incesante novedad del mito: la Virgen de Guadalupe, la estatua de Tláloc y el Ángel de la Independencia. En todos estos casos se trata de talismanes fantasmáticos.

Los datos sobre la aparición de la Virgen son tan endebles que han sido cuestionados por la propia jerarquía eclesiástica. En 1996 el padre Guillermo Schulenburg, quien había sido durante treinta y tres años abad de la Basílica de Guadalupe, puso en duda la existencia de Juan Diego, testigo de la revelación y santo mexicano. Sin embargo, el ocasional racionalismo de la Iglesia no ha mitigado un culto cuya única evidencia es su propia fe. Guadalupe existe porque nueve millones de feligreses la visitan el 12 de diciembre y porque buen número de cantinas y farmacias, y hasta un aceite de cártamo, se amparan en su nombre.

La Virgen Morena es una deidad ajena que interpretamos como propia; tiene un nombre árabe, Guadalupe ('río de amor', según Gutierre Tibón) y se posa sobre una media luna. Su misión original parece haber sido la de pacificar a los pueblos del Cercano Oriente, pero encontró mejor acomodo en México. No la vemos como lo que pretendió ser en un origen, un espejo para convertir a los musulmanes, sino como nuestra patrona, la mujer indígena que apareció ante Juan Diego.

Otro mito que trabaja horas extra pertenece al mundo prehispánico: el de Tláloc, dios de la lluvia. Su estatua afuera del Museo Nacional de Antropología es la más contundente presencia del legado prehispánico en la ciudad. Esa mole sin más adorno que unos aros de piedra parece representar a un superhéroe de ciencia ficción. Cubierta de verdín ante un estanque de agua, lleva en la frente los restos de un grafiti. Alguien quiso escribir ahí la palabra *Tláloc*. Una placa colocada por las autoridades informa que se trata de la deidad del agua.

Recuerdo el día en que arribó a la Ciudad de México. El 16 de abril de 1964 yo tenía ocho años y salí a la calle con mi padre a ver la llegada del monolito. En vez de seguir una ruta directa al museo, Tláloc dio un rodeo de campeón olímpico. Lo vimos pasar en un camión acondicionado para un dios extragrande. Naturalmente, ese día llovió mucho. Mi padre me dijo que lo mismo había sucedido en los pueblos que Tláloc recorrió en su camino a la capital.

Por su dimensión colosal, la pieza resultó perfecta para expandir la influencia del museo a la calle. A partir de su llegada, nuestras tormentas tuvieron una causa. En 2004, Armando Ponce, reportero de la revista *Proceso*, mostró que hemos creído en el dios equivocado. El monolito no representa a Tláloc. Hasta la fecha, se desconoce su especialidad divina. La idea original era colocar una cabeza olmeca en la explanada del museo, pero cuando el presidente Adolfo López Mateos vio la maqueta del museo, pensó que esa pieza era demasiado pequeña para ser apreciada a la distancia por los transeúntes y los automovilistas ("Parece una pelota de golf", comentó). Los arquitectos inventaron un dios a su medida.

¿Cambió el prestigio del coloso cuando se descubrió su historia como deidad de contrabando? Por supuesto que no. Después de décadas de soportar la lluvia ácida, se ha convertido en el Tláloc que nos gusta.

¿Y qué decir del Ángel de la Independencia? Estamos ante un monumento que confirma nuestra capacidad de ser bizantinos, o por lo menos bastante confusos. Según la leyenda, mientras los otomanos se acercaban a Bizancio, los sabios del lugar perdían el tiempo discutiendo acerca del sexo de los ángeles. En consonancia con esa costumbre, la imaginación popular capitalina ha mistificado el sexo de la dorada figura que en la cima de una columna rompe las cadenas de la dependencia. Nacida como diosa, se transfiguró en ángel.

En 1910, el gobierno de Porfirio Díaz quiso celebrar el Centenario de la Independencia con un símbolo triunfal, una columna inspirada en la de Trajano, en Roma, y la de la Victoria, en Berlín. Arriba de ella se colocó una Victoria alada, la Nike de la mitología griega (la misma que ampara la popular marca de zapatos deportivos y cuyo logotipo es una versión estilizada de una de las alas de la diosa). A propósito de este tema escribe la helenista Ericka Castellanos Moreno:

> Esta figura alegórica era muy venerada en la antigua Grecia, y se utilizaba como sobrenombre de Atenea (diosa, entre otras cosas, de la guerra y su estrategia). Cuando emprendían una batalla, la llevaban al frente de sus embarcaciones, para demostrarle al enemigo que ahí viajaba un ejército victorioso y que la victoria "los acompañaba". Su representación con alas es una clara alusión a que la victoria a veces está en un lugar y a veces en otro.

La Victoria que llegó a México tuvo un destino tan indeciso como el de la patria. En 1957 un temblor hizo que cayera por los suelos. No quedó entonces duda del sexo angelical: aun abollada por el golpe, la efigie mostraba los rasgos de una diosa. Pero, como en el caso de Tláloc, el ángel masculino ya se había instalado en la mente chilanga.

Cuando ocurrió ese terremoto, yo tenía seis meses de nacido. Desde entonces la familia contaría el chiste de que la Tierra se inconformó con mi llegada al mundo. Otro niño de aquel tiempo, entonces de cinco años, recordó el impacto de otro modo. Me refiero a Joe Strummer, hijo de un diplomático inglés destacado en México. A partir de ese incidente, los Strummer abandonaron el sitio impío donde los ángeles se desplomaban, pero el hijo crecería para fundar un grupo de rock digno de ese impacto: The Clash.

Total que el Ángel no es ángel, o en todo caso es un ángel trans, y México no es independiente. De manera apropiada, ahí celebramos a una selección que casi nunca gana. Aclimatada a nuestro país, Nike no rinde tributo a la victoria, sino a la divina incertidumbre.

En su calidad de adornos sagrados, la Virgen de Guadalupe, el Ángel de la Independencia y el dios del agua no dependen de otros motivos para existir que la devoción de la gente. Como el águila y la serpiente, son condensadores de sentido que no admiten indagaciones: leyendas traducidas a emblemas.

No es de extrañar que, en un lugar donde el desecho se transforma en adorno, los símbolos se transfiguren. Aquí los dioses en peligro de ser descalificados reciben la oportunidad del repechaje. Tláloc, monolito de origen nahua excavado en el Estado de México, se convirtió en un dios de emergencia por una iniciativa presidencial y adquirió valor gracias a la devoción de la gente. La Virgen destinada al Oriente se convirtió en nuestra deidad morena. Y, en su frágil pedestal, la Victoria alada se transfiguró en el *Angelus Novus* que, según Walter Benjamin, atestigua el devastador vendaval de lo que llamamos "progreso".

En la Ciudad de México, la versión original de una cosa representa el proyecto de algo que se deteriorará con interés.

TRAVESÍAS: EXTRATERRESTRES EN LA CAPITAL

La ciudad ha sido proclive a los contactos ultraterrenos propuestos por el catolicismo y las cosmogonías prehispánicas. Pero también a los del tercer tipo.

Es posible que la vecindad con Estados Unidos nos haya preparado para ser invadidos por la ultratecnología y para entenderla como una buena noticia. En nuestra álgebra de la dominación, ser conquistados por una potencia sideral puede ser visto como una extraña liberación del colonialismo. Además, estamos convencidos de caerles bien a los marcianos.

Según demuestra Laura Castellanos en su muy documentada investigación *Ovnis. Historia y pasiones de los avistamientos en México*, pocos países han estado tan pendientes de los extraterrestres como el nuestro. El récord absoluto de noticias de posible vida inteligente ocurrió en 1965, año en que los presuntos contactos ocurrieron casi cada tercer día. El ufólogo Carlos Guzmán comenta que la pasión alcanzó su clímax el 1.º de octubre, cuando se anunció un desfile de platillos voladores de la Villa de Guadalupe al Ángel de la Independencia. Laura Castellanos escribe al respecto:

> La información, difundida por la prensa y repetida por el conductor de televisión Paco Malgesto, había sido recibida telepáti-

camente por un pintor de brocha gorda llamado Clemente González Infante, que desapareció de escena después de dar su mensaje.
Aharon Aray Amath fue quien dio publicidad al asunto, y quien
hizo de portavoz del pintor, un joven que se presentaba como
presidente de la Asociación de Investigación Astrofísica [...] La
mañana anunciada, centenares de capitalinos, particularmente estudiantes, algunos con binoculares y cámaras, se dieron cita en la
Capilla del Cerrito de la Basílica de Guadalupe y en el Ángel de
la Independencia. Las horas pasaron, y nada. Los venusinos faltaron a la cita. En su lugar, la bulla juvenil animó Reforma. El periodista Guillermo Ochoa reseñó en *Novedades* que los estudiantes
se acostaron en la calle, jugaron a Doña Blanca; no faltó el que
molestó a las muchachas, se montó en los monumentos, pisoteaba
[*sic*] los jardines. Cincuenta policías intervinieron para establecer
el orden.

A la distancia, no sabemos qué es más improbable: la llegada de
los marcianos o que cincuenta policías impongan el orden en Paseo
de la Reforma. Lo cierto es que los mexicanos nos sentimos más có-
modos con los extraterrestres que con los uniformados.

De acuerdo con la arqueología *new age*, los extraterrestres ya estuvieron entre las tribus del comienzo. En Palenque, la efigie que
decora la lápida del rey maya Pakal II recibe el sobrenombre de Astronauta. El monarca parece suspendido en gravedad cero y manipu-
la mazorcas de maíz que semejan posibles instrumentos de control.

Mi generación recibió una intensa educación cósmica a través del
cine de luchadores y la revista *Duda*, cuyo inolvidable lema era: "Lo
increíble es la verdad". Evangelio de la otredad, *Duda* mostraba lo
cerca que estábamos tanto de los sumerios como de los alienígenas;
el pasado y el futuro se constelaban en una trama donde sólo lo raro
era verdadero.

Esta inversión de lo real —las apariciones como criterio de veri-
ficación— tuvo una decisiva influencia urbanística a mediados de los

años cincuenta del siglo pasado. El arquitecto Mario Pani, máximo desarrollador urbano de la época, concibió Ciudad Satélite, fraccionamiento para los capitalinos con vocación extraterrestre. La publicidad que invitaba a comprar un predio en esa zona mostraba a dos marcianos dispuestos a mudarse al paraíso suburbano al grito de: "¡Ciudad a la vista!" El arquitecto Luis Barragán y el escultor Mathias Goeritz diseñaron las Torres de Satélite como un espejismo para ser contemplado a la distancia. Cinco piezas romboides lograban que el concreto simulara la fragilidad del papel. El número de las torres fue elegido por un principio cabalístico. Para conciliar retóricas, se pintaron primero en rojo (porque debían ser anunciadas en los periódicos, que sólo imprimían en tintas negra y roja) y luego en los obligados colores "mexicanos", elegidos por el artista Chucho Reyes. Así se logró una traducción nacionalista, paradójicamente arcaica, del futuro. Este sutil artificio nos hizo sentir que ingresábamos, si no a la estratósfera, al menos a un set de la televisión japonesa.

Con el tiempo, los habitantes de Ciudad Satélite recibieron un nombre que se asociaba menos con los viajes espaciales que con una etnia: se convirtieron en *satelucos*. Como en tantas ocasiones, se asimiló la otredad alienígena al mundo prehispánico, espacio cultural donde nadie puede oír tu grito.

Mientras Ciudad Satélite se edificaba al norte del DF, la torre de control del aeropuerto avistaba ovnis por doquier. No es raro que los ufólogos vean platillos voladores dentro y fuera de su mente, pero sí que las autoridades reconozcan su presencia. En una crónica de Sergio González Rodríguez dedicada a revisar la copiosa bibliografía sobre México y los ovnis, Enrique Kolbeck, controlador aéreo del Aeropuerto Internacional Benito Juárez, afirma que ochenta por ciento de sus colegas cree en platillos voladores.

Hay testimonios grabados desde la torre de control de la lucha contra los extraterrestres. El 3 de mayo de 1975 el piloto Carlos Antonio de los Santos viajaba en su avioneta Piper PA-24 sobre el lago de Tequesquitengo, cerca de la capital, cuando fue privado de su autonomía de vuelo por la presencia de tres naves. Logró llegar sin aparatos al aeropuerto de la capital y manipular el tren de aterrizaje. Su diálogo con la torre fue grabado segundo a segundo. La explicación racional del suceso es que el piloto tuvo una crisis de hipoglucemia en las alturas. Pero todos los testigos prefieren la hipótesis de los ovnis.

También Laura Castellanos recoge el testimonio de Enrique Kolbeck. Con treinta años de experiencia en la torre de control del Aeropuerto Internacional Benito Juárez y estancias de trabajo en otros once aeropuertos, Kolbeck ha sido miembro de la mesa directiva del Sindicato Nacional de Controladores de Tránsito Aéreo. Poca gente cuenta con su autoridad para hablar del tema. Entre otros asombros, ha referido lo que ocurrió el 28 de julio de 1994 sobre el World Trade Center. A las nueve de la noche, un avión MD-88 de Aeroméxico, procedente de Acapulco, tomó el corredor aéreo para aterrizar en la ciudad, pero al pasar sobre el World Trade Center rozó otra nave que no pudo ser identificada. El contacto fue real porque se dañó el tren de aterrizaje y el piloto y los pasajeros atestiguaron el impacto. Aparentemente, la nave con la que chocó se hallaba suspendida sobre el edificio. El radar no registró su presencia, pero el filtro de eliminación de ecos fijos sí lo hizo.

Abundan los relatos de este tipo. El más mediático de los ufólogos, Jaime Maussan, ha informado del "ovni de Azcapotzalco", reportado el 14 de febrero de 2000 por seis policías que lo vieron sobrevolar el campo de futbol americano de la Vocacional 8.

En el desierto se suelen producir espejismos que muchas veces se confunden con signos paranormales. Algo similar ocurre en los parajes nocturnos. Lo peculiar es la cantidad de avistamientos que ha habido en los sitios más concurridos de la Ciudad de México. Una de las pocas ufólogas, Ana Luisa Cid, descubrió su vocación el Sábado de Gloria de 1997, cuando vio una esfera plateada en Río Churubusco.

En abril de 2004 el Ejército Mexicano expidió un curioso boletín avalado por el general Clemente Vega García, secretario de la Defensa: el avión Merlin C-26 del Escuadrón Aéreo 501 había tenido un encuentro con once objetos voladores no identificados. Los miembros de la tripulación, el mayor Magdaleno Castañón y los tenientes Germán Marín y Mario Vázquez, informaron que no hicieron contacto visual con los ovnis, pero que los percibieron a través de una cámara FLIR (*forward looking infrared*) que registra emisiones de calor. Para evitar suspicacias, el despacho aclaraba que la Fuerza Aérea no había podido precisar de qué clase de civilización se trataba. Acto seguido, el video fue enviado por la Secretaría de la Defensa al ufólofo Jaime Maussan. El general Clemente Vega García respondió así a un anhelo colectivo.

Dos años antes, en diciembre de 2002, el principal noticiero televisivo del país hizo una encuesta que mostró la predisposición del pueblo a ser mutante. Un par de preguntas permitió detectar la soluble identidad de los mexicanos. La primera era: "¿Es usted feliz?" En forma abrumadora, los encuestados confesaron que vivían en la desdicha. La segunda invitaba a una epifanía: "¿Le gustaría ser clonado?" Sin sombra de duda, el pueblo infeliz aceptó su deseo de clonación. Me atrevo a suponer que el misterio de esta segunda respuesta se debe a que la mayoría de la gente no asume la clonación como una copia de lo mismo, sino como una abducción hacia otro destino.

Tal vez por este motivo consideramos que un contacto del tercer tipo sólo puede beneficiarnos. "Estamos a mitad de la cadena de la evolución; para los seres de otros mundos somos lo mismo que las bacterias para nosotros", me dijo un taxista que ha sido testigo de ovnis. "He visto dos tipos de naves: ovaladas y esféricas. Sobre todo la esférica me parece muy evolucionada. Me gustaría que me llevara con todo y taxi. ¡Ya hasta dejé a mi esposa…!", señaló, dando otra prueba de que la abducción representa una superación personal.

Pocas veces la Secretaría de la Defensa da buenas noticias. Aunque no faltaron las burlas, aquel comunicado sobre el contacto con naves no identificadas fue recibido con entusiasmo, como si al fin el Ejército hiciera algo más útil que aplicar el Plan DN3 ante las catástrofes naturales y patrullara nuestros cielos en busca de una mejor relación con los extraterrestres.

El ufólogo mexicano-estadounidense Rubén Uriarte, autor de *Cruzamientos fronterizos del tercer tipo*, ha contrastado las distintas actitudes que en México y en Estados Unidos se tienen hacia los seres de otros mundos. Lo que a nosotros nos parece una bendición, al otro lado de la frontera se percibe como una amenaza. Laura Castellanos escribe sobre el ufólogo de dos mundos:

> Uriarte asegura que México es una especie de paraíso para alienígenas. En primer lugar, debido a su cultura abierta a lo espiritual y lo paranormal. Y si lo sabremos: el mito del regreso de Quetzalcóatl, viajero de las estrellas, le costó la Conquista a Moctezuma. En segundo, porque México no es un país invasor, por lo que el fenómeno no es visto como un riesgo militar. En tercero, porque pueden sobrevolar una ciudad como la capital mexicana y pasar inadvertidos. Y en cuarto, porque la riqueza geográfica y natural les permite investigar la vida terrícola a sus anchas.

De estas cuatro razones para ser queridos, me impresiona sobre todo la tercera: habitamos la extraña y avasallante ciudad donde los ovnis pueden circular sin ser vistos (aunque todo indica que, de tanto en tanto, alguien los descubre).

Para Marina Tsvietáieva, los fantasmas son "la condescendencia más grande del alma con los ojos": los espíritus que queremos ver.

La desafiante capital de México mejora como espectro. Imagen devorada por imágenes, sede de falsos dioses, territorio de direcciones ilocalizables, se extiende como una plataforma de bienvenida para los marcianos.

SOBRESALTOS: UN COCHE EN LA PIRÁMIDE

El exaltado Nostradamus vaticinó que para agosto de 1999 el mundo habría dejado de existir. Llegada la fecha, los mexicanos, tan afectos a la tragedia como espectáculo, nos pusimos nuestros mejores lentes para buscar catástrofes. ¿Qué signos terminales hallamos en el verano de nuestro descontento? El 20 de agosto un auto recorrió a toda velocidad las calles del Centro y quiso seguir por un hueco próximo al Templo Mayor. El piloto aceleró hasta advertir que su coche volaba rumbo a una pirámide azteca. Por un milagro quizás atribuible a Tezcatlipoca, dios de la fatalidad, el auto aterrizó sin daños sobre un templo y quedó como una rara ofrenda a los ancestros. El conductor que ensayó esta versión milenarista del sacrificio humano estaba ebrio y trabajaba de policía.

Los amantes de las casualidades raras pudieron comprobar que no era el primer Chevrolet que hacía ese periplo. Por extraño que parezca, otro coche de la misma marca había caído ahí en febrero de 1978.

Pero volvamos a 1999. A los pocos días del accidente ocurrió otro. Un oficial del Ejército atravesó en su coche la Plaza de la Constitución rumbo a las escaleras que conducen al metro, como si el subsuelo primigenio, custodio de las cosmogonías prehispánicas, tuviera un taller mecánico nocturno.

En el agosto de Nostradamus las fuerzas del orden se estrellaron contra la tradición. A primera vista, se trata de episodios comunes en un país donde el tequila puede decidir las ideas de los uniformados.

Analizados en detalle, esos choques brindan ejemplos rotundos de nuestra aniquiladora, y quizá fecunda, forma de mezclar culturas. La impunidad de fines del siglo XX cayó sobre las piedras donde los fundadores de la ciudad hacían sus ritos sanguinarios. Con toda razón, las autoridades de Antropología condenaron el atropello al patrimonio. La paradoja del asunto es que el bólido arrollador era un símbolo tan típico como el legado histórico que mancilló.

Para dar cuenta de su naturaleza híbrida, producto del mestizaje, la Nueva España escogió como uno de sus emblemas a Pegaso, animal criollo, mezcla de caballo y ave, que comunica la tierra con el cielo.

"Enrico Martínez afirma que la constelación que rige a Nueva España y en particular a la Ciudad de México es la de Pegaso", escribe el historiador del arte Guillermo Tovar de Teresa. El animal mitológico surgió de una fuente y la ciudad se alzaba sobre un lago: "Estos datos son útiles para entender la presencia del caballo alado en la fuente principal del Palacio de los Virreyes", añade el autor de *El Pegaso o el mundo barroco novohispano en el siglo XVII*.

La bestia alada se convirtió en símbolo de identidad. Para que los lectores del siglo XVII pudieran identificarlo como autor de la Nueva España, Carlos de Sigüenza y Góngora sugirió que las portadas de sus libros llevaran la efigie de Pegaso, junto al lema "Sic itur ad astra" ('así se va a las estrellas').

En agosto de 1999 el emblema criollo de la Nueva España cobró peculiar actualidad. El policía borracho que avanzó rumbo al Templo Mayor no pretendía viajar a las estrellas ni reciclar mitologías, pero su coche voló como una versión averiada de Pegaso.

La imprudencia de este incierto representante de la ley obliga a recordar que el Templo Mayor emergió a la luz del siglo XX por un gesto tan prepotente e irresponsable como el de conducir a ciento cincuenta kilómetros por hora junto al Palacio Nacional.

En su autobiografía —esa extraña vindicación del caos llamada *Mis tiempos*–, el expresidente José López Portillo afirma que comprobó el alcance de su poder cuando ordenó la aniquilación de una manzana de edificios coloniales junto a la Catedral para liberar los basamentos del Templo Mayor. Gracias a un mandatario dispuesto a confundir su investidura con los caprichos de su testosterona, el corazón de la Ciudad de México tiene una inmensa cavidad. El hueco dejado por las mansiones del Virreinato permitió que surgiera un pedregal azteca, expuesto a la lluvia ácida, que el arqueólogo Juan Yadeun, responsable de la zona maya de Toniná, describe como "una caries". La solución lógica hubiera sido optar por una restauración subterránea sin destruir la superficie, como la del Museo del Louvre o la que posteriormente se practicó a unos cuantos metros en el Centro Cultural de España, en cuyo sótano pueden verse los restos del calmécac, escuela de los nobles aztecas.

Pero la opción de mostrar en piedra la violencia destructora de la Conquista también tiene inteligentes defensores. El arqueólogo Eduardo Matos Moctezuma, director de las obras de rescate del Templo Mayor, ganó tal popularidad en la década de los setenta que la revista *Time* lo llamó Moctezuma III. Cuando el célebre templo dual de los aztecas se localizó a un costado de la Catedral, surgió la idea de reconstruirlo. Matos, que en su juventud trabajó en Teotihuacan, se ha referido con ironía a la excesiva restauración de las pirámides, que acaba por revelar una influencia tolteca, no por el legado de esa cultura, sino porque remite a Cementos Tolteca.

El arquitecto Pedro Ramírez Vázquez, ya mencionado en este libro como autor de grandes íconos de nuestra tradición (el Estadio Azteca, la Basílica de Guadalupe, el Museo Nacional de Antropología), deseaba ampliar su colección de espacios del poder con la remodelación del templo. El presidente López Portillo, que se identificaba con el dios ilustrado Quetzalcóatl y había escrito un libro al respecto, parecía favorable a la idea. Pero Matos lo convenció de ser fiel a la historia, mostrando la devastación causada por la Conquista.

Acompañé al arqueólogo a uno de sus espacios favoritos, bajo el subsuelo de la ciudad: un túnel que conecta el Templo Mayor con la Catedral. No es fácil seguir a alguien que se ha mantenido en forma durante décadas subiendo escalinatas y agachándose para pasar por túneles. Con el entusiasmo que le provoca hablar mientras camina, Matos narró la destrucción de la ciudad azteca y me condujo a una zona que queda más o menos bajo el altar mayor de la Catedral y donde una estaca que sirvió para la construcción del edificio se incrusta en una pieza prehispánica. El "encuentro de dos mundos", fórmula retórica que se usó para conmemorar la llegada de Colón a América, no fue pacífico:

—Aquí está la Conquista, maestro —Matos señaló la estaca en la piedra.

Después de dinamitar suficientes bienes raíces para equipararse a un virrey español o a un emperador azteca, José López Portillo hubiera podido exclamar, como el protagonista del poema "El presidente", de Jorge Hernández Campos:

> Yo soy el Excelentísimo Señor Presidente
> de la República General y Licenciado Don Fulano de Tal.
> Y cuando la Tierra trepida
> y la muchedumbre muge agolpada en el Zócalo
> y grito ¡Viva México!
> por gritar ¡Viva yo!
> y pongo la mano sobre mis testículos
> siento un torrente beodo
> de vida.

También el conductor que se incrustó en el templo de los sacrificios gritaba "¡Viva yo!" y sentía un torrente beodo de vida.

El Zócalo o Plaza de la Constitución es el sitio donde diversos tiempos se incriminan. El subsuelo recuerda que ahí hubo una laguna y hace que la Catedral barroca se incline como un barco escorado.

Junto a los barandales del Templo Mayor, tecnoindígenas danzan al compás de las chirimías, los atabales y la música que sale de un *ghetto blaster*. Algunos llevan camisetas que rinden pleitesía a las potestades del rock pesado. En la banqueta de la Catedral, los plomeros y carpinteros desempleados ofrecen sus herramientas en espera de que alguien les dé trabajo. El México azteca, español y criollo se confunden en el Zócalo. Inaugurado en 1796 con una corrida de toros, el sitio debe su nombre al pedestal que durante cuatro años aguardó a ser completado por la estatua ecuestre de Carlos IV. La población se acostumbró a referirse al sitio como *el zócalo* (por extensión, a las plazas centrales de otras ciudades del país también se les dice *zócalos*).

Curiosamente, la estatua misma no se asocia con ese nombre. Es conocida como *El Caballito*. Obra del arquitecto y escultor Manuel Tolsá, que también diseñó la Catedral, ha tenido el destino de un caballo de ajedrez. Ocupó el centro de la actual Plaza de la Constitución y después de la Independencia desapareció de ahí. Se rescató en 1822 y fue colocada en el patio de la universidad. Mi generación la conoció en Bucareli y Paseo de la Reforma, "la esquina de la información", donde se concentran algunos periódicos. A partir de 1979 llegó a su actual ubicación, en la Plaza Tolsá, frente al Palacio de Minería.

El Caballito ha llevado una vida tan agitada como la de Pegaso, pero carece de la ambivalencia criolla que simboliza nuestra identidad. En cambio, el auto en la pirámide ofrece una metáfora contemporánea de ese emblema: no voló a las estrellas, pero se instaló en su templo.

Lo más típico del México actual es el criollismo *thrash metal*, el sincretismo que garantiza la aniquilación de todos sus componentes.

Gracias a un choque comprendimos que en una ciudad congestionada el último lugar de estacionamiento es la cima de una pirámide.

Lugares: El punto de encuentro

Tengo motivos para creer que México ha ingresado al desarrollo. Hubo una época primitiva en que llegabas a una terminal de autobuses y tenías que localizar a alguien entre vendedores de cacahuates y pasajeros de a montón. En los años setenta, yo buscaba a mi padre por sus patillas, esperando reconocerlas en la indiscriminada multitud.

Gracias a los inventos del urbanismo, los mexicanos podemos encontrarnos a nosotros mismos en los más variados lugares. Se ha puesto de moda que los espacios públicos tengan un original dispositivo: un cuadrado color verde donde cuatro flechas confluyen en un círculo blanco. La primera vez que lo vi pensé que se trataba de un anuncio de aspirina. Nada de eso. Estamos ante uno de los pocos logotipos que no responde a los imperativos de la publicidad. Por si uno se pregunta para qué sirve, un letrero informa: "Punto de encuentro".

Hay empresarios tan orgullosos de este recurso que lo incluyen en sus folletos publicitarios como una de las atracciones del hotel. En una ocasión me hospedé en un Fiesta Inn en el que no se podían abrir las ventanas, pero que contaba con sofisticados servicios: *jacuzzi*, gimnasio y punto de encuentro. Como nunca había usado esa prestación, me sorprendió que se anunciara en los folletos del cuarto. Decidí ser moderno y fui a buscarla.

El punto de encuentro estaba en un sitio apartado del jardín. Varias flechas ayudaban a llegar ahí. Como no soy muy bueno con las señalizaciones, me perdí tratando de dar con el sitio. Cuando finalmente lo hice, encontré a una familia que hacía picnic sobre el círculo blanco.

—Está ocupado —dijeron, como si se tratara de un baño.

Fui a hablar con el gerente y le pregunté por qué habían puesto tan lejos el sitio que sirve para reunir a la gente. Me explicó que el hotel pertenece a una cadena con cientos de edificios en todo el país. Por decisión corporativa, cada uno debe contar con un punto de encuentro. En este caso, ya no tenían huecos disponibles y tuvieron que relegar el punto a un sitio apartado. Así supe que el círculo blanco no es un capricho, ni un lujo extra, sino un requisito esencial.

—Hay un hotel donde tuvimos que poner el punto en la azotea —dijo el gerente. Pensé que se trataba de una broma, pero su seriedad me hizo suponer que se trataba de una estadística.

Todo esto me llevó a convertirme en espía de puntos de encuentro. Lo primero que puedo reportar es que andan por todas partes, incluyendo recintos coloniales como El Colegio Nacional, en Donceles 104, muy cerca de la Catedral. Al cruzar el pórtico, lo primero que se ve es el punto. Antes de sentir el influjo de los fantasmas de Diego Rivera, José Vasconcelos, Alfonso Reyes y otros miembros fundadores, el visitante dispone de un sitio para encontrarse. Por suerte, ahí las flechas no han sido pintadas en el suelo. Se trata de una alfombra que no daña el patrimonio.

Por definición, el punto debería ser uno solo, una especie de dogma de la localización, pero tal vez la idea de estar orientado se ha vuelto tan popular que los puntos proliferan al interior de un mismo edificio para desconcierto de todos. No estoy muy seguro de que se haya hecho un cálculo adecuado de la proporción de gente que se pierde por metro cuadrado. En un centro comercial tuve que sortear tres puntos hasta dar con la persona que buscaba.

Ahora bien: ¿qué clase de éxito ha tenido este invento? Aunque mi investigación aún está en una fase preliminar, me atrevo a adelantar algunos resultados. Lo importante no es tanto el ingenio humano que se invierte en escoger los sitios donde la gente se puede encontrar, sino la forma en que lo asimilamos a nuestras costumbres.

Con este asunto pasa lo mismo que con otros artilugios de la modernidad. De pronto, en una reunión alguien recuerda la tarde terrible en que perdió a su abuela en las bodegas de Pantaco y uno de los convidados comenta que en Estados Unidos eso se hubiera resuelto de inmediato porque hay un sitio que se llama *meeting point*. Eso nos lleva a anhelar una sociedad desarrollada donde la gente sabe dónde buscarse.

Pero como somos mexicanos, ahora que disponemos del punto de encuentro hemos decidido usarlo en forma muy extraña. Antes de revisar el tema, repasemos otro invento reciente: el correo electrónico. La desconfianza es constitutiva del ser nacional: después de mandar un *mail* importante, hablamos por teléfono para ver si llegó. Y también la hipersensibilidad es constitutiva del ser nacional: si *sólo* nos invitan por *mail* a una fiesta, nos ofendemos ("no fue para hablarme", pensamos con rencor). Somos un país de atavismos. Quizás esto explique que el punto de encuentro esté siempre vacío o atraiga a personas que llegan ahí a merendar.

La demografía se expresa de manera peculiar entre nosotros: el mexicano es alguien que por lo general ya está reunido (y a quien le sobran parientes). Por lo tanto, el punto de encuentro no se usa para encontrar al hermano extraviado, sino para convidarle una torta. En el vértigo de la vida moderna, las cuatro flechas que confluyen en un círculo blanco indican que ahí habita la paz.

A lo largo de mi investigación, sólo atestigüé un encuentro real y fue equivocado: un señor se acercó a preguntarme si yo era Norberto. En las demás ocasiones, los círculos blancos estuvieron desiertos o fueron ocupados por gente que comía antojitos y sonreía con el gusto de quienes se apropian de un terreno sin tener que pagar predial.

En esencia, el punto de encuentro refleja lo que somos: anuncia una vida cosmopolita donde los errabundos disponen de un modo de reunirse a nuestro modo, para compartir chetos y jugar *piedra, papel o tijera*.

Después de pensar y escribir todo esto, seguí estudiando el tema y me enteré de algo que no sabía y que la inmensa mayoría de los usuarios ignora. El sentido del punto no responde a la necesidad de que la gente se encuentre en condiciones normales, sino en casos de emergencia. Por eso se coloca en sitios raros, que puedan estar a salvo de un incendio o un temblor. No estamos ante un mecanismo que facilite la vida gregaria, sino ante un recurso de protección ciudadana. Pero como nadie sabe esto, el punto se apropia de acuerdo con nuestros gregarios usos y costumbres.

En Estados Unidos el sitio a donde van dar las cosas olvidadas lleva el nombre optimista de *lost-and-found*. En cambio, en México se llama Objetos Perdidos. La administración no se hace responsable de encontrarlos, sino de perderlos en su bodega.

Desde que la tribu del origen salió de las Siete Cuevas, los capitalinos nos perdimos juntos. Las flechas del mundo confluyen donde ya estamos: en el sitio ideal para comer pepitas.

Si alguien se pierde de verdad, no vamos al punto de encuentro. Como el extraviado también nos anda buscando, caminamos hasta que el azar nos reúna. Entonces sobreviene un diálogo que define la ontología nacional:

—¿Dónde andabas?

—¡Buscándote!

VIVIR EN LA CIUDAD: SOPA DE LLUVIA

La ciudad ha crecido de tal modo que resulta difícil recordar las zonas que alguna vez estuvieron extrañamente despejadas.

Visité por primera vez las instalaciones de la Universidad Autónoma Metropolitana-Iztapalapa en 1975 y encontré una planicie donde los tres lugares de referencia no resultaban muy auspiciosos: un convento, una cárcel de mujeres y un tiradero de basura. En aquella orilla de la nada se alzaba una universidad bajo el lema de "Casa abierta al tiempo", que se convertiría en mi *alma mater* de 1976 a 1980 y donde trabajaría durante un año más en el departamento de actividades culturales.

No muy lejos de la UAM-I, en el Cerro de la Estrella, los aztecas encendían el fuego nuevo cuando terminaba el calendario y, milagrosamente, no se acababa el mundo, sino que volvía a salir el sol. De manera emblemática, el auditorio de nuestro campus llevaba el nombre de Teatro del Fuego Nuevo.

Mi primera visita a ese erial que hoy está sobrepoblado se debió a que ahí trabajaba mi padre, como fundador de la División de Ciencias Sociales y Humanidades. Con el entusiasmo de quien emprende una cruzada, me mostró las aulas desiertas como si viera cosas que no estaban ahí; para él, esos muros prefabricados anticipaban una utopía del conocimiento. Su visita guiada tuvo menos que ver con las instalaciones que con la república de Platón y el liceo de Aristóteles. Como es de suponerse, me convenció de estudiar en ese sitio.

A lo largo de media década atestigüé los cambios de la colonia. La zona se urbanizó con el habitual desorden que traen las tuberías y rara vez dispusimos de una misma ruta para llegar a una casa abierta al tiempo, pero no a los microbuses.

En alguna ocasión, un camión de basura se detuvo junto a mí en la calle Gavilán y me preguntó si esperaba el pesero para ir a la UAM-I. Contesté que sí y ofrecieron llevarme en el estribo. No llegué a clases en estado fragante, pero sí más rápido que de costumbre.

El desafío de acceder al campus hizo que algunos amigos que venían de provincia se instalaran en Iztapalapa. Mi director de tesis, Federico Nebbia, sociólogo argentino que había estudiado en el arbolado Harvard con el sociólogo funcionalista Talcott Parsons, acuñó un aforismo para sobrellevar aquel precario entorno: "La única forma de sobreponerse a un lugar desagradable es vivir en él". Así explicaba su estancia en una unidad habitacional de Iztapalapa.

Cada vez que regreso a esa parte de la ciudad me sorprende la expansión de la abigarrada vida urbana, tan distinta a la aldea semiperdida de hace treinta años. Algunos de los proyectos más interesantes de la capital se alzan ahí, como el Faro de Oriente, que brindó una casa de las artes y los oficios a una de la zonas menos favorecidas de la capital. A pesar de un oasis como éste, la región es un muestrario de los servicios diferenciados que reciben los habitantes de la ciudad. Uno de sus problemas más graves es el suministro de agua, que en 2005 convirtió a la delegación en un páramo seco. En ese año, en algunas escuelas se volvió costumbre que los niños llevaran una cubeta de agua y la lucha por las pipas aumentó las tensiones que no han desaparecido desde que se fundaron los originales ocho barrios de la zona. Además, la calidad del agua deja mucho que desear. Los reporteros no necesitaron microscopios para encontrar bichos en el líquido terregoso y los vecinos dijeron que recibían "agua de tamarindo".

Por ese tiempo visité a un excondiscípulo al que le han regalado un vistoso reloj por veinticinco años como profesor en la UAM-I (nada más lógico que una casa abierta al tiempo premie de ese modo la lealtad).

Recordamos la época en que no sólo era imposible hallar una cafetería en la zona, sino conseguir café de grano para preparar algo por nuestra cuenta. Las cafeteras italianas eran entonces un lujo y Starbucks no había iniciado su invasión viral. En momentos de apremio bebíamos café Legal, que ya venía azucarado y refutaba su nombre en cada cucharada.

Mientras hablaba con mi antiguo compañero de aula, cayó uno de los chubascos que anegan la capital. Una vez más constatamos las paradojas de una ciudad que se construyó sobre un lago, acabó con el agua, se inunda en temporada de lluvias y tiene problemas de abasto de agua potable en numerosas colonias.

Llevábamos mucho sin vernos y cedimos al teatro de la memoria. Encapsulados por la tormenta, regresamos a nuestra pequeña mitología, una época en que sólo existía el futuro. Evocamos los llanos en torno a la calle Gavilán que iba a dar a la universidad, los perros que ahí medraban (uno de ellos, sarnoso y famélico, llegó en una ocasión hasta el edificio de Rectoría y murió ahí, como si participara en un extraño sacrificio, un rito propiciatorio para la superación académica), el incendio en los tiraderos de basura que cubrió la región de humo blancuzco, lleno de toxinas, y estuvo a punto de enviarnos al hospital, los años en una región de raigambre popular a la que sin embargo llegábamos con aire de pioneros, o quizá más bien de prófugos.

Cuando mi amigo hizo una pausa, me asomé a la ventana y vi cubetas, botellas, baldes de todo tipo en las azoteas cercanas. La gente recolectaba agua.

El mal tiempo alargó nuestra reunión más de la cuenta. Volví a la calle con una sensación de irrealidad.

Caminé rumbo a mi coche. De pronto me distrajo un resplandor.

En un lote baldío ardía una flama. Cuatro niñas, de unos ocho años, calentaban una olla de peltre.

—Échale cebolla —dijo una de ellas—, y cilantro y frijoles y chuleta y bofe y faisán.

Cada ingrediente era acompañado de imaginarias cucharadas.

Me sorprendió que mezclaran el bofe, comida pobre, favorecida por los gatos, con el faisán, que seguramente desconocían. Para dar consistencia a la sopa fantástica, le arrojaron algunas piedras y las revolvieron con una rama. La olla produjo un gustoso ruido.

—Ahí va el mole y el arroz y el pollo y la pizza.

El chile y la sal llegaron al último. Aquella sopa tenía de todo.

Mientras las niñas jugaban, la gente metía a sus casas los baldes con agua de lluvia.

¿La receta de la sopa venía del hambre o de la encendida imaginación infantil? Lo único cierto es que me encontraba en Iztapalapa, donde el agua vale más. No me extrañó que las niñas se acercaran a venderme una taza. Como no tenían cambio, me costó diez pesos.

—No es de tamarindo —esta negativa resumió los demás sabores del mundo—: y tiene piedritas —agregó una de ellas con presunción.

Bebí como si probara el brebaje de las hechiceras, el reconstituyente potaje de los ogros, el elíxir de las transfiguraciones, el ponche de los deseos en un cuento de hadas. Me había graduado en Iztapalapa, pero me faltaba probar esa sopa de la región.

No sabía a tamarindo. Sabía a ciudad, a tiempo, a fuego nuevo.

PERSONAJES DE LA CIUDAD: EL VULCANIZADOR

Cada tres cuadras, la Ciudad de México se interrumpe con un lote semibaldío donde un hombre cubierto de grasa negra contempla un perro encadenado. Un letrero de resonancias mitológicas explica de qué se trata: "Vulcanizadora". La hornilla donde palpita una flama azul, la pila de llantas, los fierros oxidados, el tazón con tortillas secas y los rines que sirven para sentarse demuestran que el negocio va mal y, sin embargo, cada vez hay más sitios como ése.

Nuestro paisaje es un pretexto para que existan vulcanizadoras. Se diría que somos idólatras de la llanta, no de la que está en uso, sino de su símbolo, el aro perdido, suelto o arrumbado, el círculo con parches, carnoso, emblema del movimiento, de la herida y de su precaria curación.

Más que un trabajo, vulcanizar es una costumbre. Suspenderla significaría interrumpir la ciudad.

En los demás países de habla hispana se suelen emplear otras palabras para la reparación de los neumáticos. Según veremos, hay una poderosa razón para que ese trabajo se asocie entre nosotros con un dios.

¿De dónde sale nuestro gusto por la llanta? México es uno de los pocos países donde se considera divertido quemarlas. En las noches del 31 de diciembre las patrullas recorren las calles en busca de los fanáticos que celebran al dios del fuego por partida doble, incendiando hules vulcanizados.

No siempre es fácil justificar nuestros pasatiempos. Tomarse de las manos para recibir toques eléctricos en íntima cadena, comprar un excremento de barro —donde el artesano ha colocado semillas que delatan la ingestión de chile— o comer una calavera de azúcar que lleva tu nombre en la frente hacen que nuestra idea de lo entretenido resulte preocupante. La hoguera de llantas es otra forma de divertirnos sufriendo. Sin embargo, establece contacto con una tradición oculta.

Las vulcanizadoras no responden a propósitos utilitarios. Por eso hay tantas. Les va de la chingada y aumentan, nunca se consideran suficientes. A cambio de unas monedas, el nuevo Vulcano acepta el tizne que lo cubre como una segunda piel y otorga a sus uñas una consistencia plomiza. Durante largas horas aguarda ahí, sin otra diversión que escupir en una lata de aceite multigrado, de espaldas a un calendario donde posan unas rubias de senos neumáticos, recargadas en un coche último modelo.

Su camiseta es de un gris único, al margen de los tintes, sólo concebible como textura, el rango extremo de lo que el desgaste y el hollín pueden hacer con una tela.

Si hubiera motores en ese sitio, podría pensarse en una adicción a la gasolina y sus fragantes alucinaciones. Pero el vulcanizador no es un mecánico, sino un ser paciente que aguarda una llanta con manso ascetismo. Es posible que en ocasiones el jabón pase por su cuerpo y de noche fornique con pericias de lumbre. Lo cierto es que de día y en su negocio es un ídolo de la espera, el desperdicio, la suciedad, las refacciones sin uso. Esto último llama mucho la atención. En las vulcanizadoras sólo se reparan llantas, pero hay fierros y piezas que provienen de otros desechos y están ahí sin que se sepa muy bien por qué y acaso tengan la función de símbolos herméticos.

Si está tan jodido, ¿por qué el propietario de piel ennegrecida no cierra su local? Algo, una causa lejana y misteriosa, indica que, aunque haya otras variantes para la pobreza, la vulcanizadora debe seguir abierta, más a la manera de una cueva que de un negocio.

La entrada suele ser irregular, como si la hubieran excavado junto a la banqueta. Algunas disponen de una contundente cortina de metal, pero la mayoría se defiende con una lámina y un mecate que sugieren que todo zaguán es utópico.

El perro guardián se parece a la puerta: no defiende, pero produce la impresión de que eso es un lugar. Aunque lleve una cadena al cuello, no se trata de un perro bravo o que quiera irse a otro sitio. Llegamos a un punto esencial del análisis: en ese lote todo es simbólico. Las rubias del almanaque son tan irreales como el trabajo que, sin embargo, mantiene al hombre cubierto de grasa negra.

La vulcanizadora es un absurdo económico; por más clavos que haya en la ciudad, nadie prospera entre esos fierros sin remedio. No hay sultanes de la llanta reparada.

Los componentes desarticulados de ese sitio exigen que se les dote de sentido: signos que piden ser narrados.

La vulcanizadora aún no ingresa al terreno de los mitos; se encuentra en un estadio anterior, pero hacia ahí se dirige. ¿Es posible que hayamos soslayado su mensaje?

La primera clave está en el nombre, que alude al dios del fuego y a la condición geográfica de la Ciudad de México, la cuenca volcánica donde el barón Alexander von Humboldt se convenció de que los neptunistas, partidarios del agua, estaban equivocados y de que la razón sobre el origen de los minerales asistía a los vulcanistas, adeptos de la lumbre.

Los temblores son la dramática señal de que vivimos en una de las regiones volcánicas más activas del mundo. Cuando la Tierra se agita por un sismo de magnitud 6 no pensamos que eso tenga que ver con el fuego porque estamos demasiado ocupados salvando a la abuela o al *french poodle*. En el reposo, ya aliviados de la sacudida, podemos volver a los libros que se ocupan de volcanes. Martín Luis Guzmán afirmó que su principal influencia artística había sido el paisaje del Valle de México. La luminosidad del cielo, las frondas de los árboles y las tormentas enmarcan y definen el ánimo de sus personajes. En *La sombra del caudillo*, el clima y la naturaleza anticipan el trágico destino de los protagonistas:

> Estaba en el Ajusco coronado de nubarrones tempestuosos y envuelto en sombras violáceas, en sombras hoscas que desde allá teñían de noche, con tono irreal, la región clara donde Rosario y Aguirre se encontraban. Y durante los ratos, más y más largos, en que se cubría el sol, la divinidad tormentosa de la montaña señoreaba íntegro el paisaje: se deslustraba el cielo, se entenebrecían el fondo del valle y su cerco, y las nubes, poco antes de la blancura de la nieve, iban apagándose en opacidades sombrías.

El volcán anuncia la catástrofe. Aunque la novela de Martín Luis Guzmán se refería a la tragedia política en la que desembocó la Revolución, también anticipaba la disolución del cielo. Con el paso del tiempo, lo único perdurable sería la montaña entre las brumas, similar a un yunque de fuego.

La Ciudad de México ha crecido para negar el agua y el aire. La tierra y el fuego han dominado los otros elementos con rigor volcánico.

En forma dispersa e intuitiva, numerosos escritores han advertido la importancia de las quemaduras. Aunque otros temas literarios son más socorridos (la muerte, la soledad, la máscara), el fuego ha sido una pasión unificadora. Espacio de la llama fría y el agua quemada, la literatura mexicana ha pagado a Vulcano su tributo en cenizas, de los "religiosos incendios" de sor Juana a la novela *Cerca del fuego* de José Agustín, pasando por los poemas de *Fuego de pobres* de Rubén Bonifaz Nuño.

El tiempo mexicano se mide en la *Piedra de sol* de Octavio Paz:

> una presencia como un canto súbito,
> como el viento cantando en el incendio.

Se diría que no hay forma de escribir en esta cuenca sin tener lista la estufa. José Gorostiza resume el tema con un agudo pararrayos: "inteligencia, soledad en llamas".

Sería una extravagancia telúrica suponer que los volcanes, o su pérdida bajo las brumas industriales, son la única explicación de un arte lleno de fogatas. La historia y la antropología ofrecen otras claves para nuestro gusto por la lumbre. Alfredo López Austin ha mostrado que la leyenda del tlacuache es un mito común entre los pueblos originarios que hoy dicen *fuego* en más de sesenta lenguas. El tlacuache es el Prometeo de la fauna americana: robó la lumbre para guardarla en su bolsa marsupial; por eso tiene la cola "chamuscada". En fábulas, canciones y proverbios, el tlacuache adquiere una condición simbólica similar a la del poeta: es el ladrón del fuego.

Hace unos cuarenta años, se le dio muerte a un animal extraño en un mercado capitalino. La prensa amiga de los bebés con dos cabezas y las abducciones extraterrestres informó que se trataba de la rata más grande del mundo. Luego se supo que el animal era un tlacuache, único marsupial de América, que en la línea de la evolución está más cerca del hombre que de la rata. Lo que parecía un acto de horrenda justicia se convirtió en un crimen casi fratricida. El ancestral proveedor del fuego había sido ultimado.

Habitamos una cuenca volcánica donde la llanta, surgida de las llamas, tiene el valor de un talismán que se remonta al *ulama*, el juego sagrado de Mesoamérica. Las primeras pelotas de hule se inventaron en esta tierra y fueron vulcanizadas con cenizas de muertos. En el sitio arqueológico de Toniná, un friso muestra una pelota que contiene la cabeza de un adversario. Representación de la dualidad, el juego de pelota alude a la regeneración de la noche en día y la muerte en vida. La vulcanizadora, refugio de un objeto circular hecho de fuego, ofrece un vínculo urbano con ese desaparecido ritual.

Cubiertos de una segunda piel ennegrecida, los custodios de la lumbre aguardan ser explicados. Seguramente, los mitógrafos del porvenir descifrarán el verdadero oficio de la legión negra. Por el momento, podemos adelantar una hipótesis: las vulcanizadoras son capillas. Es difícil precisar sus ceremonias porque se trata de una secta ajena al proselitismo, que predica con el ejemplo; tal vez estemos ante una comunidad que sólo revela sus claves a quien las merece; tal vez, en las calles, los escupefuegos sean su vanguardia frenética y fundamentalista.

La vulcanizadora alude a los tiempos extremos de la ciudad: la chispa en la cueva del origen y el apocalipsis volcánico que nos espera. La vida humana es el lapso entre ambos estallidos.

Los hombres carbónicos aumentan, seguidos de sus mascotas, lo cual obliga a recordar que los viajes a Mictlán o a Xibalbá (el inframundo azteca y el maya, respectivamente) eran guiados por un perro.

Señores del principio y del fin, los vulcanizadores aceptan la segunda piel del dolor y el sacrificio para custodiar un talismán del movimiento que acaso tenga que ver menos con las fatigas del tráfico que con los ciclos del tiempo.

En el futuro, después del incendio final, serán sagrados.

CEREMONIAS: LA PASIÓN DE IZTAPALAPA

Según corresponde a toda reunión netamente mexicana, la Pasión de Iztapalapa carece de realidad estadística, como si las cifras pertenecieran a los misterios del Evangelio. De acuerdo con el año y la fuente consultada, el festejo es visto por una multitud que va de los tres a los seis millones y la puesta en escena corre a cargo de entre cuatro mil y siete mil participantes. Lo cierto es que ahí están todos los que deben estar: los protagonistas y los colados, la minoría de los escépticos y los curiosos de a montón. Incluso los ausentes se apersonan gracias a los recuerdos de quienes asisten. Teatro de la memoria, la Semana Santa recupera el camino de Jesús al Gólgota, pero también evoca a los muchos familiares y vecinos que participaron en ediciones previas de la gesta. Un lazo mnemotécnico une a los presentes con los tíos y los abuelos, los feligreses que en el pasado recorrieron las calles de los ocho barrios de Iztapalapa para ver las emblemáticas tres caídas del Hijo de Dios. Ahí no falta nadie. Con demográfica certeza, el público pertenece a una marea indefinida pero suficiente.

También la cruz del Redentor varía de año en año sin perder sólida presencia. El patíbulo portátil ha pesado ochenta, noventa o noventa y nueve kilos, según la temporada. La cruz es un oponente de reglamentaria contundencia. Para enfrentarlo, el Cristo de turno se entrena como campeón de box.

Presidido por el Cerro de la Estrella, Iztapalapa es el inmenso terreno proletario que se extiende al oriente de la ciudad, rumbo a la salida a Puebla. Durante la Semana Mayor, se convierte en una Jerusalén provisional donde cierran las farmacias y llegan las ambulancias. En ocasiones, Jesús ha padecido los suplicios combinados del sol, las caídas, el agua negada, los azotes, el peso del madero, el aire enrarecido por el polvo y las fritangas, y se ha desmayado para resucitar en manos de la Cruz Roja.

No se le puede regatear seriedad a una celebración que pone en juego la resistencia física de los participantes y depende de un severo proceso de selección. Para los involucrados, la Pasión dura el año entero. Algunos se preguntan si encarnar a Judas puede ser de mal augurio, otros desean subir en el escalafón evangélico y pasar de simples soldados a jefes de azotes, otros más se someten a un tribunal de la conciencia para no sentirse miserables al blandir la lanza de Longinos contra el costillar más lastimado y más célebre de Occidente.

Todos los actores deben ser católicos de intachable reputación y Jesús y María deben ser solteros. En muchos casos, la representación abarca los mejores años de una vida. Un currículum típico del Cristo de Iztapalapa: cinco años de nazareno, tres de apóstol, uno de leproso, uno de hebreo y tres más de aspirante al papel protagónico.

Aunque los acontecimientos sucedan del Domingo de Ramos al Sábado de Gloria, los papeles se discuten, se sueñan y se ensayan durante doce meses. Más que ante una representación, estamos ante una forma de asumir el destino.

No faltan escenas de lograda actuación (en especial entre las mujeres y muy en especial en los momentos de llanto), pero el festejo depende del despliegue comunitario. La representación principal es la del barrio en movimiento.

Durante meses, alguien es la posibilidad de Caifás. Para obtener el papel, debe vivir en consecuencia. La vida cotidiana es el estrado donde se prueba a cada actor. Una vez elegido por su conducta, la habilidad histriónica será un elemento secundario.

La utilería y el vestuario recuerdan la noche en que don Quijote veló sus armas de cartón. Los protagonistas se sirven con solemnidad de objetos precarios. Los ángeles llevan alas con plumas recogidas en las pollerías, las espadas y los yelmos son de honesta ferretería, Judas lanza al público monedas de chocolate, la corona tiene espinas de huizache y los soldados ostentan cascos con cerdas de escoba.

En su libro de memorias *Pelando la cebolla*, Günter Grass habla de una novia de la posguerra que se casó con un traje hecho con tela de paracaídas. El reciclaje otorga un valor entrañable a las cosas porque revela la urgente superación de una carencia. Ninguna novia puede lucir tan virginal como la que llega al altar envuelta en un paracaídas, del mismo modo en que ningún ángel está tan cerca de nosotros como el que lleva en las alas plumas de pollo.

Esta dimensión doméstica acerca la epopeya a la gente. El poeta cristiano Carlos Pellicer hacía extraordinarios nacimientos y celebraba la condición íntima de esa costumbre religiosa, un cielo de juguetería aterrizado en una casa donde todo gira en torno al niño en el pesebre. La Pasión de Iztapalapa se cumple con la misma entrañable proximidad: en las calles de siempre, portando objetos que hasta hace poco servían a otros propósitos, desfila el pueblo de Jerusalén.

Iztapalapa no apuesta a la producción de un hecho que parezca real, sino a crear una realidad conmovedoramente próxima. El drama más conocido de Occidente se incorpora a la autobiografía y se transforma en experiencia inmediata. El reparto de la puesta en escena es un frondoso árbol genealógico. Hay familias que han aportado varios nazarenos, un par de Pilatos, numerosos judíos e incluso dos Cristos.

La seriedad y la emoción de los participantes hacen que la fiesta adquiera un aire de graduación escolar, a medio camino entre lo cívico y lo sagrado. Por partida doble, los vecinos acreditan su pertenencia a la fe cristiana y al pueblo de Iztapalapa.

Es posible que la expresión de Jesús más repetida por la sabiduría popular sea: "Nadie es profeta en su tierra". Repudiado por los suyos, el Mesías triunfó en la posteridad. Iztapalapa revierte este destino, reconociendo la sacralidad de lo más próximo.

El Domingo de Ramos, Cristo recorre las calles. Es el momento de mayor felicidad, el que suelen preferir los participantes. Un vasto séquito agita palmas celebratorias. Luego sobreviene el repudio y más tarde la traición. Pasamos a la parte dura de la representación, que muchos quisieran que no sucediera y que confirma en forma dramática lo sencillo que resulta ejercer el mal. Por último, llega el suplicio, esencial para que la injusticia roce el espanto y perdure en la imaginación.

Entre el público hay curiosos que declaran no saber por qué murió Jesús, pero también cazadores de milagros que recuerdan episodios de especial escalofrío, como el año en que tembló durante la crucifixión.

Al final, los participantes se dirigen al Cerro de la Estrella, donde los aztecas encendían el fuego nuevo. Ahí se colocan las tres cruces y el condenado es profeta en su tierra. Incluso quienes lo persiguen y azotan ya están convertidos a su fe. El populoso milagro de Iztapalapa consiste en revelar que, por una vez, un vecino es el Mesías.

La ceremonia comenzó en 1843, cuando se cumplía una década de una terrible epidemia de cólera morbus. Diezmados por la pobreza y la enfermedad, los ocho barrios de Iztapalapa buscaron consuelo en el montaje de los últimos días de Cristo.

Quizá lo más inusual de esta variante de la Pasión sea la mezcla de lo cívico y lo religioso. Gobiernos laicos y jacobinos han apoyado la ceremonia. El presidente más odiado por la intolerancia católica, Benito Juárez, ofreció un apoyo decisivo para que se iniciara el festejo. Es cierto que eso ocurrió antes de que promulgara las leyes de Reforma, que desamortizaron los bienes del clero, pero en años posteriores el Benemérito no se opuso a la ceremonia. Por su parte, Emiliano Zapata prestó sus caballos para una puesta en escena. El arraigo popular de la Semana Santa ha creado vínculos que rebasan el culto cristiano.

La fiesta conmueve por la llaneza de su intención. No se va a Izta-palapa en pos de un Cristo superestrella, el Mesías vencido por la tentación de una mujer, un semidiós rebelde que repudia a su padre y libera a los esclavos, un futuro Che Guevara. La puesta es conven-cional y el propósito sencillo: reiterar lo que han hecho los mayores. Esta humildad otorga realce a la ceremonia. En uno de sus últimos cuentos, "El obispo", Chéjov describe la agonía de un ministro de la iglesia que enferma el Domingo de Ramos y muere sin poder trans-mitir la tristeza de la vida que se va. ¡Qué diferencia entre el drama público de la Semana Santa y la callada disolución de un destino! El obispo de Chéjov, que ha narrado mil veces la caída de Cristo, no pue-de narrar la suya. Su anciana madre lo sobrevive. Tiempo después, muy pocos le creen que haya tenido un hijo en la jerarquía eclesiásti-ca. La parábola chejoviana es precisa: la Semana Santa transmite la incomunicable muerte de todos los hombres; el arte logra lo contra-rio: narra la irrepetible muerte de un hombre.

En la Pasión según Iztapalapa todo es colectivo; ningún com-parsa se singulariza, ningún gesto refuta lo hecho en otras ocasio-nes. Si acaso, el árbol en el que se ahorca Judas es distinto. Esta reiteración aparta el drama de toda ruptura y refuerza su condición comunitaria. El festejo resulta, como quería López Velarde, "fiel a su espejo diario".

Obviamente, no todo en la Pasión apasiona. Hay tramos en los que se recorren calles sin que suceda nada y a veces se pierde la perspectiva. Resulta imposible que millones de espectadores vean en detalle el conmovedor episodio en que Cristo lava y besa los pies de sus discípulos. Pero lo decisivo no es apreciar la representación, sino formar parte de ella.

En su *Fenomenología del relajo,* Jorge Portilla escribió que las fies-tas mexicanas parten de un pretexto que se borra en cuanto llega la gente. El relajo depende de un desplazamiento: el motivo original de la reunión se diluye en favor de los que están ahí y los convidados se convierten en su propio espectáculo. Esto, que suele ser cierto para la mayoría de nuestros jolgorios, no lo es para la Pasión de Iztapalapa. Ahí la motivación inicial no se disipa y los testigos también son actores, pues representan al perplejo pueblo de Jerusalén. Incluso los fotógrafos contribuyen al dramatismo. Cada cambio de escena pasa por una transición en la que hay que sortear una nube de reporteros, lo cual agrega verosimilitud a la tragedia en una época en que sólo existe lo que se retrata o, desde hace algunos años, lo que se transmite en *streaming*.

Entre los actores y el público circula una franja intermedia: los penitentes que aprovechan el recorrido para ajustar cuentas con su biografía. Para ellos, la errancia por los ocho barrios tiene un sentido de expiación. Mezclados con los protagonistas, caminan los vigilantes y los enfermeros, los voluntarios de lo que sea y los profetas de ninguna parte. Los músicos llevan instrumentos y zapatos tenis desconocidos en Tierra Santa.

En Iztapalapa, el rey de los judíos es siempre dos cosas: el elegido y el vecino, el Mesías y el prójimo que ensayó su papel con camiseta del América y lentes oscuros.

Mezcla inquebrantable de la fe y la voluntad de estar juntos, exaltación del pueblo de Cristo, la Pasión desemboca en las cruces que todos quisieran evitar, pero permiten que persista la memoria.

Una vez más, Pedro niega a Jesús y funda su Iglesia. Una vez más, Judas traiciona y se arrepiente. Por obra de todos, Cristo cumple su destino: en el Cerro de la Estrella, un hombre común muere y su gente lo redime. Todos han ido ahí a no olvidar, a no ser olvidados.

Ya en la noche, un innecesario helicóptero sobrevuela la escena, recordando el rumor, siempre lejano, de la Providencia.

SOBRESALTOS: LA ANGUSTIA DE LA INFLUENZA. DIARIO DE UNA EPIDEMIA

El 23 de abril de 2009 escribí un obituario del novelista inglés J. G. Ballard. Entre otras cosas, mencionaba que sus "cataclismos narrativos surgen de los problemas que genera una comunidad, esa forma regulada del apocalipsis". Al día siguiente, el texto se publicó en el periódico *Reforma*. Sin embargo, si alguien quería conocer un escenario de Ballard, debía alzar la vista del periódico. El entorno le estaba rindiendo un dramático homenaje: México se había convertido en una de sus tramas, "una forma regulada del apocalipsis".

El mismo jueves 23, a las once de la noche, el presidente Felipe Calderón declaró una emergencia sanitaria por la aparición de un virus desconocido, cuyos efectos eran semejantes a los de la neumonía, con consecuencias posiblemente más graves.

El 24 volé a Tijuana, donde estaría por dos días. En el aeropuerto tuvimos que llenar cuestionarios sobre nuestro estado de salud. Nadie los solicitó y subimos al avión con los papeles en las manos. Se trataba de un memorándum para nosotros mismos, una medida típica del gobierno mexicano, que responsabiliza a los ciudadanos de lo que no puede impedir. Cada quien viajaba bajo su propio riesgo.

Me tocó junto a un pasajero que tomó el formulario a la ligera y estornudó durante tres horas y media. Llegué con dolor de oídos y garganta, sensación de mareo e indignación ante la falta de civilidad de la gente que viaja enferma, es decir, ante nada que no se combata con tres tequilas en situaciones normales. Pero nuestra situación había dejado de ser normal, según comprobé el domingo 26 de abril, ya de regreso en la Ciudad de México. El Señor de la Salud fue sacado de la Catedral ese día. Desde 1691 esta pálida efigie de Cristo no abandonaba su nicho. Entonces se usó como talismán contra una epidemia de viruela y ahora se volvía a usar para combatir la influenza de origen porcino que, según las noticias del 27 de abril, había cobrado ciento tres muertes.

El Señor de la Salud recorrió las calles entre una nube de incienso. Luego fue llevado al altar mayor de la Catedral, donde debía permanecer hasta que se superara la emergencia.

La efigie de Cristo apareció como la de un brigadista en lucha contra una epidemia que, desde mediados de abril, había mandado pasajeros contagiados a Australia, España, Estados Unidos y Canadá. Las señales de mayor alarma venían de lejos, de las oficinas de la Organización Mundial de la Salud. En México sólo se tenían sospechas.

A fines de marzo, en La Gloria, comunidad del estado de Veracruz donde abundan las granjas de puercos, cuatrocientas personas habían enfermado de neumonía, cifra desmesurada en una localidad de tres mil habitantes. El 2 de abril, Veratec, empresa estadounidense dedicada a la biovigilancia, informó que se trataba de un brote de influenza porcina. Los periódicos comenzaron a escribir del tema y el 22 de abril la noticia llegó a la primera plana de *Reforma*. Sin embargo, el gobierno esperó hasta las últimas horas del 23 para informar de la epidemia y suspender las clases en las escuelas.

El anuncio fue típico de un presidente sin margen de acción, cuyo sello fue la ambivalencia. Habló a las once de la noche, cuando muchos ya dormían. Quizás escogió ese momento para que la alarma se mitigara al carecer de *rating*. "Te lo digo para que no lo oigas", tal parecía ser el lema de la presidencia, digna heredera de Cantinflas.

Se reaccionó tarde y de manera confusa. Sin embargo, el viernes 24 los capitalinos, tan proclives a saltarse un semáforo en rojo, actuaron con extraordinaria disciplina. Se cancelaron cenas y reuniones, la gente dejó de ir al cine (luego los cines cerraron), las misas se suspendieron y sólo unos cuantos restaurantes abrieron sus puertas. Los partidos de futbol se celebraron en estadios vacíos, como una cruel metáfora de la baja calidad de nuestro balompié. El Ejército repartió millones de cubrebocas, dándole a la ciudad insólitos toques azules. En lo alto, el cielo era una mezcla de polvo y contaminación. Las lluvias se habían retrasado. De día, el aire ardía, raspando la piel; de noche, se condensaba en una atmósfera sucia, anunciadora de tormentas que no acababan de llegar.

En nuestra endeble sociedad abundan las teorías conspiratorias. Algunos hablaron de "terrorismo de Estado" para referirse a las medidas tomadas por el gobierno. Aunque los muertos eran reales, aunque la OMS mantenía a México en un rango cuatro de alerta y aunque los médicos confirmaban la gravedad de la epidemia, ciertos opositores al régimen propusieron maratones de besos para combatir la "engañosa propaganda oficial". Habíamos pasado a una situación digna de *1984*, la negra utopía de George Orwell. Las palabras cambiaban de sentido según quien las dijera. La probada incapacidad del presidente llevaba a desconfiar de su método de "estornudar en la parte interna del codo" y algunos lo veían como un nuevo saludo reaccionario. La gripe se había politizado.

De acuerdo con la información oficial, los enfermos reaccionaban bien a los antivirales y se disponía de más de un millón de dosis (para el 27 de abril había cerca de dos mil contagiados). En esta fase, la población disciplinó sus miedos. No hubo tumultos en las salas de emergencia, el Hospital General tenía a diez ingresados por influenza y las clínicas operaban a ritmo normal.

Para romper la cadena de transmisión del virus, se recomendó evitar contactos a lo largo de diez días, un suplicio para uno de los pueblos más gregarios del planeta, que sólo aprecia lo que ocurre en compañía. En México, el primer círculo del infierno es el aislamiento.

Los aztecas solían ajustar su calendario con cinco días "aciagos", jornadas muertas en las que estaba prohibido actuar: días sin nada, un limbo terrenal. El paréntesis que se nos impuso duplicaba la severidad azteca.

El temor y la zozobra fueron los mejores aliados del encierro. Sin embargo, no todos acataron la tregua sanitaria. El domingo 26 por la noche, en el barrio donde vivo, estallaron los petardos de una fiesta popular y se bailó a ritmo de cumbia. La inestable vida mexicana suele alternar el carnaval con el drama y en ocasiones el festejo se mezcla con la catástrofe. En esta apropiación sentimental de la tragedia, del apocalipsis pasamos al *Apocalipstick*, para usar el neologismo de Carlos Monsiváis. El primer domingo de epidemia, las trompetas de la cumbia sonaron en un salón de fiestas cercano a mi casa, que refrendaba una arraigada tradición mexicana: los sitios de trabajo enferman y los de esparcimiento alivian.

Como nuestro mejor remedio para las desgracias son los chistes, al día siguiente mi hermana llamó para decir: "Yo padezco *influencia* porcina: por eso estoy tan gorda".

El lunes 27 fui con mi hija a la tintorería para la urgente tarea de limpiar un peluche. Regresamos caminando. Frente a la puerta de la casa, encontramos el coche del barrendero. Llevaba dos grandes tambos, llenos hasta el tope, y bolsas negras a los lados. Debía costar mucho trabajo empujarlo. Y, sin embargo, el coche se movía solo. "Está temblando", dijo el barrendero.

No fue un terremoto como el de 1985, sino una sacudida repentina y preocupante, una señal de que la Tierra no olvidaba la cita que, tarde o temprano, tendríamos con ella.

El virus de la confusión

"Tengo miedo", me dijo un amigo que regresó a la ciudad el 27, después de unos días de ausencia: "Pensé que la situación estaba controlada, pero nadie sabe nada".

Comenzaban los diez días para romper la cadena de transmisión del virus. La paciencia y la disciplina de las primeras horas eran desafiadas por la incertidumbre. "Necesitamos más información", la frase se repetía en las voces de epidemiólogos, periodistas, turistas, vecinos y familiares.

Ante la falta de certezas, los rumores ganaron terreno. El martes 28 hubo compras de pánico de latas de atún, arroz y otros productos que se suelen reunir para los damnificados de los ciclones. La gente decía que Walmart iba a cerrar sus puertas. Es curioso cómo se esparcen los rumores. Nunca sabremos por qué se habló específicamente de esa cadena. Lo cierto es que se trataba de información vacía.

Desde el 24 de abril, el gobierno federal había cerrado los sitios donde podía haber aglomeraciones. El 28, el gobierno del Distrito Federal extendió la medida a los restaurantes. Esto hizo que más gente fuera a los supermercados.

El país era gobernado por el conservador Partido Acción Nacional y el DF, por el izquierdista Partido de la Revolución Democrática. Después de una insólita unidad ante la crisis, aparecieron discrepancias. La política llegó al chicharrón en salsa verde. Los comerciantes criticaron el cierre de restaurantes y el secretario del Trabajo juzgó innecesaria la medida.

Todos los días, más de cinco millones de pasajeros se hacinan en el metro. Se trata de una fuente de contagio dantesca ante un virus severo. Cerrar el metro hubiera paralizado la economía del país, de por sí golpeada. En consecuencia, se optó por restringir los espacios "recreativos" y no los de tránsito.

El lunes 27 hice mi última visita a una taquería. El mesero llegó con la bandeja de los postres. Mientras los ofrecía, tocó cada uno con un bolígrafo. ¿Había cedido antes a la muy humana costumbre de chupar la pluma?

Mientras el gobierno de la ciudad era acusado de actuar con excesivo celo, el gobierno federal luchaba contra las estadísticas. En su conferencia de prensa del martes 28 por la noche, el secretario de Salud, José Ángel Córdova Villalobos, modificó lo dicho hasta entonces: de las ciento cincuenta y nueve muertes asociadas con la influenza porcina, muy pocas habían sido causadas por el virus. La autopsia de los expedientes era más lenta que la de los cuerpos. Hasta ese momento, sólo podía hablarse de siete casos probados.

Si las muertes ocasionadas por un virus inédito eran siete, ¿por qué se habían tomado tantas medidas? ¿Y las demás muertes?

Imaginemos una trama de ciencia ficción en la que unos alienígenas envidiosos de nuestra agua aterrizan armados de un virus letal. Hay ciento cincuenta y nueve fallecidos. El planeta cae en la zozobra y la OMS anuncia: "Sólo siete de los muertos recibieron el virus". ¿Es esto tranquilizador? Por supuesto que no. Quedan ciento cincuenta y dos incógnitas. Ser vencido por un adversario ilocalizable provoca mayor angustia.

La información fluía como un goteo lento y espeso. El secretario de Salud dijo que una de las víctimas letales pesaba doscientos veintiocho kilos, sugiriendo que no se muere de influenza, sino de "complicaciones". Esa misma noche insistió en que las neumonías que se produjeron en La Gloria, Veracruz, no tenían que ver con la influenza.

¿El gobierno federal rebajaba el drama y el gobierno de la ciudad lo exageraba? Las contradicciones eran más contagiosas que la enfermedad.

Parábola azteca

Para el 29 de abril, el DF carecía de otros lugares de reunión que no fueran los andenes del metro.

También el 14 de abril la ciudad estuvo desierta, pero por otra causa: el cordón de seguridad para la visita de Barack Obama. Esa noche, el presidente de Estados Unidos cenó con Felipe Calderón en el patio del Museo Nacional de Antropología. Su anfitrión fue Felipe Solís, director del museo.

Tuve la suerte conocer a Solís, arqueólogo que en 1978 ayudó a descubrir una pieza esencial de la cultura azteca: la efigie de la diosa Coyolxauhqui, asesinada y mutilada por su madre, la implacable Coatlicue.

Después de hacer exploraciones, Solís se dedicó a la conservación arqueológica. Llevaba años al frente del principal museo de arte prehispánico de México. Quizá el estrés ocasionado por la visita de Obama debilitó a una persona de entusiasmo incombustible. Lo cierto es que Solís fue hospitalizado con síntomas de neumonía. Murió el 23 de abril, de un paro cardiaco. Tenía sesenta y cuatro años y antecedentes de diabetes. ¿Se trató de un caso de influenza?

La información oficial señalaba que no había sido así, pero como en México se desconfía de todo, no faltaron rumores: "Sería gravísimo que Obama y su comitiva pensaran que su anfitrión murió de influenza, por eso lo están ocultando", me dijo un amigo que trabaja en Relaciones Exteriores.

Unos meses antes, el gobierno mexicano había protestado por la *texican burger* creada por Burger King. En los carteles publicitarios, un mexicano bajito, con máscara de luchador, enfundado en la bandera nacional, aparecía junto a un tejano alto. Aunque el gringo no estaba en estupenda forma, la diplomacia mexicana juzgó que la propaganda era discriminatoria. Obviamente, un país que se preocupa por la forma en que es representado en las hamburguesas no está muy seguro de sí mismo. ¿La alarma acerca de la influenza se minimizó para no alterar la visita de Obama?

Ante el terremoto de 1985, el gobierno tardó en pedir ayuda porque no deseaba que México fuera visto como un sitio peligroso en vísperas del Mundial de 1986. Una y otra vez, el temor ante la mirada ajena ha frenado la información, como si la Tierra temblara o los virus mutaran para derribar al jefe del Estado. Sin necesidad de leer a T. S. Eliot, el gobierno descubría que "abril es el mes más cruel" y consideraba que la enfermedad ocurría en su contra. Estornudar se había vuelto disidente.

Para el día 29, en el aire flotaban más dudas que gérmenes. Mientras tanto, el azar escribía parábolas: Felipe Solís, arqueólogo que sacó del subsuelo a una diosa victimada, murió en el momento en que un virus amenazaba a los nuevos aztecas con devolverlos a la tierra.

Mexicano por adopción

Escenas del México contemporáneo: el martes 28 de abril se descubrió el cadáver de una víctima del narcotráfico al borde de una carretera; llevaba un cubrebocas para protegerse de la influenza porcina. Al día siguiente, sicarios del cártel del Golfo fueron arrestados y se les decomisó un arsenal; también ellos llevaban cubrebocas. La epidemia no representaba una tregua para el crimen organizado.

Por su parte, los fabricantes de *souvenirs* se adaptaron a los tiempos fabricando una mascota. El peluche salió del frío con nombre de estornudo: Achufy. Su aspecto era el de un flan con ojos, que había sido hecho en China con otro propósito y sólo se pudo vender en México.

Una pregunta decisiva comenzó a recorrer las tertulias: ¿qué tan nuestro era el virus? Conversé con dos periodistas alemanes que llegaron a México a cubrir la epidemia y me informaron que en su país se hablaba del "virus mexicano". También me dijeron que los pasajeros procedentes de México eran recibidos en el aeropuerto de Fráncfort como mutantes de alta toxicidad.

¿Es correcto que un virus tenga "denominación de origen", como el coñac, la champaña o el tequila? Para evitar que México quedara asociado con una pésima noticia, el secretario de Salud, José Ángel Córdova Villalobos, recordó el pedigrí del bicho: su mapa genómico incluía un componente euroasiático. "No lo digo yo, sino los laboratorios de Estados Unidos y Canadá que lo tipificaron", precisó. Esto llevó a otra interrogante decisiva: ¿en los laboratorios del país no se podía hacer esa tarea? Las muestras se enviaban lejos, retrasando la estrategia, algo más preocupante que el origen nacional del virus. ¿Acaso desprestigia a España que se hable de "gripe española"?

Todo indicaba que el virus tenía parientes remotos, pero nos eligió a nosotros para hacer daño y ofreció una radiografía de un país donde la atención médica es deficiente. Ahí está lo mexicano del asunto. La gente no moriría del mismo modo en otros sitios. Para el 3 de junio ya se podrían hacer balances estadísticos. México tendría entonces 5 029 infectados y noventa y siete muertos. Estados Unidos llegaría al doble de infectados (10 054), pero sólo registraría diecisiete decesos. El problema no era contagiarse, sino ser atendido en México.

El 16 de abril un conocido llegó a un hospital privado con síntomas de neumonía. No lo atendieron porque su seguro no cubría esos gastos. Fue trasladado a un hospital público, donde murió a las pocas horas. No se trataba de un menesteroso, sino de un funcionario de alto nivel.

Una nación con cincuenta millones de pobres enfrentaba dos epidemias: el virus y la miseria.

Durante los días de contingencia, los mendigos no dejaron de salir a las calles. Ninguno de ellos llevaba cubrebocas.

Novedad de los ojos

Nadie se había fijado en los ojos de Lorena hasta que se puso un cubrebocas. La frase es exagerada: nadie se había fijado *tanto* en ellos.

La epidemia del virus porcino cambió los hábitos de la capital. La transformación más evidente fueron los rectángulos de tela en las caras de la población. Los que no eran guapos, al menos se volvieron misteriosos.

Enfrentamos la catástrofe unificados por una prenda. No siempre es fácil decir *nosotros*. ¿Qué representa la palabra?, ¿qué clase de identidad convoca? Una tribu adicta a la compañía atravesaba el laberinto de la soledad. ¿Quiénes éramos? Los del rostro con una tela azul.

Aparte de eso, sabíamos poco. ¿Por qué brotó en México un virus inédito? ¿Por qué el gobierno tardó en declarar la emergencia? El secretario de Salud comentó que ofrecía la información tal y como le llegaba de los hospitales. Ese goteo no podía ser muy certero. Vivimos en un país donde un paciente contrae neumonía porque lo olvidaron en un cuarto helado y tuvo que esperar horas sin camisa para que le hicieran una placa de tórax.

Las negligencias también se reflejan en las historias clínicas. En caso de duda, un mexicano muere por "congestión múltiple", es decir, por un tamal de más o de menos.

Poco antes de la crisis, mi padre había decidido donar su biblioteca a la Universidad Michoacana. Ninguno de sus hijos se opuso a una decisión que preservaría la unidad de los libros que lo habían formado. En un gesto sentimental, poco común en él, mi padre pidió que cada uno de nosotros tomara algunos volúmenes "de recuerdo". Entre ellos, escogí una primera edición de *La peste*, de Albert Camus. En 1947 mi padre había subrayado un pasaje en esas páginas: "Se puede decir que la invasión brutal de la enfermedad ha tenido como primer efecto el de obligar a nuestros conciudadanos a actuar como si no tuvieran sentimientos individuales".

¿Quiénes éramos? Los del cubrebocas. Una prenda nos unificaba y sugería novedades: en verdad los ojos de Lorena eran más hermosos. Y, cuando el cubrebocas reposaba en el cuello, recuperábamos el olvidado milagro de ver un rostro. ¿Seríamos capaces de mirar de esa manera con el retorno de los días normales? En su alegoría, Camus encuentra lazos positivos que sólo surgen por excepción, ante la necesidad de superar una tragedia. ¿Conservaríamos el invisible tejido con que nos ataba la epidemia?

¿Quién fue el primer infectado con el virus? De la preocupación ante la influenza pasamos, como diría Harold Bloom, a la "angustia de la influencia".

Hasta el miércoles 29 el secretario de Salud insistió en que los cuatrocientos casos de neumonía de La Gloria no tenían que ver con la influenza porcina. Sin embargo, laboratorios de Estados Unidos y Canadá confirmaron ese día que el primer brote del virus AH1N1 ocurrió precisamente ahí. La muestra provenía de Edgar Hernández, niño de cinco años, y fue tomada el 3 de abril, veinte días antes de que se declarara la emergencia.

Obviamente, es imposible saber si se trata del primer infectado de la historia. Esa comunidad está en contacto con migrantes que trabajan en Estados Unidos y acaso el virus llegó de ahí. Las cosas suelen tener un origen anterior al que les atribuimos.

Más importante que localizar al Paciente 0 era el manejo de la información. El 28 de abril, cuando Córdova Villalobos dijo que había siete muertes comprobadas a causa de la influenza, una colega le preguntó dónde habían ocurrido. Con la parsimonia de quien no desea equivocarse, el secretario buscó entre sus papeles y leyó el reporte correspondiente: seis personas habían fallecido en el barrio de Tlalpan. No agregó nada más. Esto generó la sensación de que el foco del mal estaba al sur de la ciudad. En esa zona se encuentran los hospitales de Cardiología, Nutrición y Enfermedades Respiratorias, centros de excelencia que sí pueden detectar el virus. Por desgracia, mucha gente ignoraba esto y pensó que los muertos habían contraído el virus por vivir en Tlalpan. El secretario tardó veinticuatro horas en aclarar el punto.

El doctor Córdova Villalobos se había convertido en el atareado copiloto de una nave sin capitán. En la semana del 23 al 30 de abril, el presidente Felipe Calderón salió tres veces de su casa, dos de ellas para tener reuniones con miembros del gabinete y una para recibir ayuda médica de China (país que al día siguiente de su donación arrestó por razones médicas a setenta y un mexicanos). Finalmente, el sábado 1.º de mayo visitó el hospital de la Marina.

Mucho se dijo de las medidas de seguridad que se tomaban en la oficina del presidente, desde el gel desinfectante que se aplicaba en todos sus objetos hasta el control sanitario de las visitas que recibía. Aunque un mandatario responsable debe garantizar su salud, llamaba la atención que no se acercara a la realidad, la región viral donde vive el pueblo.

Calderón no supervisó la atención médica ni participó en forma visible en la estrategia de comunicación. De acuerdo con una encuesta del periódico *Reforma*, cincuenta y cuatro por ciento de los mexicanos juzgaba que se le ocultaba información.

Los altos mandos de los organismos internacionales no escatimaron elogios para el esfuerzo de los mexicanos. Sin embargo, a una semana de la declaración de emergencia, aparecieron inconformidades en los mandos medios de esas mismas instituciones. Michael Ryan, director de Alerta y Respuesta Global de la OMS, reveló que desde el 11 de abril había prevenido a México del brote de influenza (nueve días después de que lo hiciera la empresa de biovigilancia Veratec). Esta señal surgió a partir de los casos de neumonía en la comunidad de La Gloria. Cinco días más tarde, cuando se supo de una posible víctima de influenza en Oaxaca, Ryan volvió a dar alerta. Mientras Barack Obama visitaba el DF y se disculpaba por los diplomáticos de su país que definieron a México como "Estado fallido", la alerta de la OMS era desoída.

La influenza encontró al gobierno con las defensas bajas. Otras eran las fuentes de prosperidad en el país. En su número dedicado a las cien personas más influyentes del planeta, *Time* incluyó a un mexicano: el Chapo Guzmán, próspero narcotraficante.

Cloro y mayonesa

"La ciudad es un cadáver", me dijo Arnoldo Kraus, médico internista del Hospital ABC, cuando le pregunté acerca de la pertinencia de abandonar el DF.

El doctor Kraus no se refería a que la capital estuviera devastada, sino a que estaba desierta. Mucha gente salió, aprovechando que las oficinas y las escuelas estarían cerradas hasta el 6 de mayo (luego, el regreso a clases de los menores se prolongó hasta el 11). La OMS había colocado a México en el nivel cinco de alerta, lo cual significaba que la epidemia seguía ya un curso planetario. Aunque no se recomendó cerrar fronteras ni aislar al país, China, Cuba, Perú, Argentina y Ecuador cancelaron sus vuelos a México.

El jueves 30, el presidente Calderón recomendó que pasáramos el puente en casa. Pedía que lo imitáramos en su encierro. Naturalmente, hicimos las maletas para ir a Acapulco, donde sólo los meseros usaban cubrebocas.

Al cabo de unos días volvimos a una ciudad que recuperaba su ritmo sin que eso fuera un alivio. Uno de los primeros contagiados con el virus AH1N1 fue Manuel Camacho, exregente de la Ciudad de México. Recibió buena atención en el Hospital ABC y pudo volver a casa. Quienes no habían gobernado la ciudad no contaban con la misma suerte.

Esto no quiere decir que los hospitales privados operen de manera impecable. Me hice unos análisis en Médica Sur, uno de nuestros principales centros de salud. Cuando fui a recogerlos, el laboratorio estaba cerrado. Como ir ahí implica una hora de tráfico, hablé para pedir que me enviaran los datos por correo electrónico o fax. La respuesta fue una joya del surrealismo mexicano: "No podemos porque las hojas están engrapadas". Si esto pasa en un lugar que pretende funcionar como un reloj suizo, es posible imaginar lo que sucede en las clínicas populares.

El 10 de mayo, el Día de las Madres se celebró con los restaurantes nuevamente abiertos. A la entrada de cada establecimiento había una botella con gel desinfectante que propagaba un olor a peluquería. Los meseros usaban una red en el pelo y cubrebocas. Para entonces, cuarenta y cinco personas habían muerto de influenza. Eran los casos comprobados. La cifra completa sólo se precisará en los rumores, la leyenda y la memoria. El número de infectados en Estados Unidos superó pronto al de México quizá porque su método de detección era más eficaz. Tenían más infectados, pero menos muertos.

El 11 de mayo los niños volvieron a las escuelas primarias. La Secretaría de Salud pidió que se extremaran las medidas sanitarias. Esto puso al descubierto otra carencia: cincuenta mil escuelas no tenían agua.

La crisis era muy distinta a la experimentada con los sismos de 1985. En este caso, la amenaza éramos nosotros. Nada resultaba tan arriesgado como el contacto con el prójimo. La única solidaridad que podíamos mostrar era la de una disciplinada obediencia de las disposiciones oficiales. La respuesta, en este sentido, fue admirable. Una ciudad que vive para lo que ocurre de a montón aceptó el calvario del aislamiento.

Pero no faltaron sobresaltos y las compras de pánico permitieron registrar dos obsesiones del consumidor mexicano: la limpieza y el condimento. Los productos más vendidos fueron el cloro y la mayonesa.

Nuestra vida prosiguió en encierro y cámara lenta. En esas condiciones enfrentamos algo tan grave como la epidemia: no poder hacer otra cosa que lavarnos las manos. A diferencia de lo que sucedió en el terremoto, resultaba imposible salir a la calle con una carretilla a recoger trozos de ciudad. Ayudar implicaba estar ausentes, soportar la impotencia y la frustración.

Actuamos como debíamos hacerlo, pero otros quedaron en deuda. "Lo que más me irrita es la falta de solidaridad de la medicina privada", me dijo Ricardo Cayuela Gally, en ese entonces jefe de redacción de *Letras Libres*. Tenía razón. Durante una semana no hubo un solo gesto de apoyo de los grandes negocios de salud. Los hospitales donde el enfermo es visto como un cliente que debe pagar por el hilo de sutura, la caja de Kleenex que no solicitó y las largas horas en el estacionamiento, que es un "negocio aparte", no una cortesía para los que ahí se alojan, podrían haber ofrecido asesoría, consultas o análisis gratuitos. Si uno de los grandes hospitales privados hubiese brindado diez camas solidarias, habría mostrado que no todo depende de la usura.

También los comercios podrían haber hecho cosas menores pero significativas, como regalar cubrebocas. Telmex instaló un servicio de orientación sobre la influenza. Hubiera sido más generoso que el monopolio telefónico también instalara un locutorio con llamadas gratuitas de larga distancia. Los bancos, tan inventivos con sus comisiones, no abrieron líneas de crédito en solidaridad con los enfermos. Los almacenes que nos despiertan el sábado a las ocho para decirnos que ese día tienen ofertas no donaron camas a los hospitales públicos. La marca registrada de las empresas fue el egoísmo.

Érase una vez un país precario donde la gente sobrevivía a base de cloro y mayonesa.

A propósito de la muerte de J. G. Ballard, escribió Rodrigo Fresán: "Cuando la realidad comienza a parecerse demasiado a tus fantasías, llega el momento de partir". El visionario inglés dejó un mundo muy cercano a sus historias. El 23 de abril por la noche, mientras yo escribía mi obituario del novelista, el presidente declaraba la emergencia. Lo que viviríamos después se parecería a la poética del desastre del autor de *Crash*.

Poco a poco volvimos a una extraña vida común. De la histeria inicial transitamos a la costumbre y comenzamos a ver la influenza como una forma exagerada de la gripe, contra la que hay que vacunarse.

Más allá del miedo y la epidemia, nos aguardaba algo curioso: una realidad que, en efecto, se parecía demasiado a nuestras fantasías. El novelista argentino Rodrigo Fresán sugiere que ése es el momento de partir. Para un novelista mexicano, es el momento de quedarse.

Personajes de la ciudad: El merolico

La charlatanería de nuestros políticos, capaces de separar con deleite las palabras de los hechos, obliga a revisar la etimología de una voz que en México equivale a algo más que pregonero y a algo menos que chamán: *merolico*.

Gracias a que la editorial Los Reyes hizo una edición facsimilar de las *Memorias de Merolico*, con un atractivo prólogo de Jesús Guzmán Urióstegui, podemos reconstruir la trayectoria del personaje que llegó a México como un ciclón de palabrería: Rafael Juan de Meraulyock, quien sería conocido por sus clientes vernáculos como Merolico.

Aunque sólo pasó un año en la capital (1879-1880), no hubo día en que no se complicara la existencia ni derrochara retórica para vender las perladas aguas de un curatodo. Su influencia en el país llegó a ser tan grande que el Congreso tuvo que debatir una nueva ley de profesiones. ¿Había forma de que ese dentista, mago, médico y actor ejerciera legalmente su multiplicidad?

Las plazas lo escuchaban absortas, las mujeres se le rendían, los periodistas lo buscaban en la cantina El Globo. Vestido como figurante de zarzuela (levita azul decorada con once medallas y corbata verde lechuga), anunciaba en sus carteles que se atravesaría el cuello con un cuchillo como mártir de un indefinido suplicio oriental. En cada una de sus comparecencias se libró de cumplir esta promesa porque le sobraba vocabulario para negar los hechos. Consumado embaucador, no sometió su garganta a mayor riesgo que el exceso de palabras y el vino que tanto le gustaba.

Según el cálculo de Guzmán Urióstegui, el curandero extrajo en México "cerca de cuatro mil quinientas muelas, a razón de trescientas por día". Nada más lógico que alguien cuya elocuencia dejaba al público con la boca abierta aprovechara esta atención para arrancar dientes. Eso sí, la estadística de trescientas extracciones diarias parece más propia de un hechicero que de un dentista exprés.

Merolico informa en sus *Memorias* que su vida comenzó en la Suiza de "pacientes vacas". Antes de llegar a México, recorrió suficientes países de habla hispana para perfeccionar sus adjetivos. Escribió su autobiografía con ayuda de dos periodistas y la publicó como anticipo de una obra que prometía ser tan extensa y agitada como la de Casanova. Al modo de los grandes libertinos de la Ilustración, convirtió la confesión de desmesuras en una moral: un cínico detalla sus vicios para ilustrar a través de sus defectos. Enemigo del tedio, repudió la buena conducta con un aforismo: "La inocencia es una cosa esencialmente monótona".

La estrella de Merolico gira en torno al dinero: "Todo valor metálico era para mí igual a los astros, monedas de a ocho duros que Dios cuenta para entretenerse por las noches, sobre un mostrador de azul y de ébano; cosas que se ven, pero no se tocan, cuerpos imponderables, como rezan los vocabularios científicos". Buscó el oro como lo hubiese hecho un gambusino guiado por preceptos astrales. En otras palabras, el esoterismo le sirvió para ganar un dinero muy terrestre.

La última parte de sus *Memorias* está dedicada a México. Un rasgo define su estilo literario: el ánimo competitivo para comparar una cosa desfavorablemente con otra. Artista del disfraz, lamenta que las mujeres mexicanas se vistan para la mirada ajena, como actrices en un foro, y busquen cambiar el color de sus cabellos. Es aun más duro con sus colegas de la palabra, los periodistas que conoce en "fondas de tercer orden, donde la carne humea por primera vez en forma de *beefsteak*, y al cabo de una semana se eleva al rango de croqueta". En las redacciones comprueba la venalidad del medio: "periódicos vendidos y periódicos que están en venta".

Poco confiables, "destinados a extraviar a la opinión pública", los periodistas son, pese a todo, las personas más simpáticas que conoce. En cambio, detesta a los diputados, máximos usurpadores del idioma. Merolico se debe a su público, a diferencia de los falsarios a sueldo que dormitan en la comodidad de su curul. El vendedor de específicos para la vida eterna se considera más cerca de la verdad que los legisladores:

> He oído tres discursos y ninguno valía, sin modestia sea dicho, la popular elocuencia que en abigarrado idioma hizo mi fortuna en la plazuela desde lo alto de mi tribuna ambulante. Es cierto que el buen pueblo espera mucho más de mi redoma encantada que de las píldoras venenosas que se fabrican en ese laboratorio de donde salen las leyes de contribuciones y la suspensión de garantías.

El polemista no puede describir la realidad sin retarla a duelo. Los diputados le brindan el más seguro de sus blancos; los considera traidores que deberían llevar en el pecho la expresión: "¡Se alquila!"

Como todo custodio de un conocimiento hermético, Merolico desconfía de quienes puedan rivalizar con sus saberes. Descubre que en la bruma social mexicana, las apariencias valen más que las realidades: "En una reunión de cincuenta personas he llegado a contar cuarenta y cinco glorias nacionales". El principal recurso del sabio mexicano consiste en vivir sin tener que justificar su oficio. A todos les dicen *maestros* (igual que a los carpinteros), pero ninguno tiene una especificidad: "He advertido que los sabios de México nunca han seguido una carrera. Son sabios sueltos". Su talento se cultiva en secreto, sin rebajarse a la vulgaridad de darlo a conocer. Algunos combinan la suciedad con el patriotismo: "Conozco a uno que nada más se lava con sus lágrimas. Llora cada 16 de septiembre".

El afilado Merolico no podía permanecer mucho tiempo en una nación donde la mentira es una forma de la cortesía y la ofensa comienza con la frase "con todo respeto..." Un año bastó para que se fuera con sus trucos a otra parte. Su fugaz visita dejó una duradera visión de un país que no ha cambiado gran cosa.

Desde entonces, en el español de México, *merolico* es alguien que busca convencer con un torrente de palabras: "Que no le digan, que no le cuenten; pasen a verlo, pasen a conocerlo, el mejor elíxir...", "Tamales, oaxaqueños, calientitos...", "Lleve su pan de hule para hacerle la broma a la prima, a la hermana, a la suegra...", "Son de marca, son de a peso, quitan callos de a montón...", "Aquí está su CD con la calidad Orfeón y lo mejor de la música romántica..."

Este impulso retórico se encuentra tan arraigado que se utiliza en circunstancias ajenas a la necesidad de convencer. Los custodios de los filtros de seguridad de los aeropuertos mexicanos son merolicos uniformados:

—Deposite en la charola sus dispositivos eléctricos, su cinturón, sus llaves, sus lentes, sus monedas. ¿Ya sacó su celular?

Curiosamente, esto se le dice a una persona que ya colocó todos esos aparatos en una bandeja, ante la vista del guardia. En nuestra supersticiosa forma de vida, las palabras son un conjuro: sólo existe lo que se dice en voz alta.

Más allá del filtro de seguridad, en el *duty-free* del aeropuerto, el viajero comprueba otra herencia de Merolico: en México las mercancías no se venden solas. A la entrada de cada sección, un empleado recita: "Perfumes para la dama" o "Tenemos su *whisky*, caballero". La única oferta que jamás se produce en esos sitios es el silencio. Merolico nos convenció de que el que no habla no vende.

En honor del extranjero que una tarde se situó en la Plaza del Seminario, sacudió su levita azul celeste y ofreció a los mexicanos librarlos para siempre de su terrible dolor de muelas, usamos una palabra desconocida en otros países hispanohablantes.

El inolvidable Rafael Juan de Meraulyock hizo algo más que servirse de la estafa: tuvo el valor de incriminarse y comparar sus intrépidas verdades con la simulación general. La franqueza del embaucador alecciona por contraste; al confesar su artimaña, pone en entredicho a quienes pretenden vivir en estado de pureza. Por desgracia, hoy en día su legado se refiere en exclusiva al pregón publicitario y al soliloquio comercial, no a la autocrítica, que también ejerció.

Las palabras son sombras de cuerpos desaparecidos. El nombre de Merolico ya sólo define a quien abusa del lenguaje para ofrecer líquidos de víbora, el charlatán de tiempo completo, el pregonero sin sustancia.

Rafael Juan de Meraulyock se hubiera sorprendido de que su apellido se asociara con esta demagogia, que siempre le pareció más propia de los diputados.

LUGARES: SANTO DOMINGO

Cinco frailes viven en el Convento de Santo Domingo, que en sus días de gloria albergó hasta ciento cincuenta frailes y actualmente podría recibir con holgura al menos a quince. El sitio está a punto de recibir la denominación de *casa* por parte de las autoridades de la orden en Roma, pues ha perdido relevancia en la comunidad mexicana. La falta de vocaciones y la escasez de feligreses han provocado que uno de los más hermosos templos barrocos del siglo XVIII pierda importancia ante los ojos de quienes lo fundaron.

La iglesia preside mi plaza favorita en la ciudad, que, al modo de los libros y los personajes de Juan Carlos Onetti, parece pasar por breves momentos de gloria y largos de olvido.

En 1977 Manuel Capetillo publicó su novela fantasmagórica *Plaza de Santo Domingo* y recreó un sitio ajeno al turismo y proclive a las apariciones que buscan cobijo entre las ruinas. Ese mismo año, Fernando del Paso dio a conocer su enciclopédica novela *Palinuro de México*. El protagonista pertenece a las huestes de Galeno y estudia en la Facultad de Medicina ubicada en el Antiguo Palacio de la Inquisición, también obra de los dominicos. Un capítulo recupera el barrio donde Palinuro indaga los misterios del cuerpo al compás de las campanadas que cortejan al espíritu.

El *revival* literario de la plaza no transformó mucho su destino.

Aunque se encuentra a unas cuadras del Zócalo, Santo Domingo tiene algo de espacio "aparte". No le faltan atributos de interés. Ahí están la Secretaría de Educación Pública (con titánicas muestras del muralismo mexicano), los portales de los *evangelistas* que redactan e imprimen documentos, la hostería que alberga el restaurante más antiguo de la capital, la deslumbrante iglesia de los dominicos y el antiguo tribunal de la Inquisición, transformado en museo universitario. Aun así, se trata de uno de esos sitios que el viajero descubre un poco por accidente, al aventurarse más allá de las rutas obligadas.

Cuando publiqué un texto en *Reforma* sobre las sorprendentes homilías filosóficas de fray Carlos Mendoza en Santo Domingo, pensé que bastaba escribir el nombre de esa iglesia, sede original de la orden, para que algún interesado fuera a escucharlo. Para mi sorpresa, varios lectores se dirigieron a Mixcoac, donde otra iglesia lleva el mismo nombre. No se trata, pues, de un referente indiscutible de nuestra vida urbana.

Acaso mi interés se deba a la chismografía que cautiva a todo escritor. Algunos episodios clave de mi familia se han cumplido en ese escenario. Mi padre citó ahí a una chica que había prometido escaparse con él y que lo dejó plantado (a ese desencuentro debo mi existencia). Además, en el oratorio de la iglesia bautizamos a mi hija; ahí asistí a la misa solemne en memoria de Carlos Fuentes Lemus y ahí traté de disolver el maleficio familiar citando a una chica que conocía las más diversas variantes de la transgresión artística, pero ignoraba que la radicalidad también comparece en las misas de fray Carlos, con quien, para perfeccionar las coincidencias, ella estaba emparentada. A diferencia de la novia reacia de mi padre, esta chica sí fue al encuentro, lo cual permitió reactivar el eterno interrogante de si se sufre más por las zozobras del amor perdido o por las del amor cumplido.

Corro un velo sobre las cuitas íntimas de la familia. La importancia de Santo Domingo jamás se justificará por ellas. Baste saber que se trata de uno de esos sitios emblemáticos donde los miembros de nuestra pequeña tribu no sólo avistamos estatuas, emblemas heráldicos y campanarios: sabemos que ahí "pasaron cosas".

Este impulso privado estimula mi interés por el lugar. La construcción del templo se inició en el siglo XVI, pero el aspecto actual es del XVIII. Con la guerra de Reforma y la desamortización de los bienes del clero, el convento perdió una parte sustancial, que se convirtió en la calle Leandro Valle.

En los portales de la plaza se ubican los *evangelistas*, que durante años redactaron cartas para los novios a los que les sobraba amor y les faltaba ortografía, y con el tiempo se integraron a la vasta industria de la piratería de documentos. En 1926, estos escribidores populares formaron la Unión de Mecanógrafos y Tipógrafos Públicos del Distrito Federal. En esos teclados han sido redactadas e impresas tesis de licenciatura, se han elaborado credenciales apócrifas, se han levantado inventarios, se han pergeñado testamentos y otras voluntades. La cultura de la letra prospera en Santo Domingo con una informalidad que no parece alterar a la adusta corregidora Josefa Ortiz de Domínguez, cuya efigie preside la plaza. Obra de Jesús Contreras, el exaltado escultor de *Malgré tout*, la estatua consagrada a la pionera de la Independencia que habitó por unos años en esos rumbos otorga el inevitable toque "institucional" al conjunto urbano.

Fundada por clérigos que construyeron un templo, un convento y un juzgado inquisitorial, la zona incorporó muchos otros usos. Aunque no faltan los cafés ni las cantinas, el ambiente de la plaza está determinado por una exitosa mezcla de lo oficial con lo ilícito. En México no hay mayor prueba de dinamismo económico que la combinación de lo autorizado con lo improvisado. Los *evangelistas* imprimen documentos "oficiales" frente a la SEP y los vendedores de quincalla china tienen ahí uno de sus bastiones. A unos metros de la SEP y en el mismo costado de la calle, se encuentra la Coordinación Nacional de Literatura del INBA. La escritora Silvia Molina dirigió durante algún tiempo esa oficina y supo que ahí la buena convivencia dependía de congraciarse con Martita, secretaria del líder de los vendedores ambulantes de la zona, a quien correspondía la cuadra donde se ubica la coordinación. En este país de paradojas, el comercio "informal" está organizadísimo.

Todos los días, cientos de vendedores atraviesan la plaza con diablitos en los que acarrean mercancías a las calles aledañas. Santo Domingo es más una zona de paso que de mercadeo. También sirve de foro a las protestas de los ambulantes. Los ojos de Josefa Ortiz de Domínguez contemplan impávidos el México independiente donde unos piden más y otros piden menos juguetes chinos.

De día, todo es populoso. De noche, el sitio obliga a recordar que ahí sólo viven cinco dominicos. ¿Cuál será el futuro de los fundadores de la plaza? Nadie ha defendido con mayor ahínco ese proyecto que fray Julián Pablo, quien fue provincial de los dominicos mexicanos durante largos años, artista proteico que se convirtió en amigo y confesor de Luis Buñuel (nada como un buen sacerdote para mantener en guardia a un hereje). Formado como pintor y arquitecto, Julián se ocupó de la restauración del altar neoclásico diseñado por Manuel Tolsá, arquitecto de la Catedral y escultor de la estatua ecuestre de Carlos IV, *El Caballito*. Para atemperar el tono excesivamente blanco de las columnas y el frontispicio, el artista dominico otorgó al altar una atractiva ilusión de vetas de mármol.

Julián Pablo ocupó una habitación en el inmueble, más allá de la sacristía donde se encuentra la que quizá sea la mejor y más inquietante pintura de la Nueva España: *La lactación de Santo Domingo*, de Cristóbal de Villalpando. El inmenso óleo tiene como protagonistas a las tres virtudes teologales –fe, esperanza y caridad–, que en este caso se representan como mujeres voluptuosas y son seguidas por un tumultuoso ejército de mujeres. Un indiscutible erotismo dimana de la pintura.

En ese contexto de empoderamiento femenino, el fundador de la orden recibe un chorro de leche del pecho de la Virgen María. El ejército que la escolta perfecciona el sentido a un tiempo maternal, erótico y militar del gesto. El chisguete de leche en la boca del santo es la "acción" de la pintura. La multitud de mujeres poderosamente sensuales explica el esfuerzo y los deseos necesarios para que ese frágil momento ocurra.

Alguna vez Julián Pablo me contó que tenía bajo su custodia las cenizas de Luis Buñuel. El cuadro de Villalpando —sublevada exaltación de la fe— parece el acompañamiento ideal del creador de *Un perro andaluz*. Por otra parte, no sería extraño que el fraile que dio a conocer a mi generación las obras de Fellini, Visconti, Godard, Truffaut, Rossi y tantos otros en los espléndidos ciclos que organizaba en el Centro Cultural Universitario, que los dominicos gestionan a un lado de la UNAM, fuera albacea de los restos mortales de Buñuel.

Los hijos del cineasta han desmentido esta versión y fray Julián prefirió evadir una respuesta sorteando el tema con la sinuosa elocuencia que lo llevó a comparar la religión con la tauromaquia y al sacerdote con el diestro que rifa su destino ante una deidad inescrutable.

Amigo de Carlos Fuentes, José Luis Cuevas, Octavio Paz, Ramón Xirau y buena parte de los artistas mexicanos, Julián convirtió la espiritualidad en algo tan abierto y sugerente que estimuló a un hereje como Buñuel. Nada como un buen adversario para tonificar las propias convicciones.

En 2018, a los ochenta y tres años, fray Julián murió después de haber sido el mejor testigo religioso de la bohemia mexicana de la segunda mitad del siglo XX. Uno de sus discípulos más sobresalientes es Carlos Mendoza. Doctor en filosofía por la Universidad de Friburgo y profesor de la Universidad Iberoamericana, Mendoza representa, a sus cincuenta y seis años, un ejemplo de renovación de la teología y de la vocación social de la Iglesia.

Entre los sermones de fray Julián, recuerdo dos con un mismo tema: el difícil consuelo ante la muerte de un ser querido. El temprano fallecimiento de Carlos Fuentes Lemus, poeta y fotógrafo, puso en entredicho la superstición de que la vida tiene leyes. Sus padres, el novelista Carlos Fuentes y la periodista Silvia Lemus, asistieron a la misa con insólita entereza. El entorno aludía a los descomunales esfuerzos que a través de los siglos la especie ha hecho para sobrellevar el inevitable ultraje de la muerte. La belleza del templo, la música de Bach, una canción de Elvis Presley, músico favorito del joven Carlos, no pudieron aliviar el dolor. En ese clima, Julián dijo algo similar a lo que diría años después ante el féretro del poeta y filósofo Ramón Xirau: "¿Puede el dolor borrar las alegrías procuradas por quien desaparece?" "No hay que ser desagradecidos con Dios", comentó, invitando a hacer de la memoria otra forma de la dicha.

En cuanto a Mendoza, recupero en jirones las palabras que pronunció en marzo de 2015 acerca de la Cuaresma. Siguiendo a Hannah Arendt, Simone Weil y Giorgio Agamben, habló de la tumba vacía de Jesús ("ésta es la casa de un desaparecido"), similar a las de tantos familiares que buscan a sus hijos en las fosas comunes que han transformado a México en una necrópolis.

Aquel domingo, Mendoza reflexionó sobre la pesantez de lo real en un mundo violento y corrupto, y sobre los retos para alcanzar la levedad en tan precarias condiciones. Recordó la desafiante actitud de Jesús ante la ley, yugo que impone un fin, pero no otorga los medios para cumplirlo, y las palabras rebeldes de san Agustín que legitiman las vías heterodoxas de la pasión, siempre y cuando se cumplan por amor al prójimo. De manera apropiada, eligió el pasaje bíblico en que Jesús expulsa a los mercaderes del templo para criticar a quienes rinden pleitesía en el altar del consumo. Ese día, la iglesia de Santo Domingo se convirtió en un aula donde se disertaba sobre el valor de la ética en tiempos de discriminación y desigualdad. Las palabras pronunciadas por Mendoza eran rigurosamente antiguas y modernas: tradición viva.

Entendida como ritual obligado, la liturgia es una forma del tedio. Casi siempre, ir a misa decepciona. Sin embargo, algo tan reiterado aún puede ser instrumento de reflexión, rebeldía y desconcierto.

No se necesita ser cristiano, y ni siquiera una persona de fe, para apreciar los sermones-conferencia de fray Carlos o fray Julián.

Ignoro si es demasiado arcaico o demasiado posmoderno considerar que en tiempos de instalaciones y *performances* un hecho cultural rigurosamente contemporáneo ocurre en una iglesia. En mi papel de cronista urbano, me limito a constatar que, en Santo Domingo, Platón no ha dejado de estar en lo cierto: el tiempo es la eternidad que se mueve.

¿Qué destino marca el reloj de Santo Domingo? Para Carlos Mendoza, el destino lógico del convento sería convertirse en un museo que no dejara de cumplir funciones de iglesia. Esto permitiría que el cuadro de Villalpando abandonara la oscura sacristía para ser exhibido en la nave principal y que las casullas novohispanas de la orden, cuyo tejido refleja el cruce de culturas de la época —seda traída en la Nao de China, hilo de oro mexicano— y que fray Julián portó con prestancia de primer espada, pudieran ser exhibidas en una galería.

El cuadro de las mujeres armadas podría ser el inicio de un recorrido pictórico por la plaza que llevaría de la lactación del santo a los murales de Jean Charlot, Amado de la Cueva, Diego Rivera y David Alfaro Siqueiros, y a las esculturas de Ignacio Asúnsolo en los patios de la SEP, así como a las pinturas de Roberto Montenegro en el despacho del secretario.

En su origen, el edificio de la SEP fue el Convento de la Encarnación y preocupó a los dominicos por la excesiva proximidad de tantas mujeres con los miembros de su orden (en esta frase, el albur es optativo). Años después, Diego Rivera haría que el edificio se volviera inquietante por otra causa. En 1925, el poeta Vladimir Mayakovski viajó a México para conocer los efectos de una revolución precursora de la soviética, contempló los casi doscientos paneles que el pintor trazaba en los muros de la SEP y escribió: "Este primer mural comunista del mundo es ahora objeto de los ataques más furibundos por parte de los miembros más destacados del gobierno del presidente Calles".

El recorrido pictórico podría concluir en el restaurante más antiguo de México, la Hostería de Santo Domingo, que conserva su traza del siglo XVI. Supuestamente, ese predio fue cedido por los dominicos cuando no pudieron pagar sus deudas de consumo de cera. Demasiadas velas habían ardido sin recibir a cambio diezmo alguno.

Ése es el origen mítico de la catedral contemporánea de la pechuga en nata y la leche quemada. El vitral del restaurante es una reproducción de la portada del menú diseñada por José Gómez Rosas, el Hotentote, y el mural que decora el fondo del restaurante –una vista de la plaza de Santo Domingo en tiempos de la Colonia, que en los años ochenta adornó los billetes de mil pesos– fue pintado en 1956 por Antonio Albanés.

Actualmente, las obras más accesibles para el visitante son las de la Hostería. El cuadro de Villalpando ocupa un sitio recoleto en la sacristía del templo y los murales de la SEP requieren de permiso para ser vistos. El futuro de la plaza dependerá de visibilizar un acervo fascinante que no llega a ser clandestino, pero pacta en exceso con la discreción.

La mayoría de los templos y conventos de Italia se han conservado al transformarse en espacios museográficos. Por ahora, Santo Domingo parece seguir el rumbo opuesto y se encamina a ser considerado, con la modestia que otorga el abandono, como la sencilla morada de cinco frailes: una "casa".

La muerte de un poeta

A propósito de Jaime Torres Bodet, José Emilio Pacheco escribió que tuvo vida de funcionario y muerte de poeta. Ocupó el escritorio con los signos del Zodiaco que José Vasconcelos mandó diseñar como primer secretario de Educación Pública y se suicidó en su propio escritorio, que luego compraría el historiador de la literatura José Luis Martínez.

La plaza de Santo Domingo fue escenario de los afanes burocráticos de Torres Bodet y del suicidio de otro poeta, Manuel Acuña. "Los consentidos de los dioses mueren jóvenes", advierte el refrán que se remonta a la Grecia clásica y cobró dramática actualidad con el Club de los 27 en la música de rock (Jimi Hendrix, Brian Jones, Kurt Cobain, Jim Morrison, Amy Winehouse, Janis Joplin). En *El mito de Sísifo*, Albert Camus advierte que el único problema filosófico verdaderamente serio es el suicidio. ¿Hay forma de explicar a quienes adelantan su destino por propia mano? Precisemos la pregunta: ¿Hay forma de explicarlos si no median causas como una enfermedad incurable o la posibilidad de morir bajo el fuego enemigo? Recuerdo al poeta Álvaro Mutis en las sesiones de la Casa Refugio Citlaltépetl en las que hablaba de la importancia de dar acogida en la Ciudad de México a los escritores perseguidos por sus ideas. Poco a poco, el tema se orientaba a los poetas perseguidos por sí mismos, capaces de arder en el exceso de su mucha luz: "La gente cree que el romanticismo consiste en regalar bombones", advertía Mutis con la voz épica con la que dobló al narrador de la serie de televisión *Los intocables*: "¡Nada de eso: el verdadero romántico bebe arsénico, viejo!", exclamaba con el ademán con que un director de orquesta concluye una sinfonía.

Quienes peregrinan a los santuarios de los muertos jóvenes no siempre lo hacen por morbo o necrofilia; más frecuente es que se acerquen al sitio fatal movidos por el misterio insondable que representa esa aniquilación voluntaria y que afecta la obra del artista como una insondable caja de resonancia.

El 5 de diciembre de 1873, Acuña regresó al cuarto número 13 que ocupaba en la Escuela de Medicina. De 1571 a 1820, el edificio construido por la orden de santo Domingo fue sede del tribunal del Santo Oficio y durante años prisión de Estado. Ahí estuvo detenido fray Servando Teresa de Mier, el dominico que pretendió demostrar que el culto a la Virgen de Guadalupe tenía un origen prehispánico. Después de albergar el Congreso y la Lotería, el inmueble fue entregado a la Escuela de Medicina. Acuña estudiaba esa carrera y disponía de un cuarto que sus escasos visitantes describían como sombrío. En este caso, las supercherías que despierta el número trece podían ser avaladas por el destino de un inquilino anterior, que salió de esa habitación para unirse a las fuerzas liberales de Santos Degollado y fue fusilado en las calles de Tacubaya.

Las últimas horas de quien prepara su muerte parecen infinitas. Manuel Acuña se despidió de la mujer que amaba en vano y al día siguiente hizo sus últimos arreglos. Dejó sobre su escritorio cinco cartas con listón negro explicando su destino y un vaso con restos de cianuro. Un siglo más tarde, José Emilio Pacheco escribió que ésa fue "su verdadera obra maestra". A los veinticuatro años, el poeta calculó a la perfección los efectos de su drama. El 5 de diciembre se había reunido en la Alameda con su amigo el poeta Juan de Dios Peza; al ver que el viento arrancaba una hoja en la fronda de un árbol, comentó en el tono exaltado de quien desea que eso se recuerde: "Mira: una ráfaga helada la arrebató del tronco antes de tiempo".

También él preparaba una salida prematura. Citó a su amigo para el día siguiente, a la una en punto, y lo conminó a que fuera puntual; de lo contrario, no podría despedirse para el viaje que deseaba emprender.

Se despidieron en casa de Rosario de la Peña, la mujer de la que Acuña estaba enamorado y a quien dedicó su más célebre poema, el "Nocturno a Rosario", destinado a convertirse, junto con "El brindis del bohemio", en favorito de los recitadores populares:

> ¡Pues bien! Yo necesito
> decirte que te adoro,
> decirte que te quiero
> con todo el corazón;
> que es mucho lo que sufro,
> que es mucho lo que lloro,
> que ya no puedo tanto

y al grito en que te imploro
te imploro y te hablo en nombre
de mi última ilusión.

Curiosamente, tanto "El brindis del bohemio" como el "Nocturno a Rosario" son poemas intensamente edípicos. En el primero, Guillermo Aguirre y Fierro hace que seis bohemios brinden por lo más valioso de la existencia. El campeón, naturalmente, es el último: Arturo. Después de oír las elocuentes pero a fin de cuentas vanas glorias de sus contertulios, Arturo alza la copa por lo único en verdad encomiable de este mundo: "¡Por mi madre, bohemios!" Esta desmesurada frase de pasión autorreferente daría lugar a la célebre columna en la que Carlos Monsiváis citaba los dislates de los políticos.

El rechazo sufrido por Acuña acaso se explique por dos versos del mismo poema en los que anunciaba que su amor llegaría con un imprescindible complemento:

Y en medio de los dos
mi madre como un Dios.

Lo cierto es que después de ver a Rosario, el poeta se dirigió a su cuarto en la Escuela de Medicina. Al día siguiente despertó tarde, como si no tuviera otro problema que preparar su muerte. Acomodó las cinco cartas escritas en la víspera, escribió una nota para descargar de culpa a cualquier otra persona y bebió la dosis de cianuro que dejó un aroma de almendras amargas en el ambiente.

Juan de Dios Peza fue el primero en respirar el fragante aire en el que había muerto su amigo. Así se consolidó la leyenda del poeta sufriente y de su esquiva musa. "Rosario era un personaje de folletín romántico", escribió Pacheco el 2 de diciembre de 1973, en una de las primeras entregas de la columna "Inventario", que publicaría hasta su muerte en 2014:

Su prometido, el coronel Juan Espinosa de los Monteros y Gorostiza, héroe de las guerras liberales, había muerto en duelo a florete en Mixcoac, en diciembre de 1868. Espinosa de los Monteros se batió con su amigo Arancivia porque éste osó hacerle una broma a Rosario a propósito de una supuesta cobardía del coronel.

El fantasma del novio muerto en duelo presidía de algún modo las tertulias que miércoles y sábados juntaban a las dos generaciones del liberalismo en el salón de Rosario, primero en el portal de San Diego, luego en Santa Isabel. Allí estaban los hombres de la Reforma y la lucha contra la Intervención –Altamirano, Ignacio Ramírez, Guillermo Prieto– y los jóvenes, los herederos de la promesa.

Todos se enamoraron de Rosario, todos dejaron versos en un álbum que Ramírez describió como un "ara" puesta "a los pies de la diosa". Al hechizo de Rosario no escaparon ni José Martí ni el joven Luis G. Urbina, quien la conoció veinte años después de aquel diciembre. Rosario sólo correspondió a un poeta, Manuel M. Flores, y con ejemplar fidelidad estuvo a su lado hasta que, ciego y sifilítico, murió en 1885.

En su ensayo "Manuel Acuña en la Ciudad de México", Marco Antonio Campos aporta datos reveladores a este caso quevediano de "amor constante más allá de la muerte". Uno de ellos revela el sarcasmo con que el azar trata a sus víctimas: Acuña había sido bautizado por un cura que se llamaba nada menos que Manuel Flores, como el colega que enamoraría a su amada.

Tanto Acuña como Flores aparecen en diversos grabados con el bigote de mosquetero que entonces distinguía a los poetas románticos. Acaso por la disparidad de sus destinos, el primero es representado con mejillas enjutas y el segundo con el semblante altivo del capitán que desafía la tormenta.

Campos describe el cuarto donde murió Acuña con la exactitud de quien ha estado ahí: "Había un catre con el colchón raído cubierto por un sarape saltillense, un buró en la cabecera, una mesa desvencijada color azul pálido, tres sillones desvencijados y un librero hecho de cajones con tres tablas largas". Con idéntica proximidad aborda los amoríos de Acuña con Laura Méndez, poeta de clara inteligencia y obra desigual con la que tuvo un hijo que murió casi recién nacido, un mes y once días después que su padre. El inagotable cortejo con Rosario apenas duró de mayo a diciembre de 1873. Mientras tanto, el poeta sostenía una relación más tangible y menos apasionada con Laura.

Hundido en la pobreza, decepcionado de la medicina, incapaz de conformarse con sus tempranas glorias literarias, Acuña oscilaba entre el amor posible con la mujer poeta y el amor imposible con la musa de los poetas. Dos textos describen los extremos de este péndulo: "A Laura" y "Nocturno a Rosario". La relevancia de ambos es asimétrica: el poeta no sería recordado por las palabras del amor cumplido, sino por las del amor no correspondido. De manera curiosa, estos poemas permiten ser leídos como si disputaran entre sí y prolongaran en sus versos las vacilaciones del autor.

La posteridad urde duelos póstumos en los que la lucha prosigue en la interpretación. Rosario de la Peña y Llerena fue conquistada en vida por Manuel M. Flores, pero no llegó a casarse con él, como tampoco llegó a casarse con Espinosa de los Monteros, el prometido que murió en duelo para restablecer su reputación ante ella y que Acuña veía como un rival póstumo. El aura trágica de Rosario —algo más que una musa, algo menos que una viuda— la convertiría en leyenda y en magnética inspiración de otros poetas. Con razón, ella detestó que se la asociara con estas muertes. Según refiere Campos, durante décadas se contradijo en numerosas entrevistas, tratando en vano de modificar la imagen que la cultura mexicana se había hecho de ella.

La posteridad insiste en crear sus propios duelos: Espinosa de los Monteros y Acuña disputaron en el más allá. Ambos murieron no a causa de ella, sino usándola como pretexto. Pero el coronel no escribía poemas capaces de encender la imaginación popular y Acuña venció al militar en ese territorio.

En otro lance póstumo, también venció a su colega y tocayo Manuel M. Flores. El "Nocturno" acabó por simplificar la fama de una mujer excepcional: "Contra toda la verdad biográfica e histórica, sería, acabaría siendo no Rosario la de Flores, sino Rosario la de Acuña", escribe Marco Antonio Campos.

La historia de lo que pasó con el poeta que vivió casi de prestado en la Escuela de Medicina se transformaría en una leyenda urbana a la que, de vez en cuando, se le trataron de agregar rasgos truculentos. En una de sus más escabrosas versiones, el poeta conoce a Laura cuando ella acaba de perder a su padre, se aprovecha de su dolor, la posee junto al ataúd, ella se embaraza y él queda condenado a arrepentirse de una pasión que colinda con el crimen.

Lo cierto es que la vida breve de Manuel Acuña tuvo un desenlace infinito. Uno de sus más celebrados poemas anticipa estas transfiguraciones. El estudiante de medicina escribe "Ante un cadáver" y entiende el cuerpo como un "laboratorio soberano" donde la descomposición no lleva a la nada, sino a la transformación de la materia:

Y en medio de estos cambios interiores
tu cráneo lleno de una nueva vida
en vez de pensamientos dará flores.

El tiempo tiene una forma curiosa de medir las ciudades. Obras concenbidas para la eternidad se vienen abajo e instantes fugitivos regresan a nosotros. El 6 de diciembre de 1873 Manuel Acuña fue hallado muerto en su modesta habitación de la Plaza de Santo Domingo.

Ese momento no ha dejado de ocurrir.

SOBRESALTOS: LA DESAPARICIÓN DEL CIELO

¿Qué distingue a la ciudad de otros océanos? Nada la define mejor que una idea que apuntó Carlos Monsiváis, sin desarrollarla del todo: el postapocalipsis.

Aunque en el entorno abundan señas de peligro, consideramos que ningún daño es para nosotros. Nuestra mejor forma de combatir el drama consiste en considerar que ya ocurrió: "Estuvo duro, pero la libramos". Este peculiar engaño colectivo permite pensar que nos encontramos más allá del apocalipsis: somos el resultado y no la causa de los males. Imposible rastrear la radiación nuclear, el sismo de magnitud 10 o la epidemia que nos dejó así. Lo decisivo es que nos sentimos del otro lado de la desgracia. Diferir la tragedia hacia un impreciso pasado es nuestra habitual terapia. De ahí la vitalidad de un sitio amenazado, que desafía la razón y la ecología.

Vistos desde el presente, los elogiosos comentarios del conquistador Bernal Díaz del Castillo (Tenochtitlan como nueva Venecia) y Alexander von Humboldt (la Ciudad de los Palacios) parecen burlas amargas (por no hablar del exaltado *kitsch* de Bernardo de Balbuena en su *Grandeza mexicana:* "Roma del Nuevo Mundo, el Siglo de Oro… En ciencia, Atenas; Tebas en tesoro").

El capitalino del tercer milenio sabe que su ciudad es un desastre. Los helicópteros amarillos de Radio Red informan que otra vez hay trescientos puntos de ozono en el aire y los especialistas mencionan los procesos catastróficos que podrían dejarnos su tarjeta de visita. En *La superficie de la Tierra*, José Lugo Hubp cataloga las amenazas que se ciernen sobre la capital: inundaciones, terremotos, corrientes de lodo, erupciones y deshielo de los volcanes.

Los chilangos no estamos desinformados. Inventariamos calamidades como si un álgebra fabulosa anulara la suma de valores negativos. Somos expertos en los signos de deterioro, comparamos nuestras ronchas, hablamos de bebés con plomo en la sangre y embarazadas con placenta previa. No es la ignorancia lo que nos retiene aquí. La ciudad nos gusta, para qué más que la verdad. Como el don Juan de *The Rake's Progress*, la ópera de Stravinsky, nos hemos enamorado de la mujer barbuda del circo.

Amamos un terrible escenario, cuyos defectos atribuimos a un tiempo pretérito: vivimos los desastres como *flashback*, la herida mítica que venturosamente pudimos superar. El resultado puede ser monstruoso, pero siempre es nuestro. Un aforismo de Monsiváis resume esta tensa manera de amar la ciudad: "No hay peor pesadilla que la que nos excluye". Debemos seguir aquí.

Aunque toda metrópolis se erige contra la naturaleza, pocas han tenido la furia destructora de la Ciudad de México, donde la aniquilación del ecosistema se ha cumplido con fanática literalidad.

En su origen, Tenochtitlan tenía dos cielos: las nubes se reflejaban en una laguna. La historia de la ciudad narra una doble aniquilación, la del aire y la del agua.

El flotante imperio de los aztecas, que los cartógrafos renacentistas equipararon a Utopía y sus círculos de agua, fue reducido a los agónicos canales de Xochimilco.

Edificada sobre un lago, México-Tenochtitlan vivió para combatir inundaciones hasta desecar el valle entero. En el siglo XVII la ciudad estuvo anegada durante cinco años y, tiempo después, sor Juana Inés de la Cruz escribió su poema "Inundación castálida", en alusión a Castalia, la fuente que pateó Pegaso. Si el animal híbrido representaba a la criolla Nueva España, el agua derramada podía asociarse con aquel brote mitológico, lo cual permitía pensar que la capital, lejos de naufragar, recibía un bautizo providente.

El alemán Heinrich Martin, que castellanizó su nombre como Enrico Martínez, fue cosmógrafo, intérprete de la Santa Inquisición, tipógrafo e ingeniero hidráulico. En 1607 se hizo cargo de las obras para drenar el agua que amenazaba con cubrir las calles. Poco a poco, el lago se fue secando hasta ser sepultado. Hoy en día, junto a la Catedral, una estatua recuerda a Enrico Martínez. En forma congruente con quien se dedicó a combatir los trabajos de la humedad, el pedestal sirve para medir el hundimiento de la Ciudad de México.

Una vez que desapareció el lago, la tarea de destrucción se dirigió al aire. Los humos industriales, el polvo en la cuenca lacustre y el fragor de los automóviles se encargaron de difuminar el cielo. Chilangópolis se parece cada vez más a la gruta primigenia: Chicomoztoc, la cámara oscura.

Nuestro paisaje está marcado por esas pérdidas fundamentales; los semáforos se encienden sobre un lago enterrado y los aviones desaparecen en una brumosa nata, hacia un cielo inexistente. Hace unos años, al visitar una exposición de dibujos infantiles, comprobé que ningún niño usaba el azul para el cielo; sus crayones escogían otro matiz para la realidad: el "café celeste".

No es casual que la literatura mexicana ofrezca testimonio de la destrucción del aire. En 1869, Ignacio Manuel Altamirano visita la Candelaria de los Patos y habla de la "atmósfera deletérea" que amenaza la ciudad; en 1904, Amado Nervo exclama: "¡Nos han robado nuestro cielo azul!"; en 1940, pregunta Alfonso Reyes: "¿Es ésta la región más transparente del aire? ¿Qué habéis hecho, entonces, de mi alto valle metafísico?" Tres décadas más tarde, responde Octavio Paz:

el sol no se bebió el lago
no lo sorbió la tierra
el agua no regresó al aire
los hombres fueron los ejecutores del polvo

El tema también aparece en la narrativa. En 1958, Carlos Fuentes utiliza la expresión de Reyes, que ya sólo puede ser irónica, para titular la primera novela protagonizada por la ciudad misma: *La región más transparente*.

Este impulso no podía ser ajeno al mayor crítico del progreso en la literatura mexicana del siglo xx, José Emilio Pacheco. La poesía del autor de *Miro la tierra* entiende el mundo como un mancillado jardín del Edén y a los animales como especies maltratadas, todas ellas en peligro de extinción. Incluso cuando no se ocupa en forma abierta del ecocidio, Pacheco encuentra una señal de alarma. Su novela más extensa, *Morirás lejos*, se ubica en una plaza de la Ciudad de México y plantea la tensa relación entre un prófugo y alguien que posiblemente lo espía. Aunque la trama se concentra en la persecución antisemita, ahí se cuela una solitaria descripción del paisaje urbano, signado por la caída del cielo: "El aire está contaminado. Insensiblemente su ponzoña corroe y desgasta todo. Las sustancias tóxicas flotan sobre la ciudad; las montañas impiden su salida, los bosques fueron talados y ya no hay en la cuenca vegetación que pueda destruir el anhídrido carbónico".

La imagen fue escrita en 1966, época que ahora nos parece idílica. Como Altamirano, Nervo y Reyes antes que él, Pacheco contempla la ciudad como un sitio donde el cielo se escapa.

En 1957, año de uno de nuestros temblores más severos, Jaime Torres Bodet escribe "Estatua", un poema que finalmente descarta de su libro *Sin tregua*:

Fuiste, ciudad. No eres. Te aplastaron
tranvías, autos, noches al magnesio.

Para verte el paisaje
ahora necesito un aparato
preciso, lento, de radiografía.
¡Qué enfermedad, tus árboles! ¡Qué ruina
tu cielo!

La literatura ha sido, precisamente, el aparato que Torres Bodet pide para registrar la ciudad sumergida bajo sus muchas transfiguraciones. En aquel año sísmico de 1957, el Ángel de la Independencia cayó a tierra en Paseo de la Reforma. Fue un momento simbólico en la vida de la ciudad: el cielo había dejado de estar arriba; ése era el mensaje que el Ángel ofrecía en su desorientación, pero tardamos en comprenderlo.

"El único problema de irse al Cielo", escribe Augusto Monterroso, "es que allí el cielo no se ve". Vivimos en el imperfecto paraíso que no puede verse a sí mismo.

Por las noches, la ciudad se enciende como un sorprendente cielo aterrizado. Un episodio de *Las ciudades invisibles*, de Italo Calvino, permite conjeturar cómo se gestó este paisaje y a qué propósito oculto obedece. En ese libro, Marco Polo le cuenta historias de sus viajes al emperador de los tártaros para matar su aburrimiento e indagar la lógica secreta que anima los espacios urbanos. Uno de los sitios que más lo intrigan ha crecido al modo de una galaxia en la bóveda celeste. ¿Qué justifica ese diseño? Reelaboro el relato con algunas libertades.

Durante décadas, legiones de albañiles levantan muros y terraplenes que parecen seguir los caprichos de un dios demente. La ciudad es un delirio de la edificación. Llega un día en que, hartos de sus afanes sin concierto, los hombres repudian la arena y el cemento. Construir se ha vuelto una desmesura. ¿Puede haber un propósito en ese esfuerzo?

De pronto, entre las hordas de constructores aparece alguien que equivale a un arquitecto, una figura capaz de desentrañar un dibujo nítido en el caos. Los inconformes lo interrogan. ¿Hay un plan que explique sus tareas, un sentido en las calles y edificios que se multiplican sin fin?

—Esperen a que oscurezca y apaguen todas las luces —dice el arquitecto.

Cuando la última lámpara se extingue, los constructores contemplan la bóveda celeste. Entonces entienden el proyecto.

En lo alto, brilla el mapa de la ciudad.

Quien aterriza de noche en la Ciudad de México ve luces que se extienden como un manto de estrellas. Seguramente es exagerado suponer que el azul del cielo desapareció para que la ciudad se convirtiera en su reflejo, pero ésas son las compensaciones que procura la mente postapocalíptica, indispensable para vivir aquí.

TRAVESÍAS: LA CIUDAD ES EL CIELO DEL METRO

Quien aterriza de noche en la ciudad siente que llega a una galaxia. De acuerdo con la dinámica de las macrópolis, ese manto luminoso debe seguir creciendo. ¿Hacia dónde puede proseguir? Las flechas apuntan hacia abajo; el subsuelo es nuestra última frontera.

Construir en el Centro de la Ciudad de México significa practicar una arqueología accidental. Los pilotes, las líneas telefónicas, las atarjeas tienen que sortear la sumergida ciudad azteca. Esto no sólo implica el posible hallazgo de una pirámide, sino el contacto con una cosmogonía. En su ensayo "Mitos prehispánicos", Enrique Florescano escribe: "La idea de que el interior de la Tierra contenía una cueva donde se acumulaban los alimentos esenciales y se regeneraba la vida es la concepción dominante de los mitos de creación mesoamericanos". Bajo la tierra están los muertos y el origen. No es casual que las principales leyendas del mundo indígena (las sagas de Quetzalcóatl o de los gemelos prodigiosos del *Popol Vuh)* narren viajes al inframundo.

En 2017, los descendientes de la tribu que en forma emblemática provino de Chicomoztoc, 'lugar de las siete cuevas', vivimos en un paisaje marcado por los desplazamientos y la búsqueda de nuevas rutas en el subsuelo.

Según Paul Virilio, el pulso de una ciudad posmoderna se mide por la manera en que el tiempo derrota al espacio; ahí el mayor desafío no es la edificación, sino la velocidad. En un sitio como México-Tenochtitlan, que nació contra el agua y el cielo, cuyos mecanismos rectores son el crecimiento y el traslado, y que otorga un fuerte valor simbólico al inframundo, no hay mejor zona de definición que el metro.

En su ensayo "U-Bahn als U-Topie" ("El metro como utopía"), el filósofo ruso-alemán Boris Groys reflexiona sobre el metro de Moscú, que en el imaginario soviético cumplió un papel bastante similar al del Sistema de Transporte Colectivo en México. Incapaz de construir la utopía igualitaria, el estalinismo puso en funcionamiento una extensa industria de la simulación. Uno de sus mecanismos compensatorios más eficaces fue el metro de Moscú, palacio de los pobres: la aurora revolucionaria era eléctrica y quedaba bajo tierra.

En la traducción de Alfonso Reyes, *utopía* significa "no hay tal lugar". Se trata de un territorio inexistente. Quienes deseen acercarse a él deben buscar soluciones de compromiso, zonas intermedias, heterotopías: "La estrategia adecuada en la construcción de utopías", comenta Groys, "consiste en hallar un sitio deshabitado, y de preferencia inhabitable, en un entorno habitado". Los proyectos de los desurbanistas rusos de principios del siglo XX fracasaron por su radical irrealidad. A la ciudad como selva de concreto oponían una imposible ciudad del espacio exterior, con casas móviles y albercas que se desplazaban al ritmo de la natación.

En cambio, el metro cumple bajo tierra numerosos requisitos utópicos: su avance es ilimitado, depende por completo de un orden superior y se trata de un espacio regulado, donde el viajante ve fragmentos de lo real mientras el paisaje de conjunto permanece en tinieblas. "Aunque el metro pertenece a la realidad de la metrópolis, sigue siendo fantástico; su totalidad puede ser concebida pero nunca experimentada", escribe Groys.

Estos rasgos son comunes a todos los metros; lo que distinguió al de Moscú fue su capacidad de mezclar diversas épocas para simular un paraíso subterráneo. En sus estaciones, los retratos del realismo socialista y el austero futurismo de los trenes convivieron con el esplendor palaciego de los mármoles y los candiles, una suntuosa arquitectura de ningún sitio específico, con fachadas islámicas, romanas o renacentistas.

Las utopías cinematográficas suelen concebir el tiempo como una progresión lineal. Sus paisajes no siempre convencen porque parecen demasiado nuevos. La verdadera utopía escapa a los tiempos conocidos. Éste es uno de los aciertos de la película *Brazil*, cuyas locaciones sugieren un futuro envejecido; las máquinas de escribir y las ropas son más viejas que las nuestras y eso les otorga extraña verosimilitud: el porvenir resulta más creíble si está usado.

Al mezclar épocas y estilos, el metro de Moscú reforzó su condición utópica; sin embargo, se acercaba más a la fantasía de Orwell que a la de Moro. Su eficiente alteridad espacio-temporal era represiva. De nuevo Groys: "La masa parece no disfrutar el lujo que le brinda el metro. No quiere ni puede disfrutar el arte, apreciar correctamente los finos materiales, descifrar la simbología ideológica. Sorda, ciega e indiferente atraviesa las incontables cámaras del tesoro. El metro no es el paraíso de la contemplación quieta sino el infierno del movimiento perpetuo".

El metro de México y el de Moscú guardan curiosas semejanzas. Están poblados de símbolos de revoluciones fracasadas, confunden las épocas y asumen la función sustitutiva de "cielo subterráneo". Quizá no sea casual que ambos se hayan inaugurado un año después de erradicar movimientos críticos. En 1934 fueron disueltas las organizaciones de artistas e intelectuales de la Unión Soviética para ser agrupadas en un solo organismo estatal, y el metro de Moscú se estrenó en 1935. En cuanto a México, el Sistema de Transporte Colectivo fue la principal obra pública posterior a la represión del movimiento estudiantil de 1968.

Pero lo que unifica con mayor fuerza a los dos metros es la manipulación del pasado. El mexicano se distingue por su sistema de señales, que aspira a condensar visualmente la tradición. En 1969, cada estación de la línea 1 se representó con un pictograma para ayudar a los que no saben leer y aludir a la cultura prehispánica. El color de esta primera ruta no podía ser más emblemático: rosa mexicano. No se trataba de un mapa, sino de un códice de orientaciones, que se ramificó en las siguientes líneas, siguiendo el mismo principio simbólico.

Esta apropiación del pasado se acentuó con motivos aztecas en frisos y bajorrelieves, la presencia de piezas prehispánicas (incluida una pirámide en la estación Pino Suárez) y los nombres de las estaciones (Tacuba, Mixcoac, Tezozómoc, Coyoacán, Mixiuhca, Iztapalapa). En Panteones, junto a una escultura azteca, una cédula recordó que la tierra es "matriz y tumba", la cueva húmeda del origen y Mictlán, el reino de los muertos.

Bastión de la economía informal, sede de exposiciones, conciertos y ferias del libro, territorio del suicidio o el nacimiento, el metro es una ciudad que se desplaza. Como en *Brazil* o en los túneles de Moscú, el escenario ofrece una extravagante encrucijada temporal. Los trenes son una acabada muestra de la tecnología francesa y el diseño de algunas estaciones es tan futurista que ha servido de escenario para apocalipsis de la ciencia ficción. La película *Total Recall*, basada en un cuento de Philip K. Dick, se filmó en 1989 en las estaciones Insurgentes y Chabacano. Al año siguiente visité esta última estación para asistir al estreno de la obra para cuarteto de cuerdas *Metro Chabacano*, del compositor Javier Álvarez. Me sorprendió que en un elevado rincón del techo hubiera manchas rojas. Le pregunté a un empleado de qué se trataba.

—Es la "sangre" que salpicó la película —respondió.

Durante años, los encargados de la estación se negaron a limpiar ese "recuerdo del futuro".

Las grecas de cemento, los nombres de las estaciones y la escritura pictográfica garantizan que el metro establezca contacto con el pasado. En ese mismo entorno, los vagones circulan con frenesí y abren sus puertas durante diecisiete segundos. Nos encontramos en la inconcebible modernidad prehispánica.

Pero el efecto decisivo del lugar no viene de la arquitectura, sino de las personas que viajan con rostros inexpresivos, como si las hubieran sobornado para trasladarse. Todos los días el Sistema de Transporte Colectivo desplaza a más de cinco millones de pasajeros. Aunque son muchos, han sido seleccionados. Bajar las escaleras eléctricas significa ser testigo de una precisa segregación racial. Los que pueblan la ciudad subterránea son... —escoja su agravio favorito— los morenos, los nacos, los indios, los mexicanos... Las lóbregas masas que llenan los vagones parecen anticipar las criptas a las que conduce el curso de la vida.

El Día de Muertos de 2008 fui uno de los cuatro millones de curiosos que visitaron las ofrendas en el Zócalo. Ese 2 de noviembre, la Plaza de la Constitución era presidida por un inmenso Mictlantecuhtli, dios del inframundo. Como suele ocurrir en las fiestas de muertos, casi todos los motivos eran prehispánicos. Un arco triangular maya, adornado por la trompa del dios Chaac, llamaba la atención en una de las orillas de la plaza. El México colonial casi no aparecía en las ofrendas, o sólo aparecía por el contexto que brindaban la Catedral Metropolitana y el Palacio Nacional. De manera elocuente, la única instalación relacionada con la modernidad era un vagón del metro cargado de esqueletos. La dirección a la que iba no podía ser más lógica: Panteones.

Tripulante de las entrañas de la Tierra, el metro es lo novedoso que recorre la gruta del origen. Bajo tierra hay un "no lugar" donde el tiempo se muerde la cola. Los desplazamientos pueden ser veloces, pero el trayecto se somete a la lógica del mito, que no tiene principio ni fin, y a la fusión simbólica donde una pirámide, una cruz y un vehículo eléctrico son estrictamente contemporáneos.

Octavio Paz buscó reflejar este incesante devenir en su escritura. Su poema más extenso, *Piedra de sol*, sigue el sentido circular de las *ataduras de años* aztecas; "Viento entero" comienza con el verso "el presente es perpetuo" y *La hija de Rappaccini* concluye con esta certeza: "Lo que pasó, está pasando todavía". El metro circula como una metáfora pensada por Paz, refutación de los tiempos o confirmación de un único tiempo inamovible.

En la fiesta de muertos, el vagón-ofrenda era de tamaño natural y podía ser visitado. Una larga cola de curiosos se formaba para entrar al vehículo. Origen y profecía, el transporte de esqueletos brindaba un contacto con la cosmogonía prehispánica y un espejo de nuestro porvenir. Al lado estaba la ofrenda a Mictlantecuhtli. Un letrero recordaba que el dios de la muerte no anuncia el fin de las cosas: el inframundo es el sitio del reciclaje perpetuo, donde todo recomienza. A unos metros de ahí, en el Museo del Templo Mayor, era posible visitar la efigie de Tlaltecuhtli, la diosa que devora cadáveres y da a luz nueva vida. Las biografías de las deidades aztecas parecen un itinerario del metro mexicano.

Desde una perspectiva política, podemos decir que bajo tierra se cruzan dos ejes de la vida mexicana: la importancia retórica del pasado y el racismo funcional. De acuerdo con este discurso, debemos estar orgullosos de lo que fuimos y ser selectivos en el presente: "Vámonos respetando, que no somos iguales", dice el más extraño refrán "cívico" de México.

El metro exalta la tradición en la misma medida en que selecciona y discrimina a sus usuarios.

En los mapas antiguos, una leyenda señalaba los peligros de lo desconocido: "Hic sunt leones" ('aquí hay leones'). Más allá del territorio explorado moran las bestias, los monstruos, los otros. Curiosamente, una estación de nuestro metro lleva el nombre de Etiopía y está decorada con efigies de leones. Esa África subterránea sugiere que nuestros leones viajan en el metro.

De acuerdo con Borges, lo único que sabemos del futuro es que difiere del presente. ¿A dónde van los tiempos del metro?, ¿a dónde su masa semidormida, robótica, silenciosa? Acaso la auténtica lección de los túneles consiste en imaginar desde ahí la superficie para darle otro valor a las calles; en demostrar, secretamente, que la ciudad es el cielo del metro.

—¡Al cielo por asalto! —gritó un desmedido aterrizador de utopías.

Las hordas avanzan en el falso día de los vagones. Afuera, virtual y poderosa, las aguarda la ciudad.

Personajes de la ciudad: El zombi

Lo llamaré Rodrigo Woods. Nos hicimos amigos en la preparatoria. Él acababa de llegar a la capital, no conocía a nadie y se sentó junto a mi pupitre. Descendía de los legendarios ingleses que trajeron el futbol y el *whisky* a Pachuca. Su rostro pecoso, de quijada rectangular, así lo acreditaba. Yo le parecía interesante porque quería estudiar Medicina, pero dudaba entre el oficio de Galeno y el de cuentista. Para él sólo había una carrera posible: quería pronunciar el juramento de Hipócrates; la vida valía la pena por las enfermedades. Lo sorprendente es que se interesaba más en convivir con ellas que en curarlas. No era un hipocondriaco, sino un enamorado de los síntomas, un enfermo teórico.

Cada semana escogía un padecimiento e imaginaba la conducta que tendría en caso de sufrirlo, con tal convicción que acababa por asumir el mal:

—Un hipertenso no puede correr más —dijo cuando lo critiqué en la cancha de basquetbol.

Con idéntica convicción, me pidió que le hiciera un trabajo de historia porque estaba concentrado en la posibilidad de padecer cálculos en la vejiga.

No disfrutaba el dolor ni las molestias, sino los datos que le revelaban las impredecibles reacciones del organismo. Se escogía como modelo de una enfermedad para estudiarla intensamente. Cuando me inscribí en Sociología, le costó trabajo perdonarme. Con todo, no interrumpió la amistad.

Él sí entró a Medicina. Su agobiante carga de estudios dificultó que la amistad continuara como antes, pero no perdimos el contacto. Un día quedamos de vernos en su facultad, afuera de un auditorio. Llegué antes de que la clase terminara, me asomé por la puerta y contemplé una escena singular: Rodrigo tendido en una plancha, con el torso desnudo. El profesor lo usaba para explicar una extracción de costilla. Entré a la sala y me senté en la última fila. Uno de sus condiscípulos me explicó que cada vez que se necesitaba un voluntario para posar como paciente, mi amigo alzaba la mano.

Con los años, su capacidad para introyectar padecimientos lo llevó a la psiquiatría, en la que ahora se desempeña con éxito y otro nombre (a continuación se verá por qué me refiero a él con un pseudónimo).

Hace unos meses me dijo:

—La persona de yo mismo no tiene nombre.

Hablaba de ese modo porque estaba estudiando el síndrome de Cotard. Yo conocía el tema por el *Breve diccionario clínico del alma*, del médico y escritor Jesús Ramírez-Bermúdez, pero no pude impresionarlo. En vez de celebrar nuestro interés común, Rodrigo Woods me vio con tristeza. Siempre seré para él alguien que desperdició su vida al no ser médico.

Aun así, logré que me hablara de su nuevo malestar favorito. A fines del siglo XIX, el psiquiatra francés Jules Cotard diagnosticó el "delirio de negación", variante especial de la melancolía en la que el enfermo asume una negatividad absoluta y defensiva. Ajeno a toda responsabilidad, se blinda ante el exterior y dinamita su lenguaje, buscando expresarse por la extraña vía del empobrecimiento verbal. De ese modo se protege. Convertido en nada, no puede ser afectado: carece de carencia. El apocalipsis ya sucedió y él sobrevive sin esperanza.

Al oír esto pensé que era el padecimiento ideal para los habitantes de la Ciudad de México. Se lo comenté a Rodrigo, pero prosiguió su narración sin hacerme caso. Refirió que un paciente le había dicho: "Cuando el mundo se desplomó, yo pensaba que tenía cincuenta años. Ya no hay tiempo. No más años". Esa persona se había puesto a salvo no sólo de acontecimientos puntuales, sino de la posibilidad misma de que algo transcurriera.

Según me explicó, en forma curiosa la negación total lleva a un delirio de grandeza. Rodeado del vacío en el que no puede intervenir, el paciente se juzga inmune. Carece de destino y nada lo toca. Así alcanza una inmortalidad hueca.

—¡Es el ideal mexicano! —insistió, y esta vez me vio con atención.

Otra paciente le había dicho al ver un aguacate: "No es un fruto, la cosa no tiene planta, cayó desde más allá; si no tiene tiempo, no se pudre". Esta resignación cósmica —la tranquilizadora melancolía de no poder intervenir— parecía representar para mi amigo la definición del alma nacional.

En 2011 lo dejé de ver unos meses porque fui a dar clases al extranjero. Regresé por unos días, aprovechando que en mi universidad se celebraba el puente de Acción de Gracias. El sábado 26 de noviembre de 2011, fecha que no olvidaré, un hombre me atajó en avenida Revolución. Esa larga vía es un infortunio de horribles tiendas y locales sin gracia que parecen reproducir los desperfectos de El Paso, Texas. Pero en este caso, lo más alarmante no era el paisaje. El tipo que me encaró tenía ojos desorbitados. De su mejilla derecha escurría una masa sanguinolenta.

Esta devastada fisonomía no fue lo peor. El monstruo me conocía:

—¡Quihúbole, Juanito!

Al ver mi cara de estupor, la voz de ultratumba quiso tranquilizarme:

—"La persona de yo mismo no tiene nombre".

Rodrigo Woods se había disfrazado para participar en el Zombie Walk. Su idea del alma nacional se comprobaba en esa actividad: ese

26 de noviembre México podía romper el récord mundial de proliferación de los seres intermedios que han renunciado a la vida humana sin llegar al más allá y vagan en un vacío sin tiempo.

Hasta ese momento la mayor concentración de zombis había ocurrido en Australia. Me pareció curioso que un país que ya tiene el koala, el canguro, el dingo y el ornitorrinco también quisiera estar lleno de zombis.

—Vamos a ganar —dijo el doctor Woods.

Mientras unos curiosos lo fotografiaban, Rodrigo comentó que la inmortalidad melancólica, típica del síndrome de Cotard y tan apropiada para el mexicano, encarnaba de maravilla en la figura del zombi:

—Ya que no podemos curarnos de nuestra capacidad de negación, al menos podemos volverla activa.

Como me conoce desde hace mucho, no trató de reclutarme para su causa:

—El que duda no puede ser zombi —dijo al despedirse, recordando mis días de Hamlet de la preparatoria, en los que no sabía si ser médico o escritor—: el zombi vive a medias, pero no vacila.

En la noche los noticieros mostraron a la multitud disfrazada con aterradora perfección que había participado en el Zombie Walk. La capital había roto el récord Guinness de almas en pena.

El domingo 27 de noviembre de 2011 leí en *Reforma* significativas opiniones de los zombis peregrinos. Antonio Marín, quien llevaba en el cuello reproducciones de los pies de un recién nacido y un sangrante cordón umbilical, explicó que en su vida sin maquillaje trabajaba como médico general en el Instituto de Seguridad y Servicios Sociales de los Trabajadores del Estado (me sorprendió que compartiera oficio con mi amigo; ¿el descanso de quien se dedica a salvar vidas consiste en imaginarse semimuerto?). Por su parte, Pablo Guisa, organizador de la exitosa marcha, hizo esta declaración identitaria: "Los zombis son demócratas porque muerden parejo. No distinguen entre izquierda o derecha: van por todos".

El mismo domingo en que la Unesco reconoció con rutinario aprecio que el mariachi es patrimonio de la humanidad, los zombis demostraron que se sienten muy a gusto en Chilangópolis.

Tenemos la mayor reserva de muertos vivientes. Además, nuestros espectros son altruistas y hacen donaciones a los más necesitados: el desfile se organizó con fines filantrópicos y reunió dos toneladas de comida rigurosamente zombi, es decir, imperecedera.

SOBRESALTOS: LA NUEVA CARNE

La protagonista de este episodio es real, pero no tiene nombre. El 11 de noviembre *Reforma* le dedicó una nota de portada y mantuvo su identidad en secreto para protegerla de posibles represalias, pues la intrépida chica se adentró en una red de robo y venta de celulares. Además, iba disfrazada de zombi, de modo que resulta más apropiado reconocerla por sus fauces alarmantes que por una credencial del Instituto Nacional Electoral.

En el centenario de Juan Rulfo, México fue un bastión de los muertos vivientes. El Zombie Walk que rompió records de participación en 2011 no ha dejado de congregar a miles de personas dispuestas a caminar por la capital mostrando las escabrosas posibilidades del maquillaje extremo. Como las calaveras de José Guadalupe Posada, los marchistas revelan con extraordinario sentido del humor que el tránsito al más allá representa pasar a "mejor vida".

En la edición de 2017 de esta marcha, una chica decorada con fauces devoradoras paseó junto a zombis de cráneo pelado y ojos colgantes hasta que descubrió que le habían robado el celular. Estaba en la calle Madero, que honra al apóstol de la democracia, pero también a las variantes más informales de la economía. Habló con vendedores ambulantes y de inmediato obtuvo información, por ser muy convincente o porque el temible disfraz ayudó a que le respondieran rápido. Lo cierto es que fue enviada a la Plaza Meave, donde algunas mercancías regresan al comercio como artículos pirata.

Revisó varios locales y vio un teléfono parecido al suyo, pero con carátula dorada. Preguntó si no tendrían otro plateado. "Me acaba de llegar uno", dijo el vendedor, que fue a la bodega a buscarlo y se lo entregó para que lo revisara. Ella lo tocó con el índice, su huella digital hizo contacto con el alma del aparato y el sistema operativo se desbloqueó. Ese toque mágico demostraba que era suyo. ¿Debía resignarse a comprar su propio celular o limitarse a pedir un descuento al probar que era de su propiedad? Ninguna de las dos cosas. A continuación, sobrevino un gran momento zombi. La chica de las fauces gritó contra el abuso, alertando a los demás clientes del robo. Sabía que estaba en medio de una mafia de ladrones. "Una sensación de estar no sólo en la boca del lobo, sino en la muela", dijo con elocuencia al periodista que la entrevistó después. Pero no se dejó amedrentar.

El escándalo llegó hasta el administrador de la plaza, quien habló con el dueño del local y con el vendedor para que devolvieran gratis el celular. ¡Justicia zombi!

Para evitar represalias, la chica y sus acompañantes fueron escoltados hasta la estación del metro San Juan de Letrán, que alude a la iglesia más antigua de la cristiandad, dedicada al Cristo Salvador. La trama terminó ante esa urbana señal de religiosidad, más cercana al teléfono que a su dueña, es decir, al cachivache que transitó por el ciclo numinoso de la muerte a la resurrección.

La historia contada por *Reforma* resumía rasgos esenciales de nuestra vida urbana: el sincretismo cultural, la delincuencia, la piratería, la valentía de una mujer, la solidaridad de los testigos, la repentina o forzada honestidad de quienes comúnmente avalan abusos.

De manera más profunda, esa trama callejera también aludía a la nueva relación que tenemos con la tecnología y al desconcertante futuro de la especie. La chica que desfiló por las calles ataviada con un atractivo disfraz sanguinolento había asumido en forma provisional la condición posthumana de los zombis. Pero un remanente identitario permanecía en su cuerpo: la huella digital. Lo revelador es que este inconfundible dato no sirvió para que la identificaran a ella, sino para descubrir su aparato. Al contacto con su índice, el teléfono "revivió". En estos tiempos, nuestra piel activa la carne artificial de un mecanismo.

¿Llegará el día en que nuestro cuerpo sirva en lo fundamental para mantener despiertas a las máquinas? Las huellas digitales y el iris de los ojos se han convertido en recursos para animar robots, la nueva carne de la que dependemos.

La noción de individuo se diluye en la medida en que la técnica se apodera de nuestros actos. Los sistemas operativos de la computación y la telefonía son extensiones neurológicas de nuestro cerebro, prótesis que activamos cada vez más y controlamos cada vez menos.

Cuando nos piden una identificación, lo decisivo no es que la foto se parezca a nosotros, sino nosotros a la foto. En forma equivalente, nuestro cuerpo comienza a ser un pretexto para que las máquinas funcionen.

La zombi de este episodio no tiene nombre. Anticipo de un extraño porvenir, su seña de identidad no sirvió para individualizarla, sino para encender un aparato.

VIVIR EN LA CIUDAD: LA ILUSIÓN POLÍTICA

Heberto Castillo: las hojas blancas

En septiembre de 1974 cumplí dieciocho años y me afilié al Partido Mexicano de los Trabajadores, que entonces tenía menos de mil miembros y carecía de reconocimiento oficial.

Ajeno a los dogmas de la ortodoxia marxista, el PMT buscaba una vía mexicana hacia la socialdemocracia. Nuestros líderes más visibles eran el ingeniero Heberto Castillo, audaz creador de estructuras que había formado parte de la Coalición de Maestros durante el movimiento estudiantil del 68, y Demetrio Vallejo, dirigente ferrocarrilero. Ambos se habían conocido en la cárcel de Lecumberri. No en balde, otro inquilino de ese recinto, el novelista José Revueltas, había dicho que se trataba del principal centro de formación política del país.

A contrapelo de lo que ocurría (o imaginábamos que ocurría) en el Partido Comunista Mexicano, en el PMT no se hablaba de "marco teórico" ni se recitaban los lemas de la *doxa* marxista que yo escuchaba en las clases de Sociología de la Universidad Autónoma Metropolitana-Iztapalapa ("No es la conciencia la que determina al ser, sino el ser social el que determina la conciencia", "La religión es el opio de los pueblos", "De cada quien según su capacidad a cada quien según su necesidad", etcétera). No había una clara "línea de mandos" ni se buscaba formar "cuadros políticos", sino aprovechar las heterodoxas energías de cada quien. Nuestras asambleas de los sábados eran absolutamente democráticas, lo que quiere decir que competían con la eternidad (de nada servía que Heberto recordara, una y otra vez: "Las únicas juntas que valen la pena son las de ombligos"). Cualquiera podía tomar la palabra para sugerir la manera en que debíamos reinventar el país.

Comenzamos la lucha en un espacio bastante reducido, un segundo o tercer piso en un edificio cercano al Monumento a la Revolución, y la continuamos en un destartalado y enorme departamento de avenida Bucareli, cercano a los principales periódicos de entonces. Las "nuevas" oficinas parecían haber pertenecido a un sindicato convencido de que la lucha dependía de azotar las puertas hasta reventar las bisagras y de no pintar las paredes.

Nuestro órgano oficial era *Insurgencia Popular*. Rogelio Naranjo y Eduardo del Río *Rius* aportaban maravillosas caricaturas a esta publicación, y Heberto pasaba largas horas buscando colaboraciones de Carlos Monsiváis y Pablo González Casanova. Aunque el partido tenía un futuro incierto, su revista no era un espacio para novatos. Los recién llegados debíamos buscar un foro diferente.

Con un grupo de amigos fundé otro periódico. No había recursos para imprimir muchos ejemplares, así que decidimos que fuera un dazibao, periódico mural destinado a adornar las paredes de los comités de base. Las siglas del partido propiciaron que se llamara *El PiMienTo* y que su lema fuese "La salsa de todos los comités". La idea básica consistía en combinar la militancia con la educación cultural. Los textos eran muy breves, pues debían ser leídos de pie. En uno de nuestros primeros números escribimos acerca de las *Crónicas marcianas*, de Ray Bradbury. Demetrio Vallejo me llamó a un aparte y con su aguda voz semigangosa me dijo:

—Compañerito, ¿me puede explicar qué tiene que ver la lucha obrera con los extraterrestres?

El *PiMienTo* tuvo una existencia aun más corta que la de *La Tropa Loca*, periódico que edité en mimeógrafo en la secundaria y donde yo escribía la sección de chismes. Tuve mayor repercusión en el periodismo rosa que en mi inicial aventura en el periodismo militante.

Heberto Castillo buscó otras tareas para mí y me pidió que lo acompañara a la imprenta donde se publicaba *Insurgencia Popular*. Como siempre, me sorprendió la curiosidad con que nuestro líder transformaba cualquier asunto en pasión enciclopédica. Preguntó cómo estaba organizada la imprenta, a qué velocidad trabajaba, en qué fechas tenía mayor demanda. Se diría que pensaba montar un negocio similar. Pero sus preguntas respondían a otro ánimo: quería saber cosas que podían volverse útiles en forma inesperada.

Heberto tenía la extraña mente del inventor. La vida práctica le interesaba por las posibilidades que no se le habían descubierto. En esa visita a la rotativa, notó que una máquina cortaba bloques de papel, desperdiciando tiras de buen tamaño.

—¿Esto va a dar a la basura? —preguntó al impresor.

La respuesta fue afirmativa. Heberto repasó con las manos una tira de papel:

—¿Me regalas los desechos?

A partir de ese momento el PMT contó con un arsenal de papeles delgados. Le pregunté a Heberto en qué pensaba utilizarlos.

—Todavía no sé —fue su emblemática respuesta.

Los jóvenes del partido seguíamos a Heberto con una idolatría a la que no era indiferente. A veces la combatía, otras la estimulaba. Detestaba el culto a la personalidad y pedía que votáramos para decidir las cuestiones más nimias, pero también disfrutaba la atención con que seguíamos sus anécdotas o la risa con que festejábamos sus golpes de humor. La ironía era uno de sus principales atributos. En las asambleas esto operaba como un puñal de doble filo. No éramos ni marxistas ni maoístas ni socialistas ni comunistas. Anhelábamos una izquierda democrática y plural, aún por definirse. Luchábamos contra la desigualdad social y en favor de las libertades. Nuestro principal desafío era existir como organización.

Enemigo de toda forma de autoritarismo, Heberto escuchaba propuestas y contrapropuestas hasta que una sonrisa le cruzaba el rostro y soltaba un sarcasmo como un rápido aguijón. El efecto solía ser instantáneo y no siempre popular: el líder no ganaba el debate por vía del proselitismo, sino por su veloz manera de ridiculizar a su opositor. Con la misma destreza con que hacía abstrusos cálculos matemáticos sobre la resistencia de los materiales, derrumbaba el torcido edificio retórico de su adversario.

Con cierto aire de secta, nos referíamos a Heberto como el Ingeniero. Leíamos sus claros artículos en el *Excélsior*, dirigido por Julio Scherer García, y a partir de 1976 comenzamos a leerlo en *Proceso*. Sin embargo, no le gustaba debatir sus escritos ni oír halagos al respecto. Su labor periodística era una de las muchas actividades secundarias de su peculiar vida política. De haberse concentrado en la ingeniería y en las estructuras que patentó con enorme éxito (suyo es el invento de la tridilosa, ensamblaje tridimensional de hormigón y acero con el que están construidos el World Trade Center y el hospital Siglo XXI, entre otros muchos edificios de la ciudad), podría haber fundado un emporio. No incursionó en la política por falta de capacidad para otras cosas, sed de poder o vocación para la intriga, sino por un deseo de cambiar la realidad tan preciso como los cálculos que había hecho en su primera profesión.

Como los genios de garaje concebidos por Roberto Arlt, que montan laboratorios en las barriadas de Buenos Aires, Heberto encaraba los múltiples problemas que se presentaban en su oficina sin cortinas como apasionantes desafíos técnicos. Cuando el PMT organizó un concierto de Óscar Chávez en la Arena Coliseo para recabar fondos, el Ingeniero hizo consideraciones sobre la venta de boletos como si no tuviera otra misión que la de promotor de espectáculos.

En un partido que no había sido avalado por las masas, la tarea de conseguir un carpintero que repare gratis el templete recae en la dirigencia. Heberto se ocupaba de esas minucias con interesada concentración. Como nuestras ilusiones eran superiores a la realidad, todos los días daba con una nueva solución práctica para cambiar el mundo. Un día decidió que necesitábamos nuevos sellos para recibir a los militantes todavía futuros.

Lo acompañé a una tienda del Centro y una vez más lo vi sopesar los diversos aspectos de una cuestión. Probó la consistencia de las almohadillas entintadas; luego tomó un sello de madera y otro de plástico. El empleado del mostrador no supo cuál de los dos era preferible. Fue Heberto quien calculó, sin sombra de duda, qué sello ameritaba el PMT.

—Me humanicé en el 68, pero sobre todo en la cárcel —me dijo en una ocasión—. Antes yo era un ogro.

En *Los periodistas*, Vicente Leñero dejó impecable constancia de la severidad de Heberto como profesor de ingeniería. Aunque era un pintor aficionado y leía novelas con pasión, Heberto reprendió a Leñero por leer literatura durante su clase.

Estricto con los demás, y sobre todo consigo mismo, el líder del PMT se había abierto a las emociones gracias a la estremecedora enseñanza del movimiento estudiantil y a sus compañeros de crujía en la cárcel de Lecumberri. Jamás lo oí quejarse del encierro y los golpes que había padecido, la represión que certificaba su temple ejemplar.

Alguna vez Jorge Ibargüengoitia coincidió con él a la salida del periódico *Excélsior*, donde ambos colaboraban, y le dijo con su emblemática ironía:

—Quiero caminar un rato contigo para ver si también a mí me pegan.

Heberto nunca dejó de vivir bajo severa vigilancia. La cárcel fue para él un resumen doloroso del país, pero también un seminario accidental donde encontró estímulos para cambiar su vida. Ahí sostuvo larguísimas discusiones sobre ciencia, literatura, ajedrez, religión, guisos regionales, las muchas cosas que incorporaría del modo más heterodoxo a la lucha social.

Una vez lo acompañé a su casa, en la colonia Romero de Terreros. Me sorprendió que la puerta no tuviera llave. Bastaba girar la perilla para entrar a la casa.

—Es mejor que me agarren sin problemas —sonrió Heberto.

Acostumbrado a las amenazas, consideraba que nada protege tanto como actuar con naturalidad. En la sala de su casa me enseñó un óleo de vibrantes colores.

—Lo pinté en la cárcel —dijo—. También escribí unos cuentos. Te los enseño si juras ser implacable.

Prometí ser sincero, algo no muy sencillo para los naturales del signo Libra, siempre deseosos de encontrar el equilibrio, pero Heberto encontró muchas otras cosas que hacer antes de confiarme un manuscrito.

Todo mundo se sorprendía de la relación entre Heberto y Vallejo, y no faltaban quienes los compararan con don Quijote y Sancho Panza. El loco idealismo del Ingeniero se compensaba con el sólido pragmatismo del ferrocarrilero. Curtido en las luchas sindicales, Demetrio desconfiaba de los intelectuales metidos a militantes y había memorizado cientos de chistes protagonizados por Pepito para desactivar cualquier asomo de seriedad en la conversación. Le gustaba comer cabrito y de tanto en tanto algunos militantes teníamos el privilegio de departir con él.

Durante dos horas contaba sin tregua chistes que en esa época pudibunda se llamaban "colorados". Muchas veces pensé en las horas que Heberto y Demetrio compartían en sus largos recorridos por el país, uno haciendo cálculos de hélices capaces de despejar el esmog como alucinados molinos de viento, el otro hablando de albures. Nuestros líderes tenían las credenciales de la honestidad y la entrega. Habían padecido la cárcel y la tortura; no habían pertenecido al Partido Revolucionario Institucional ni a las variantes dogmáticas y fratricidas de la izquierda. Pero su magnetismo no dejaba de tener algo estrafalario; los seguíamos en busca de un país que no existía y acaso nunca existiría.

Nuestra principal tarea consistía en afiliar gente para solicitar el registro como partido. En cada mitin invitábamos a los simpatizantes a firmar un documento y a darnos sus datos; luego los visitábamos para que nos dieran el número de su tarjeta de empadronamiento, documento que entonces nadie sacaba a la calle. La mayoría repudiaba la entusiasta temeridad que había mostrado en el mitin: si nosotros llegábamos a su domicilio, también podría hacerlo la policía.

El temor es contagioso y al visitar a gente amedrentada sospechábamos que algo podía pasarnos. Aunque los militantes de base careciéramos de importancia, sabíamos que alguien podía seguirnos. Recuerdo un desolado recorrido por la colonia Granjas de Guadalupe, cerca del vaso del lago de Texcoco. Caminamos por calles de tierra en busca de esquivas direcciones garabateadas en un papel. El cielo estaba atravesado por cables de luz robada que parecían el mapa de la zona: un laberinto que volvía sobre sí mismo.

Además de afiliar miembros, aprovechábamos para hacer proselitismo, pegando carteles para despertar las conciencias de la ciudad. Lo más seguro era pegarlos en las bardas de los lotes baldíos, pero en esa colonia abandonada no había sitios abandonados. Cada espacio deteriorado era una casa. Nos resignamos a colocar los posters, a riesgo de ser descubiertos. Un obrero que nos acompañaba demostró ser mucho más sabio que nosotros:

—Péguenlos derechito o van a pensar que teníamos miedo —dijo.

No nos descubrieron y, por lo visto, tampoco logramos soliviantar las conciencias.

En aquellos años entré a cientos de viviendas de personas asustadas que para nosotros representaban la esperanza.

La gente nos entregaba un donativo, compraba algún libro de Rius o Naranjo, editados por el PMT, a precios populares, y a veces incluso nos daba su dirección, pero temía corroborar sus buenas intenciones con una afiliación que podía costarle la libertad o el trabajo. ¿Llegaríamos alguna vez a juntar las firmas que nos permitirían existir? ¿Había forma de aterrizar nuestros anhelos?

La izquierda democrática era una conjetura para la que Heberto inventaba estímulos cotidianos. Sus certezas no podían pasar por alto un título de uno de nuestros mayores caricaturistas: *La panza es primero*, de Rius. Tarde o temprano, en México los acontecimientos sociales se convierten en un estupendo pretexto para vender antojitos. Las cosas pueden salir mejor o peor, pero siempre desembocan ante el vapor de la olla condimentada. Antojadizo para las ideas y la comida, Heberto decidió incorporar la gastronomía a la lucha social. Nada más lógico en su omnívora concepción de la política que convertir nuestras convicciones en salsas.

Entre las variadas personas que había conocido en la cárcel, se encontraban unos míticos taqueros. Mi padre quería contribuir a la renovación del país con un dinero del que no sabía cómo deshacerse. Algunos años antes, en 1969, había recibido una herencia que lo preocupaba mucho. Recuerdo la tarde en que nos reunió a mi hermana y a mí en una de las sobremesas plenarias en las que decía cosas profundas que no acabábamos de entender, pero con las que estábamos fabulosamente de acuerdo. Aquella vez opinó:

—Hemos recibido un dinero que no hemos hecho nada para merecer. Tenemos que dárselo a los pobres.

Habló de las propiedades dejadas por su madre, de la agraviante desigualdad social en nuestro país, de la inmoralidad de heredar algo en un mundo de dolor y sacrificios. Carmen y yo lo escuchamos con el intrigado silencio que amerita un capitán de submarino. No levantamos el puño en señal de apoyo porque a los once y trece años aún no perfeccionábamos nuestra gestualidad de izquierda, pero aplaudimos ante la estupenda idea de carecer de propiedades.

Cuando le dijo a Heberto que disponía de cierto dinero, el líder del PMT habló con clarividencia: esa suma alcanzaba para montar una taquería, el negocio más rentable del país. Los réditos irían a dar a las muchas necesidades del partido.

Hubo una comida en un jardín en la que Heberto presentó a sus amigos y en la que probamos sus muy platicados tacos.

Para que algo sea de izquierda, debe producir polémica. Los tacos se sometieron a debate. El repertorio era exquisito, pero poco común. El punto más conflictivo fue el siguiente: todos los tacos eran de guisado (chicharrón en salsa verde, tinga, nopalitos con huevo, chile relleno y otras maravillas no siempre esperadas en un menú). Faltaban los tradicionales tacos al carbón y al pastor.

—Estos taqueros son distintos —explicó Heberto.

¿No podían preparar tacos de los otros, al pastor o al carbón? Ni podían ni querían. Ellos serían heterodoxos o no serían.

Así surgió una taquería La Casita, en la esquina de Pilares y avenida Coyoacán. Por entonces, yo trabajaba en Radio Educación, que quedaba muy cerca, y me esforzaba en llevar clientes.

Nuestra lucha nunca fue tan iconoclasta como en ese menú. A las muchas rupturas de códigos que proponíamos, se incluía la de una taquería ajena a los trabajos del carbón y el trompo de pastor. Heberto profetizaba un éxito al margen de la norma, con el entusiasmo con el que se oponía a las cosas meramente reales. Por su parte, mi padre interrumpía sus clases de filosofía para especular en las posibilidades comerciales de la tinga y, ya convertido al menú de Heberto, decidía que eran espléndidas.

Muchos años después asistí en el Club Libanés a un desayuno en favor de la candidatura a la presidencia de Heberto Castillo. Es el acto menos proselitista en el que he estado. En su calidad de ingeniero, el fundador del PMT no sólo se interesaba en las estructuras, sino una gran variedad de inventos. Ya mencioné su propuesta de crear hélices ciclópeas para despejar el esmog de la ciudad. Otra de sus iniciativas era la de bombardear nubes con iones para producir lluvias en las zonas desérticas.

En aquel desayuno, un periodista le preguntó acerca de sus ideas para alterar el clima. Él respondió que el método ya se aplicaba en el aeropuerto de Moscú, donde las nubes eran disueltas para aumentar la visibilidad de los pilotos. Científico ejemplar, dio una cátedra maestra sobre la atmósfera de la Tierra y se olvidó por completo de las tareas de persuasión, zalamería, injuria y falsedades que suelen determinar a los políticos en campaña.

Mientras otros candidatos hacían amarres, pactos públicos y secretos, y ofrecían promesas seductoras, Heberto hablaba de nubes con entusiasmada pericia. Su honestidad, su inteligencia y su valentía rebasaban con mucho a sus adversarios, pero la realidad es realista. Las magníficas ideas no siempre se imponen ante los gustos convencionales.

Todo esto para decir que no sólo fracasó en sus campañas. También La Casita fue un desastre. Heberto y mi padre tuvieron que claudicar en su cruzada por unir los antojitos y la lucha social. Hoy en día, en esa misma esquina, prospera una taquería ortodoxa.

El cierre de La Casita me afectó con la gravedad con que todo me afectaba en ese tiempo. De los dieciocho a los veinte años no viví un minuto en que no estuviera preocupado. Por entonces leía mucho a Dostoyevski. Esto no aliviaba mis problemas, pero me hacía sentir que tenerlos era dostoyevskiano.

Mi principal discusión en el PMT se relacionaba con la condición misma de la militancia. A grandes rasgos, los miembros del partido pertenecíamos a dos grupos: los de tiempo completo y los de tiempo parcial. Obviamente, los primeros eran los importantes. Ellos sí entregaban su vida por la causa. Yo escribía los guiones del programa de rock *El lado oscuro de la luna*, estudiaba Sociología, asistía al taller de cuento de Miguel Donoso Pareja, era demasiado disperso para transformar el país.

La prueba de fuego del militante consistía en asistir a una gira fuera de la ciudad. En una ocasión fui a un comité de base en Ciudad Nezahualcóyotl. Llegamos a una casa de tabicones donde habían matado a un militante. Un hombre me preguntó con genuina curiosidad si yo bebía leche todos los días. Sentí vergüenza, un intenso arrepentimiento y supe que jamás sería un luchador social ejemplar. Rehuí las invitaciones a acompañar al Ingeniero y a Demetrio en sus giras, pero no dejé de atormentarme con el asunto.

En una ocasión, Heberto me oyó discutir con un compañero sobre el dilema de dedicar la vida a la militancia.

–Ven acá –me pidió que lo acompañara a su oficina, tan precaria como las demás habitaciones de la sede del partido–. No dejes de estudiar. Militantes hay muchos –la frase no podía ser más irónica en un partido con ochocientos miembros–. Luchamos por una sociedad sin clases, no sin lecciones. No seas huevón –añadió afectuosamente.

Poco después volvió a llamarme a su oficina y me tendió unas hojas escritas a máquina:

–Ya te advertí que seas implacable –recordó.

Se trataba de dos cuentos inspirados en sus recorridos de ingeniero. Los temas eran demasiado alegóricos para producir buena literatura, pero las tramas valían la pena.

Cuarenta años después, recuerdo una de las historias. En sus tiempos de ingeniero, Heberto visitó un pueblo sumido en el polvo, donde iba a encabezar una obra. Una mujer salió de una choza y le preguntó si quería lavarse las manos o prefería que le preparara un té.

–Las dos cosas –dijo el Ingeniero.

–Es que sólo tengo una taza de agua –respondió la mujer.

Lo estremecedor no era sólo la pobreza de la mujer, sino que disponiendo de una taza de agua decidiera dársela a un desconocido. La anécdota justificaba la vida política de Heberto Castillo.

–¿Qué te parecieron los cuentos? –preguntó un par de semanas después de habérmelos dado.

"La verdad es siempre revolucionaria", había dicho Antonio Gramsci. Sí, pero también ayuda a perder amigos.

Guardé silencio y Heberto me vio detrás de sus anteojos, como si me preguntara: "¿Has aprendido algo aquí?, ¿acaso no queremos un mundo diferente?"

Dije la verdad.

–Lo único que vale más que la crítica es la autocrítica –Heberto me dio una palmada con su mano grande.

El fundador del PMT estaba al tanto de su valía; podía ser orgulloso y a veces presumido, pero sus grandes decisiones beneficiaban a los demás.

Sus adversarios lo acusaban de ser personalista y a sus seguidores nos llamaban "heberturos", no sólo por confiar ciegamente en él, sino en la "apertura democrática" propuesta por el PRI.

La disposición de Heberto al diálogo y su rechazo del radicalismo suicida hacían que fuera criticado como un cómplice demasiado dócil de la democracia burguesa.

Sin embargo, pasó a la historia por un gesto generoso: renunció a sus objetivos personales en favor de un proyecto más amplio. En 1988 se hizo a un lado en su carrera a la presidencia en beneficio de otro ingeniero dispuesto a cambiar el país, Cuauhtémoc Cárdenas.

Hay partidos políticos que luchan por existir y descubren que su mayor logro es desaparecer. El nuestro fue uno de ellos. El PMT desapareció para fusionarse con las demás izquierdas. Heberto aspiraba a ser el candidato de esa nueva formación, pero entendió que Cárdenas tenía mayores posibilidades que él.

Leí la noticia en un puesto de periódicos de la plaza de Tizimín, ante el Santuario de los Santos Reyes. Vi una pila de ejemplares del *Diario de Yucatán* y tomé el que estaba hasta arriba. Ardía por el sol. Heberto renunciaba. "Sólo la autocrítica es mejor que la crítica", recordé.

Vi por última vez al Ingeniero en 1996, un año antes de su muerte. Coincidimos en un avión a Chiapas. Él iba a una reunión de la Comisión de Concordia y Pacificación en la que fungía como mediador entre el gobierno y el Ejército Zapatista. Llevaba puesto el jorongo con el que solía recorrer San Cristóbal. Parecía la versión mexicana de un *mujik* de Tolstói.

Heberto Castillo podía ser terco y aislarse de quienes no estaban a la altura de sus méritos personales, muy difíciles de igualar. Pagó el precio de apostar por la rectitud en un oficio de simulaciones. Sus artículos en *Proceso* resumen un ideario nítido y congruente. Las anécdotas de su vida conforman una moral.

Nunca supe para qué uso las tiras de papel que le regaló aquel impresor, pero se me grabaron como una metáfora de lo que debíamos hacer. Nada sale sobrando, por nimio que sea. Ese papel era de desecho y tenía un tamaño incómodo, pero estaba en blanco. Podíamos inscribir ahí nuestra esperanza.

Del regente al jefe de Gobierno

En otro episodio de este libro me ocuparé del terremoto de 1985. Para fines de esta argumentación baste decir que el presidente Miguel de la Madrid fue incapaz de enfrentar la tragedia. Por el contrario, la sociedad civil adquirió acta de naturalización, se volcó a las calles y rebasó con creces las iniciativas oficiales. La capital adquirió un rostro independiente; podía bastarse a sí misma. Menos de un año después, en el verano de 1986, De la Madrid fue abucheado en el Estadio Azteca al inaugurar el Mundial de Futbol. Ese espontáneo referéndum indicaba que la ciudadanía ya no podía quedar al margen.

Dos años más tarde, un frente de izquierda encabezado por Cuauhtémoc Cárdenas ganó el voto capitalino y muy posiblemente el nacional. Jamás lo sabremos porque el PRI procedió a hacer el fraude más espectacular de nuestra manchada historia electoral. Manuel Bartlett, secretario de Gobernación, anunció la "caída" del sistema de cómputo y tiempo después el panista Diego Fernández de Cevallos permitió la destrucción de los registros manuales de esa operación. La ola de descontento arreció ante esta burla a la voluntad popular.

En 1994 el Ejército Zapatista de Liberación Nacional se levantó en armas y Manuel Camacho fue comisionado para negociar con los rebeldes. Poco después, Luis Donaldo Colosio, candidato del PRI a la presidencia, fue asesinado. Carlos Monsiváis escribió con amarga ironía que ése fue "el año en que no nos aburrimos".

En junio de 1994 se celebraron unas elecciones mejor organizadas que las de 1988. Una de las lecciones de la democracia es que en forma limpia puede ganar el peor. Voté por primera vez en 1976, cuando sólo había un candidato a la presidencia, José López Portillo, del PRI. Cansados de la farsa electoral, los demás partidos se negaron a presentar candidatos. Jorge Ibargüengoitia escribió con humor en el *Excélsior*: "El domingo son las elecciones. ¡Qué emocionante! ¿Quién ganará?" Este decepcionante debut ciudadano me llevó a pensar, como otros millones de ilusos, que bastaba un proceso realmente democrático para tener mejores candidatos. Nada más alejado de la realidad. Con el tiempo, los viejos y los nuevos partidos políticos entenderían que en México la democracia es un negocio donde los problemas no se resuelven: se administran.

El caso es que en el verano de 1994, ante una auténtica posibilidad de decidir, el electorado fue asombrosamente fiel a la costumbre: el PRI volvió a ganar. Muchos lo atribuyeron al temor al cambio y al llamado "voto del miedo".

En la edición mexicana del periódico *El País* escribí un artículo que se llamaba "La razón de los desconocidos". Toda la gente que frecuentaba era crítica del gobierno, pero la gente que uno no frecuenta siempre es mayoría.

De cualquier forma, el fermento de una transformación estaba en marcha. En 1997 se celebraron las primeras elecciones para jefe de Gobierno del Distrito Federal y Cuauhtémoc Cárdenas, candidato del Partido de la Revolución Democrática, protagonizó una sorpresa desconcertante. Quienes nos habíamos graduado en causas perdidas descubrimos con estupor que incluso nosotros podíamos ganar.

Entonces trabajaba en el periódico *La Jornada*, referente de la izquierda, donde me hacía cargo del suplemento cultural. Me pareció obvio que el domingo de la elección nadie se interesaría en otra cosa que las elecciones para alcalde.

El Instituto Federal Electoral era dirigido por José Woldenberg, académico curtido en aventuras izquierdistas. Sus enemigos, pertenecientes a los sectores duros de la izquierda, aseguraban que fingía una operación democrática para favorecer al PRI. Esas profecías de desastre confundían el dogmatismo, el recelo y la desconfianza con formas de la congruencia. A pesar de que la credencial de elector se había convertido en el documento menos falsificable del país, de que un enorme y costoso operativo resguardaba las boletas y de que el sistema de cómputo prometía resultados casi instantáneos, era difícil aceptar de antemano que, por una vez, el juego sería limpio.

Le tenía afecto y admiración a José Woldenberg, pero, en mi calidad de periodista, me sentía obligado a recordar el epígrafe de Joseph Conrad con el que Graham Greene inicia su novela *El factor humano:* "Sólo sé que quien establece un vínculo está perdido. El germen de la corrupción ha entrado en su alma". Los sentimientos liquidan la objetividad.

Muchos amigos de izquierda querían que Woldenberg fracasara en su tarea, demostrando así que todo intento de renovar el sistema "desde dentro" es infructuoso. Otros podíamos pecar de la actitud opuesta; confiar demasiado en su simpatía y en la tolerancia y paciencia con que escuchaba las interminables y abstrusas propuestas de los partidos políticos. Protegido por el humo de su puro, Woldenberg mantenía la calma sin deponer su condición de árbitro. Acaso se trataba del único mexicano que fumaba por interés público (no es casual que abandonara su dieta de siete puros diarios al salir del IFE). ¿Sería el héroe cívico que necesitábamos o el traidor que otros auguraban?

Decidimos dedicarle la portada en *La Jornada Semanal,* bajo el único título que podía tener sentido el domingo 6 de julio de 1997: "La cultura democrática". Fabrizio Mejía Madrid y yo lo entrevistamos en sus oficinas del IFE.

—Estoy muy tieso —se disculpó antes de la conversación–, tengo que ser muy cuidadoso.

Aunque no buscábamos una reflexión sensacionalista, sino un dibujo de lo que podía ocurrir, el momento se revestía de un aura histórica. "De las seis de la mañana a las ocho de la noche tendremos un país virtual, que estará en las manos de los electores", escribimos en la presentación.

Woldenberg habló con cautela de lo que podía surgir esa noche:

—Por su propia naturaleza, las elecciones no pueden cristalizar hechos definitivos. La fórmula electoral presupone la convivencia y la competencia; cualquier esquema autoritario que piense que existe una sola verdad, un solo contingente que la encarga, un solo partido que es la derivación del bien, y crea que todo lo demás no son más que clases, idearios e intereses demonizados, nos mete en una dinámica de intransigencia.

En la mañana del domingo mi teléfono sonó varias veces para ofrecer una "dinámica de intransigencia". Varios amigos se habían vuelto a decepcionar de mí: *La Jornada Semanal* había sido "entregada" al "sistema"; habíamos justificado la versión oficial de una farsa. Estos críticos no discutían las estadísticas que revelaban el enorme esfuerzo para construir una plataforma confiable y vigilada ni las sensatas opiniones de quien conducía el proceso. Para ellos, las procelosas aguas de la política presagiaban una conspiración: la nave se hundiría.

Por la noche, cuando se supo que Cuauhtémoc Cárdenas sería el primer jefe de Gobierno democráticamente electo de la ciudad, los mismos amigos nos felicitaron por atrevernos a entrevistar a Woldenberg. Obviamente, el festejo era interesado, pues dependía del resultado, no de la importancia del proceso electoral.

El 6 de julio, el Zócalo fue testigo de la noche de los soles. Las banderas con el sol azteca diseñado por Rafael López Castro llenaron la plaza. La izquierda había ganado. Esa luz artificial en medio de la oscuridad no duraría mucho y el partido del sol se iría eclipsando poco a poco.

Cuauhtémoc Cárdenas inició en 1997 la serie de gobiernos del PRD. En las dos décadas de gobiernos perredistas, también hubo cambios en la gestión electoral. El IFE se transformó en el Instituto Nacional Electoral y pasó de ser una institución ciudadana a un enclave controlado por los partidos. La capital ofreció garantías liberales y avances sociales superiores a los de otras regiones del país, pero también se convirtió en rehén de las bandas del narcomenudeo, las tribus de ambulantes, los distribuidores de piratería, los intereses inmobiliarios más especulativos y una economía que privilegia las franquicias internacionales y aumenta la desigualdad social.

En realidad, lo único importante en la política mexicana desde 1994 ha sido el zapatismo. Pero este libro no trata de Chiapas, sino de la Ciudad de México. Cárdenas no ha dejado de ser un significativo protagonista de la vida pública. Se le llama "líder moral" de la izquierda para señalar que influye sin tener un cargo. La expresión se ha vuelto cada vez más literal: es un referente ético, récord difícil de igualar en la tempestuosa política nacional, tomando en cuenta que nos referimos a alguien que ha sido subsecretario, gobernador, jefe de Gobierno y tres veces candidato a la presidencia.

Desde su primera infancia, Cárdenas parecía destinado a la historia patria: fue el primer bebé que vivió en Los Pinos. Poco después, en el jardín de niños Brígida Alfaro, conoció a Porfirio Muñoz Ledo, compañero de aventuras políticas con el que muchos años después fundaría la Corriente Democrática del PRI.

Respetuoso de las instituciones a un grado que a veces desespera a sus seguidores, Cárdenas también ha ejercido los favores de la discrepancia. Llamó a renovar desde dentro el partido oficial, pero su reclamo cayó en el silencio, como si ocurriera en las tierras sin viento de la luna, y decidió abandonar el único instituto político que entonces ganaba las elecciones. No fue ésa su única ruptura. El 25 de noviembre de 2014, después del secuestro de los 43 estudiantes de Ayotzinapa en un estado gobernado por el PRD, renunció al partido que había fundado.

Hijo del mandatario más decisivo del siglo XX mexicano, no vivió a la sombra del general. Como subsecretario de Agricultura y gobernador de Michoacán apuntaba a convertirse en un eficaz hombre del sistema. Aunque su salida del PRI cambió esta ecuación, también suscitó desconfianzas. Quienes militábamos en el PMT pensamos que su protesta tendría poco recorrido.

Pero el vendaval retórico de Muñoz Ledo y el carisma de Cárdenas (la fuerza tranquila del que sabe escuchar y desconoce los arrebatos) llevaron a la construcción del Frente Democrático Nacional, oportunidad inédita para las izquierdas, sólo frenada por el fraude de 1988.

Los debates no han sido el recurso fuerte de un político que prefiere el razonamiento dilatado de los discursos y que rara vez habla de algo que desconoce ("No lo sé, voy a informarme", dice con sinceridad, para desconcierto de los periodistas). En su tercer acto como candidato presidencial se topó con un populista de derecha, de innegable carisma, que usaba botas vaqueras para patear ataúdes de cartón con el emblema del PRI. El ranchero impetuoso que prometía sacar las tepocatas, las víboras negras y otros bichos del presupuesto parecía más radical que el ingeniero. Pero el jaripeo de Vicente Fox terminó al llegar a Los Pinos, donde su sombrero y su rebeldía quedaron colgados de una percha.

Cuauhtémoc no dejó de luchar por el cambio que no llegó con el Partido Acción Nacional. Había rebasado los ochenta años cuando recibió una peculiar invitación para iniciar otro lance en compañía de su viejo condiscípulo del jardín de niños, Porfirio Muñoz Ledo: escribir la Constitución de la Ciudad de México.

El Libro de los libros de la ciudad

En enero de 2016, el Distrito Federal dejó de existir y la Ciudad de México surgió como el estado número treinta y dos de la República. De sierva de los poderes, se transformó en su anfitriona. Para ello, necesitaba su propia Constitución.

Cien diputados constituyentes integrarían la asamblea que decidiría el contenido de la carta magna capitalina. La conformación de ese grupo estuvo sujeta a componendas en la cúpula gubernamental y arrojó un resultado tradicionalmente injusto: el PRI, que había obtenido siete por ciento de los votos en las últimas elecciones capitalinas, tendría los mismos diputados que Movimiento Regeneración Nacional, que había recibido más de treinta por ciento.

Para que los constituyentes pudieran trabajar se necesitaba un borrador del texto constitucional. Veintiocho ciudadanos fuimos llamados a redactar ese proyecto. Aceptamos sin saber quiénes eran los demás participantes. "¿Por qué me metí en ese laberinto?" La pregunta resonaría en mi mente desde el 16 de febrero de 2016, primer martes de sesión de trabajo. A las 17:45 recorrí la plancha del Zócalo donde se le rendían honores a la bandera, fui al Palacio de Gobierno resguardado por policías con escudo, pasé por el filtro de seguridad (menos riguroso que el de cualquier aeropuerto), tomé el lentísimo elevador al tercer piso, me detuve en el baño donde unos días después me robarían un paraguas y entré al Salón Oval para constatar que era redondo (misterio geométrico que anunciaba otro: debíamos encontrar la cuadratura al círculo).

Durante años había escrito artículos en favor de la ciudadanización de la política y estábamos ante una oportunidad de plantear, desde cero, temas ajenos a las agendas de los partidos. Por otra parte, nada sería tan grave como dejar las leyes exclusivamente en manos de los constitucionalistas que han impedido que la jurisprudencia sea un recurso para que el pueblo conozca sus derechos y la han convertido en un pretexto para que litiguen los abogados. Desde el principio asumí que sólo podría desempeñar una especialidad en ese proyecto colectivo, la de lector. Trataría que el texto fuera lo menos enrevesado posible.

En el acto de jura, un amigo me dijo:

—Eres el único que no trae corbata.

Me pareció un buen augurio para luchar por una redacción llana, próxima al ciudadano común, similar a la de otras constituciones que leía en ese momento y que llamaba el "plan B", por la inicial de las ciudades a las que se referían: Barcelona, Berlín, Bogotá y Buenos Aires.

Había pocos políticos en el grupo de los veintiocho. Alejandro Encinas, Cuauhtémoc Cárdenas y Porfirio Muñoz Ledo ayudaron a crear un ambiente de agradable concordia y aportaron su vasta experiencia. Mención especial merece Porfirio, quien llegaba a las reuniones después de una comida opípara en la que había rediseñado el mundo, encendía un cigarro del que sólo se desprendería para encender otro cigarro, citaba de memoria los artículos 41 y 47 de la Convención de Lisboa, consagrados a la buena administración y la rendición de cuentas, y fungía como maestro de ceremonias entre bromas que suavizaban las discordias y puntualizaciones que mejoraban argumentos que habían quedado truncos.

Desde el principio, una tensión me llevó a recordar que los indescifrables tejemanejes del quehacer político han sido descritos como "la tenebra". El senador Miguel Barbosa, entonces del PRD y luego de Morena, torpedeó toda iniciativa.

—Hay que mover el lápiz —dijo Cárdenas, en alusión a que debíamos comenzar a escribir desde el principio.

—Yo ya lo hice, desde hace muchos años: cuando quieras te traigo tres proyectos de Constitución —comentó Barbosa.

Cuando Porfirio presentó una lista de temas a desarrollar, el senador le espetó:

—Ésa no es una Constitución, es un boletín de prensa. Le puedo decir a cualquiera de mis asesores que te traiga un documento que valga la pena.

Con la misma altanería se dirigió a otras propuestas. Después de que arremetió contra Loretta Ortiz, hice un comentario acerca de nuestra forma de trabajo: no podíamos diseñar la civilidad de la ciudad si no la ejercíamos en las reuniones.

Por suerte, el senador abandonó pronto al grupo para dedicarse a sus intrigas. No fue la única situación molesta. Uno de los grandes problemas de reunir a personas que los medios describen como "notables" es que también ellas pueden creer que lo son. Algunos especialistas en temas específicos se limitaron a dar conferencias sobre la grandeza de sus temas específicos, ignorando que estábamos ante un trabajo de equipo.

Otras personas fueron ejemplares. Mauricio Merino condujo con brillantez los temas de anticorrupción, Loretta Ortiz, los de internacionales, y el padre Miguel Concha, los de derechos humanos (y en algún momento álgido recordó que debíamos proteger el carácter laico del Estado). Lol Kin Castañeda y Marta Lamas abordaron los asuntos de género en forma incluyente y generosa. Carlos Cruz y Clara Jusidman se ocuparon hasta el cansancio del minucioso ensamblaje de todas las propuestas.

Yo trabajé menos que ellos. Colaboré en los derechos culturales, redactados con ayuda de Eduardo Vázquez Martín, Alejandro Salafranca y Bolfy Cottom, participé en la redacción del sistema anticorrupción, diseñado por Mauricio Merino y su equipo del Centro de Investigación y Docencia Económicas, y propuse un artículo acerca de la vigencia de la Constitución, que deberá resguardar la voluntad popular, aunque sea mancillada por la violencia.

Era importante garantizar el sentido de la legalidad incluso ante la eventual llegada de una dictadura. Como esta idea representaba una prolongación simbólica de la vida democrática, se convirtió en el artículo 71, es decir, en el último de la Constitución.

Dice así:

Inviolabilidad constitucional
Esta Constitución no puede ser alterada por actos de fuerza y mantiene su vigencia incluso si se interrumpe el orden institucional. Sólo puede ser modificada por vía democrática.

Se lo leí a una persona que me conoce bien y dijo: "No parece que lo escribiste tú". Inevitablemente, nuestras ideas desembocaron en el burocrañol que otorga apariencia legal a las palabras. No triunfé como lector de la carta magna y de poco sirve decir que las barrocas cláusulas de los leguleyos habrían sido peores sin mi ayuda y la de otros miembros del grupo asesor.

Nuestro trabajo no contaba con la atención que despierta la selección nacional, pero muchos capitalinos querían que su voz se expresara a través de nosotros. Para el 12 de abril habíamos recibido más de treinta mil mensajes ciudadanos; para el 17 de mayo, ochenta y tres mil, y para el 31 de mayo, doscientos setenta mil.

Salí del proceso con la sensación de haber cursado en forma involuntaria un máster en Derecho, y de haber reprobado. Por esos días visité las fosas comunes de Tetelcingo, Morelos, en compañía de Javier Sicilia, y regresé al Palacio de Gobierno a enfrentar los documentos legales como si se tratara de otra fosa común. Cien años de manipuladora jurisprudencia no podían ser borrados por un pequeño grupo ciudadano. Ciertas palabras tienen valor legal y otras no, así de sencillo. El diccionario se ha expurgado para hacer que términos de uso común adquieran el místico prestigio de los términos "técnicos".

Porfirio lanzaba decisivas reflexiones:

—No quisiera sobreactuar, pero la corrupción es el problema toral del país. Los órganos autónomos han sido secuestrados por los intereses que están obligados a controlar. La corrupción debe ser definida como la venta de un acto de autoridad.

Por desgracia, estas ideas no siempre aterrizaban en forma tan elocuente en el documento.

Ante las señas de zozobra o decepción, Porfirio recordaba lo significativo de nuestro empeño:

—Estamos escribiendo un réquiem para el señor conde de Montesquieu. Ya no habrá más poderes que los establecidos, ahora existirán los órganos autónomos. Estamos en aguas revueltas, inventando un nuevo derecho.

El desorden de la tripulación y la posibilidad de naufragio se presentaban así como una intrépida virtud.

Estas tiradas épicas podían durar lo suficiente para que alguien que había pedido la palabra recordara que debía ir a otra cita. Cuando finalmente Porfirio volvía a la lista de quienes debían intervenir y advertía que una eminente abogada había partido durante su encendido discurso, se limitaba a comentar: "¡La espanté!"

Con fervor de tribuno, Porfirio insistía en la necesidad de escribir un preámbulo de corte épico, equivalente al de la Carta de la Unesco, y recitaba: "Puesto que las guerras se conciben en la mente de los hombres, es en la mente de los hombres donde deben erigirse los baluartes de la paz".

Nuestra propuesta comenzaría con ese aliento de prosódica grandeza. Entre otras cosas, el preámbulo dice: "Guardemos lealtad al eco de la antigua palabra, cuidemos nuestra casa común y restauremos por la obra laboriosa y la conducta solidaria de sus hijas e hijos, la transparencia de esta comarca emanada del agua".

A mi modo de ver, el resultado más importante de las sesiones fue la definición de *capitalino:* cualquier persona, por el solo hecho de estar en la ciudad, califica como tal. Espacio civilizatorio, la urbe otorga instantánea carta de ciudadanía.

¿Qué tan mal quedó el proyecto? En comparación con el estado de nuestra carta magna, que ha recibido más de seiscientas enmiendas desde 1917, se puede decir que logramos un proyecto bastante coherente, sobre todo tomando en cuenta que debíamos cumplir con las exigencias del artículo 122 de la Constitución federal, diseñado para mantener en cintura a la Ciudad de México. Aunque había restricciones de forma, trabajamos sin interferencias del gobierno local y sin otro salario que el deseo de prefigurar un espacio para convivir en la diferencia. No escribíamos un texto definitivo, sino una propuesta. Por lo tanto, preferimos estar más cerca de las esperanzas que de las restricciones: una Constitución no debe reflejar lo que somos de manera inevitable, sino lo que razonablemente podemos ser.

En algunos casos invadimos el minucioso territorio de la reglamentación por una razón sencilla: lo que no existe debe ser explicitado. Un buen ejemplo es la lucha contra la corrupción. En un país donde no hay órganos autónomos que vigilen al gobierno, vale la pena detallar un posible sistema de control para que esta iniciativa se comprenda.

Escribir una Constitución después de la caída de una dictadura o al término de una revolución es más fácil que escribirla en un entorno civil que deriva de un siglo de normatividades. No es lo mismo partir de cero que darle nuevo sentido a la aritmética que ha sido mal usada. Aunque no fue perfecto y aunque se sometió a la abstrusa jerga jurídica –territorio donde se conjuga el verbo *coadyuvar*–, el resultado fue innovador. La mejor prueba de ello es la resistencia que despertó. Algunos comentaristas descartaron el proyecto como una utopía *hippie* y, posteriormente, el gobierno de Enrique Peña Nieto apretó el botón de alarma.

Conviene despejar algunos malentendidos surgidos de fallidas interpretaciones. Uno de los más dramáticos se refería a la posible desaparición de la propiedad privada. "Un fantasma recorre la Ciudad de México... es el fantasma del comunismo". Nada más falso. El artículo 9 del proyecto reconoce los derechos asentados en la Constitución federal, lo cual garantiza el sistema de propiedad existente.

Otra acusación fue que, al crear nuevos derechos para las personas, se rebasaba el marco constitucional. Esto también era inexacto. La Suprema Corte de Justicia ha determinado que las constituciones locales pueden ampliar el rango de los derechos.

También se dijo que invitábamos a fumar marihuana. Nuestra propuesta establecía que no se sancionaría el consumo de cannabis y que se promovería su uso medicinal y científico, *siempre y cuando* la Ley General de Salud se reformara en ese sentido.

Por otra parte, se criticó que se le otorgaran derechos a los vendedores ambulantes y a los trabajadores informales. ¡En una ciudad donde la mitad de la economía es informal!

Nuestro documento eliminaba el fuero político (algo decisivo en el México de gobernadores criminales como Javier Duarte y Guillermo Padrés) y brindaba la posibilidad de una revocación de mandato, otorgándole mayor poder a la ciudadanía.

¿Eran irrealizables estas metas? Redactamos la propuesta sabiendo que se la confiaríamos a la realidad, es decir, a los diputados que tendrían que convertirla en ley.

Nuestro documento debía ser fiel a una capital que desde 1997 ha respaldado una opción política socialdemócrata. El PRD ha encontrado todos los modos de degradarse, pero sus veinte años al frente de la Ciudad de México han dejado conquistas superiores a la realidad actual de ese partido. Quienes redactamos la propuesta tomamos en cuenta las garantías con que ya cuentan los capitalinos y las que esperan ver cumplidas. La equidad de género, el derecho al aborto, la eutanasia, los matrimonios de convivencia y el plebiscito son iniciativas en las que discrepan los partidos, pero que, votadas una a una, serían mayoritariamente aprobadas por la población de la ciudad.

Durante cuatro meses extenuantes, los cien diputados constituyentes trabajaron sin sueldo para valorar nuestra propuesta. Aunque la composición del Congreso daba una sobrerrepresentación al PRI, el documento definitivo respaldó un alto porcentaje del texto original (cerca de ochenta por ciento).

Ni el resultado de la propuesta era perfecto ni el de la Constitución lo fue. Con todo, este ejercicio adelantó los derechos capitalinos.

Como es de suponerse, la población no se volcó al *Diario Oficial* para leer la nueva carta magna capitalina como una trepidante novela por entregas. El documento corría el albur de ser relegado a las remotas mesas de los seminarios jurídicos hasta que la Procuraduría General de la República, el Senado dominado por el PRI y el Ejecutivo Federal lo impugnaron, comprobando su inaudita vitalidad.

Cuando la jerarquía eclesiástica se opuso a la exhibición de la película *El crimen del padre Amaro*, los productores lanzaron una campaña publicitaria con el lema: "¿Por qué no quieren que la veas?" El rechazo fundado en el dogma estimuló la curiosidad de los espectadores.

Algo parecido sucedió con la solicitud de que la Suprema Corte de Justicia revisara las nuevas leyes. De haber contado con publicistas que respaldaran la Constitución, el eslogan de turno podría haber sido: "¿Por qué no quieren que tengas esos derechos?"

CEREMONIAS: EL LIBRO DE SEGURIDAD

Vivimos en un mundo peligroso donde cada nación se protege según su paranoia y su tecnología. El principio rector de la seguridad consiste en detectar las cosas que pueden empeorar y anticipar lo que el enemigo podría hacer.

El sistema de protección más común en la Ciudad de México es el siguiente: un libro donde la gente anota su llegada a una oficina. ¿Resulta lógico que la nación que ofreció al mundo sabores hospitalarios como la vainilla y el chocolate desconfíe tanto de quienes visitan sus oficinas? ¿Contra qué nos defiende esta costumbre vernácula?

Es sabido que no todo lo que tranquiliza se funda en un principio racional. Leopold Bloom, protagonista de *Ulises*, lleva una papa en el bolsillo porque cree que alivia sus padecimientos de reuma. Esta sugestión lo ayuda a caminar por Dublín durante más de seiscientas páginas.

Las supercherías y la fe se mezclan con el raciocinio y a veces adquieren apariencia lógica. Con todo, sigo sin entender nuestra más extendida contribución a la seguridad del planeta: el libro en el que hay que anotarse a la entrada de un edificio. Estamos ante algo aun menos leído que la Constitución, pero más importante.

Analicemos de cerca el asunto. El libro tiene un tamaño único; es demasiado grande para cualquier tarea que no sea obligatoria. Sus pastas duras desaconsejan llevarlo de un lado a otro. Nadie usaría un volumen tan incómodo para sus apuntes. Surgido de otro tiempo, hace pensar en el esforzado trabajo de un tendero que en el siglo XIX anotaba ahí sus haberes y deberes, los variables saldos de su oficio.

Rara vez el libro está solo. Si no hay un guardia al lado, uno sigue de frente sin que suceda nada. Para que el libro tenga sentido, el guardia debe decir:

—¿Se anota…?

El libro lleva atado un bolígrafo. Esto significa que para robarse el bolígrafo hay que robarse el libro, que pesa unos cuatro kilos. El cordón que amarra la pluma indica que la seguridad va en serio.

Varias veces me han tocado libros a los que se ha atado un lápiz. En tal caso, los datos pueden ser borrados o falsificados; sin embargo, nadie parece juzgar que ese libro resulta menos seguro.

Si el guardia anotara las señas particulares por sí mismo, podría controlarlas. Pero deja la tarea en manos del desconocido; no verifica ni coteja el nombre, tampoco lo entiende, porque lee de cabeza. Uno puede anotarse como José Stalin, Osama Bin Laden, Marta Sahagún o Rabina Gran Tagora.

Hasta donde sé, ningún estudio criminológico ha revelado que el índice delictivo aumentaría si se suprimieran los registros hechos en letra indescifrable en los vestíbulos de las oficinas. Sin embargo, en los tiempos de la computación, los libros de control existen y se multiplican. Misterio total.

Prosigamos el análisis. A veces, la seguridad se refuerza de la siguiente manera: además de pasar por el libro hay que entregar una credencial. A cambio se recibe un gafete. ¿Altera esto los propósitos de un terrorista? Se trata de una molestia, claro está, pero se puede entregar una credencial falsificada y matar a alguien portando gafete.

En rigor, las credenciales no se piden para controlar, sino para mostrar desconfianza. Esto lleva a otro tema. Los lugares rigurosamente vigilados no aceptan identificaciones que acreditan tu pertenencia a un club deportivo o a una escuela de manejo. Vivimos en un país original donde se necesita credencial de elector para entrar a ciertos edificios. Sin embargo, el más confiable de nuestros documentos nunca es revisado con cautela.

Si el visitante entrega su legítima acreditación del Instituto Nacional Electoral, ¿significa esto que se portará bien? Su identidad ha sido temporalmente secuestrada; algo decisivo ha quedado en la recepción, lo que no necesariamente compromete a portarse de manera ejemplar. Al contrario: el momentáneo despojo de una seña identitaria puede provocar que actúe como el desconocido que hasta entonces no se había atrevido a ser.

Es obvio que las credenciales podrían aportar datos confiables si se fotocopiaran, pero eso da mucha lata. Además la luz se va a cada rato.

País de sincretismos, México mezcla la modernidad con tradiciones atávicas. Hay edificios corporativos con lectores de iris y huellas digitales que configuran archivos dignos de una película de ciencia ficción. Sin embargo, el libro de tapas duras y rayas azules no desaparece. En una ocasión fui a un baluarte que tenía cámaras de televisión en el vestíbulo, los pasillos, los elevadores y otros sitios que no advertí. Bajé por las escaleras: en cada descanso, un letrero recordaba que el sistema de circuito cerrado estaba activo. La recepción disponía de dos islas de seguridad (un mostrador con unas diez pantallas y otro junto a la puerta de entrada, donde yo había escrito mi nombre). El sitio era vigilado día y noche por el ojo insomne de las cámaras. Pero no podía prescindir del libro.

¿Hay alguien que lea los numerosos nombres de los visitantes? ¿Cuánto tiempo se conservan? ¿Existe un Archivo General de los Libros de Seguridad? ¿Habrá alguien interesado en saber que el 20 de enero de 2006 Juan Hernández estuvo una hora y cuarto en el despacho 303?

El libro dificulta las cosas y así genera una fantasía de control. En nuestra peculiar concepción de la eficacia, consideramos que entorpecer es una manera frontal e incuestionable de intervenir.

En las páginas rayadas suele aparecer un rubro llamado "asunto". Noventa y nueve por ciento de las personas escribe ahí el mismo motivo: "personal". Una coartada para cualquier cosa. En cierta forma, nos declaramos culpables de antemano. Si algo malo ocurre, será terrible haber puesto nuestro nombre completo y será peor haber alegado una motivación "personal".

Las hojas de la desconfianza te aguardan a la entrada de un edificio. Aún no se producen los hechos, pero todo es cuestión de esperar. El libro no anticipa delitos: anticipa culpables.

PERSONAJES DE LA CIUDAD:
EL LIMPIADOR DE ALCANTARILLAS

Como la pobreza inventa más oficios que la tecnología, en la ciudad abundan las actividades raras. Siempre me ha intrigado el incomprobable trabajo de quienes destapan coladeras. Cualquier tarde de ésas suena el timbre de tu casa y un desconocido pide dinero por haber aliviado las entrañas de la urbe. Para comprobar que destapó tu alcantarilla, lleva una carretilla con lodo y otros desperdicios. Aunque otros afanes municipales son más complicados (reparar un cable de alta tensión, talar las copas de los árboles), éste es el único que reclama propina obligatoria. Un insondable contrato social garantiza el derecho mendicante del hombre del drenaje.

A diferencia de los barrenderos y los empleados de la Comisión Federal de Electricidad, los destapadores carecen de uniforme reglamentario: no poseen otra identificación que sus manos cubiertas de inmundicia. ¿Hay un gremio que los respalde? ¿Obedecen a un plan maestro de desahogo o se trata de voluntarios impulsados por una desesperación escatológica?

Uno de los grandes misterios de este oficio es que resulta imposible saber si realmente ocurrió. Los destapadores actúan en completo sigilo. Sólo se presentan en la puerta de la casa una vez concluida su función y solicitan la propina respectiva. Para justificarse, señalan su carretilla. ¿Sacaron todo eso de tu drenaje o transportan una muestra genérica que sirve para estafar en todos los zaguanes de la ciudad?

La verdad es que estas inquietudes son inútiles. Estamos ante una costumbre no sólo arraigada, sino indestructible. Los destapadores de coladeras tienen un acuerdo secreto con la generosidad humana en un país donde las propinas son más importantes que los sueldos y donde la pordiosería adquiere toda clase de manifestaciones, unas francas, otras encubiertas.

Resulta difícil vivir en un territorio de carencias sin una adecuada estrategia de donativos. Que la ciudad no estalle se debe, en buena medida, a la red de monedas que pasan de mano en mano como una ilusión de que la convivencia es posible. El vasto tejido en el que el azar reparte los centavos exige que se le dé algo a los destapadores de coladeras. Si se van con las manos vacías, el ciclo de la vida urbana puede alterarse en forma irremediable.

Por otra parte, nadie ignora la importancia del subsuelo en una ciudad que antes fue un lago. Las alcantarillas regurgitan noticias de otros tiempos. En un episodio maestro de *Los miserables*, Jean Valjean es perseguido por las cloacas de París. Victor Hugo muestra la ciudad oculta que justifica la ordenada ciudad de la superficie. El sueño en piedra de París depende de una pesadilla animada por las ratas. Para entender cabalmente los parques y los bulevares, hay que entender su reverso, el único sitio donde no se oculta nada, el submundo del drenaje. "Una alcantarilla es un cínico", escribe Hugo: "Lo dice todo".

En la Ciudad de México el drenaje dice más porque el blando subsuelo no está quieto y abundan las inundaciones. Justo por ello, se ha tratado de ocultar lo que ahí ocurre. En *Los bajos fondos*, comenta Sergio González Rodríguez:

> La teología cristiana distinguió siempre en sus designios cosmológicos la oposición entre el cielo y el infierno, lo Alto y lo Bajo. Sus aplicaciones simbólicas establecían los polos de la virtud (la

belleza y lo armónico), la vida perfecta, la santidad y lo místico contra el vicio, las conductas desviadas o pervertidas, lo feo, lo prosaico y trivial. Este principio topográfico se extendía al mundo cotidiano para juzgar los méritos y acciones de los hombres. La rectitud sería el sendero infalible; el sentido de la ortodoxia, un anticipo del paraíso. Lo contrario sólo podía alojar el estigma de un desenlace luciferino, "ese gusano que horada al mundo". De las ciudades al cuerpo se reprodujo esta forma de espacializar y ordenar, algo que está en las normatividades de Occidente y que reaparece en otra oposición estructural: lo público y lo privado, nudo genérico de la identidad del sujeto.

Lo pecaminoso se asocia con lo inferior, en un sentido ético, pero también espacial: los "bajos fondos" son los sitios irregulares donde la transgresión tiene su oportunidad y el oculto sótano de la ciudad alberga las deyecciones que no queremos ver.

Durante la Colonia, las inmundicias se tiraban a la calle. El drenaje mitigó la indeseable convivencia con nuestros restos, pero de cuando en cuando vuelve a cobrar protagonismo.

No ha sido fácil domar un paisaje donde los ríos se entubaron sin evitar las inundaciones. El limpiador de alcantarillas pertenece a lo que no queremos ver, la letrina cancelada que amenaza con hacerse cargo de la superficie y no deja de mandar señales: el primer olor que se respira al aterrizar en la Ciudad de México es el de la mierda, señal de que las pistas de aterrizaje están sobre un subsuelo en descomposición.

¿Qué tipo de contrato establecemos con el hombre que asegura haber desazolvado las entrañas de nuestra calle? El monto que se paga por tareas cuya utilidad resulta incomprobable depende del sentido de la caridad. A modo de comparación, abordemos un caso emocionalmente complejo, el de los cilindreros que manipulan su instrumento en las plazas públicas. Interpretan música tradicional que casi nunca es agradable. La destemplada tonada que sale del organillo recuerda el estado de la nación. Ahí radica la clave de su éxito. ¿Hay forma de renunciar a lo incómodo que reconocemos como "nuestro"? Aunque muy pocos escogerían como una priori-dad escuchar la resfriada melodía de los cilindros, los partidarios de erradicarlos son aun menos. Los organilleros pertenecen a nues-tra arqueología sentimental y cumplen con todos los requisitos para ser oficiales: tienen sindicato, cédula profesional y un uniforme tan triste como su música, del pálido color de la tierra incultivable. Los queremos al margen del gusto o la necesidad. Resultan tan irrenun-ciables como los dientes de leche, que, si se conservan en una bolsita hasta la edad adulta, ya no se pueden tirar nunca.

Volvamos al personaje principal de este capítulo. En las relacio-nes piadoso-laborales ningún trato es tan inquebrantable como el que se establece con los destapadores de coladeras. A mi modo de ver, la transacción es posible porque tiene un contenido simbólico difícil de expresar, pero tan agudo como la tonada del organillo que nos pone los pelos de punta. ¿Hay algo más desagradable que en-trar de cuerpo entero en el desagüe? Los hombres de la alcantarilla anuncian que se han sumergido en las basuras públicas, y algo aun más preciso: limpian la parte que te corresponde, tu ilocalizable cochambre.

Los asuntos terminales están más allá de la apelación o el cues-tionamiento. Ante ese rostro surgido del inframundo, nadie pide pruebas ni quiere oír detalles.

¿Qué secretos descubren en su tránsito por las profundidades? Lo ignoramos. Basta saber, o sospechar, que esos hombres (no he conocido a ninguna mujer del gremio) han ingresado al reverso de la vida urbana, la zona que debe funcionar sin ser explicada, su incon-cebible digestión.

El pasado diciembre, la cuadrilla negra volvió a la casa. Le abrí la puerta a un hombre de unos sesenta años, con lodo en las cejas:

—Destapamos las coladeras para el Año Nuevo —dijo con una voz quizás enrarecida por la falta de aire en el subsuelo.

Lo seguían tres jóvenes que parecían haber usado el pelo para limpiar o ensuciar objetos.

El hombre aguardó mientras yo hurgaba en mis bolsillos. Respiraba por la boca, produciendo un sonido rasposo. Me recordó a la efigie de Xipe Tótec, Nuestro Señor el Desollado, el dios de la Renovación que aguarda con la boca abierta para soltar una profecía.

Estuve tentado a romper el código y preguntar qué había hallado en las coladeras de mi calle, pero él hubiera podido responderme cualquier cosa o, peor aun, podría haber detallado mis desperdicios.

Dejé las monedas en la mano cubierta de mugre.

—Feliz Año Nuevo, señor —dijo el destapador.

Vi la calle, extrañamente desierta. El futuro me pareció tan inescrutable como lo que ocurría debajo de la casa.

¿Quién era esa persona a la que debía pagarle por limpiar las invisibles entrañas de la vida?

Era el tiempo, que cobraba a su manera.

SOBRESALTOS: EL TERREMOTO:
"LAS PIEDRAS NO SON NATIVAS DE ESTA TIERRA"

El 19 de septiembre de 1985 un violento empellón me sacó del sueño. Me encontraba en una planta baja, en el barrio de Tlalpan, en la punta sur de la ciudad, donde el suelo de piedra volcánica es más sólido y los temblores provocan menor alarma.

La casa había sido construida por Andrés Casillas, discípulo de Luis Barragán. Sus muros eran tan sólidos como los de un convento. Me sentía protegido por el sitio donde estaba y por el trato que hasta entonces tenía con los temblores. Nací en 1956, un año antes de que el Ángel de la Independencia se viniera abajo con un sismo. En mi casa, aquel temblor fue visto como una señal de que la vida podía ser complicada. En 1957 mi madre tenía veintidós años y enfrentaba severos desafíos. El principal de ellos era un bebé que berreaba en una época anterior a los pañales desechables. Cuando el Ángel se vino abajo, la Tierra entró en sintonía con sus angustias y le permitió concebir la mitología personal de haber parido a un hijo de los terremotos. Años después esa leyenda me parecería magnífica: en vez de pensar que el subsuelo protestaba por mi llegada al mundo, juzgué que me daba la bienvenida "a la mexicana", con matracas que retumbaban en el corazón de la Tierra.

De niño disfrutaba el repentino vaivén de la casa, tan parecido a los pasos de mi padre que cimbraban el pasillo cuando iba a darme las buenas noches. En la juventud, asocié los temblores con el temperamento de la pelirroja de la que estaba enamorado y, algo más complejo, comprobé que el carácter de la madre tierra se parecía bastante al de la autora de mis días. Vivir en una ciudad al borde de un ataque de nervios me hizo amarla con una pasión edípica de la que no me rescatará terapia alguna.

Incluso mi relación con la literatura se benefició de la inseguridad terrestre. Durante cuatro años, el manuscrito de mi primer libro, *La noche navegable*, hizo cola para aparecer en el codiciado catálogo de la editorial Joaquín Mortiz. El 24 de octubre de 1980 un sismo sacudió la ciudad y Joaquín Díez Canedo, director de Mortiz, habló para decirme:

—A consecuencia del temblor, salió su libro.

Origen del mundo en las cosmogonías prehispánicas, la tierra parecía apoyar el doloroso parto de mi libro.

Todo esto para decir que, en un principio, el 19 de septiembre de 1985 no me preocupó que la tierra se moviera más de la cuenta. La casa donde vivía no tenía timbre. Para entrar ahí, había que tocar una campana.

A las 7:18 a. m., la campana tocó sola.

El asombro de estar vivo

"Las campanadas caen como centavos", escribió López Velarde. En este caso, caían como metralla. Me ubiqué bajó el quicio de una puerta. El piso de arriba era ocupado por mi amigo José Enrique Fernández. En la sinrazón del momento, pensé en gritarle para que despertara, como si alguien pudiera dormir ante ese crujir de la materia, pero no hice otra cosa que seguir bajo la puerta. Aunque se tratara de una protección simbólica, supe que estaba en el umbral entre la vida y la muerte.

Cuando la campana dejó de sonar, la quietud adquirió curiosa irrealidad. La calma resultaba sospechosa. Descolgué el teléfono: no había línea. Tampoco teníamos luz.

José Enrique me alcanzó en el comedor, con la cara ausente de los aparecidos. Su exmujer vivía en la colonia Condesa, en el edificio Basurto, célebre por su diseño *art déco* y la fragilidad de su construcción. No había modo de hablar con ella ni con nadie más. José Enrique trabajaba en discos Melody, en la avenida Arcos de Belén. Se dispuso a ir ahí, pasando por el edificio Basurto.

¿Aún existía la ciudad? La posibilidad de un borramiento decisivo, una aniquilación mayúscula y demencial, cobró forma en nuestras mentes. ¿Qué había pasado con la Torre Latinoamericana, las vecindades del Centro, los copiosos multifamiliares?

Fuimos al coche a oír la radio. Jacobo Zabludovsky narraba los hechos usando un teléfono satelital. El periodista que después de la matanza de Tlatelolco se limitó a hablar del clima, recuperó esa mañana su vocación primera y contó cabalmente lo ocurrido. Alcanzamos su relato justo cuando la voz se le quebraba al contemplar los escombros de los estudios de televisión donde había pasado la mayor parte de su vida. Poco después informó que el edificio en Arcos de Belén, al que José Enrique pretendía dirigirse, estaba hecho añicos. La ciudad era un montón de escombros, el escenario de una guerra sin otro enemigo que la fatalidad.

José Enrique fue una de las muchas víctimas omitidas de ese día. En 1979, un temblor había derrumbado la Universidad Iberoamericana en la colonia Campestre Churubusco, poco antes del horario de clases. Mi tío Miguel, jesuita y profesor de Derecho en la Ibero, interpretó así la tragedia:

—Es una advertencia de Dios; nos está dando otra oportunidad: si hubiera temblado más tarde, todos estaríamos muertos.

Su teoría se basaba en que la furia se había abatido sobre aulas vacías.

También el terremoto de 1985 ocurrió temprano, pero no fue una advertencia de Dios. Unos se salvaron por no haber llegado a su trabajo; en cambio, otros murieron por seguir en sus viviendas. Las ondas sísmicas fueron demasiado poderosas para seleccionar sus daños: su magnitud fue de 8.1. En 2010, yo sobreviviría a una sacudida de 8.8 en Santiago de Chile. Los dos cataclismos pusieron a prueba la calidad de las construcciones. Aunque el de Chile fue mucho más severo, causó menos daños. El de México puso al descubierto la especulación inmobiliaria: el 19 de septiembre la Tierra hizo la auditoría que jamás haría el gobierno.

Escuché la radio hasta enterarme de que los montañistas de la UNAM solicitaban voluntarios para ir a puestos de socorro. La cita era en el estadio de Ciudad Universitaria; el único requisito consistía en llevar una pala.

En mi fallida soltería, la calamidad llegaba con el nombre de "vida cotidiana". Ante cualquier problema, visitaba a unos vecinos. La última vez, los había visto para pedirles uno de los gatitos que acababa de parir su gata (mi casa estaba infestada de ratas que trepaban por una enredadera como si fuesen ardillas). No les sorprendió que les solicitara una pala ni a mí me sorprendió que la tuvieran.

En el estadio de CU conocí el nuevo talismán de la ciudadanía. Los brigadistas se ataban un trozo de tela amarilla en el brazo. Eso bastaba para luchar por la ciudad.

¿Quién tuvo esa idea? El amarillo no es un color muy popular para las telas y esto sucedía antes de que el Partido de la Revolución Democrática lo convirtiera en su color emblema. Si entonces se hubiera elegido el verde, habrían sobrado banderas para cortar jirones. Pero las contingencias históricas se deciden en formas caprichosas. ¿Se escogió un color difícil de encontrar para ponernos a la altura del desafío? ¿Buscar esquivas telas amarillas era una cábala para conjurar el daño? Lo cierto es que México, Distrito Federal, se convirtió en el sitio milagroso donde trapos de un color absurdo aparecieron por todas partes, como si las abuelas de varias generaciones los hubieran guardado junto a los calcetines eternamente impares, sólo por si acaso, por si algún día sus descendientes necesitaban demostrar el raro heroísmo de estar vivos. Si podíamos encontrar miles y miles de paños amarillos, podíamos ser suficientemente raros para salvar nuestra ciudad.

Mientras tanto, Miguel de la Madrid juzgaba que un desastre natural podía darle "mala imagen" a México. El presidente actuó conforme a la larga tradición de los gobiernos que definieron el siglo XX mexicano. Decidió que la mejor manera de combatir una tragedia es negarla. Contra toda lógica, rechazó la cooperación internacional en estos términos: "Estamos preparados para atender esta situación y no necesitamos recurrir a la ayuda externa. México tiene suficientes recursos y unidos, pueblo y gobierno, saldremos adelante. Agradecemos las buenas intenciones, pero somos autosuficientes".

¿A qué recursos se refería? El mandatario que tres años después orquestaría el fraude electoral más flagrante de nuestra historia no tenía la menor idea de lo que hablaba. Sin conocer la magnitud de la catástrofe, se negó a pedir ayuda para no ser visto como alguien vulnerable. En la megalomanía del poder, declaró: "Podemos solos".

Mientras tanto, en los pasillos del estadio de CU, una cosa quedaba clara: había que rescatar la ciudad con las uñas.

Por radio llegaban informes de los sitios más dañados. Se organizaron brigadas para ir a la colonia Roma. Los montañistas escalarían los edificios con sogas y la infantería armada de palas trabajaría a nivel de la calle.

Con esta estrategia subimos a una combi. No nos conocíamos; ignorábamos de qué éramos capaces. Estábamos ahí, horas después del terremoto, en una ciudad que la urgencia volvía nuestra. ¿Qué nos unía? A la distancia, parece absurdo haber confiado en algo tan precario, pero en la sinceridad del momento un talismán nos infundió confianza: teníamos un trapo amarillo en el brazo.

La guerra secreta en México

En el trayecto a la colonia Roma hablamos de presagios y premoniciones. Durante el Virreinato, los eclipses y los cometas eran vistos como augurios de la tragedia. En 1985 el cometa Halley regresaba a la órbita terrestre. Su paso anterior, en 1910, había anunciado la Revolución. Mi abuela lo vio en Yucatán a los once años. También entonces conoció a Francisco I. Madero en una asamblea. El apóstol de la democracia le dio un beso que a ella se le grabó tanto como el fulgor que recorría las noches de ese tiempo.

¿Qué presagiaba el retorno del cometa? Para conmemorar los setenta y cinco años de la Revolución, se preparaban festejos y alardes culturales. Yo escribía una adaptación cinematográfica del episodio histórico conocido como "el telegrama Zimmermann". Durante la Primera Guerra Mundial, Alemania ofreció ayuda a México para recuperar los territorios perdidos ante Estados Unidos. El móvil no era filantrópico: si los estadounidenses se enfrascaban en una contienda en su propio país, no podrían participar en la guerra europea. La oferta fue hecha por el ministro de Asuntos Exteriores de Alemania, Arthur Zimmermann, y se asoció a su nombre. El gobierno de Venustiano Carranza rechazó la "ayuda". Los historiadores Barbara Tuchman y Friedrich Katz habían narrado en forma excepcional los sucesos que yo adaptaba al cine. La producción iba a ser pagada por la Secretaría de Relaciones Exteriores. Pretendíamos escenificar las entretelas de la diplomacia mexicana durante la Revolución, siguiendo el sugerente título de Katz: *La guerra secreta en México*. El guion comenzaba con el cometa Halley en 1910, presagio de la revuelta, y concluía con su regreso en 1985, símbolo de las tareas pendientes de una revolución interrumpida.

Escribir ese guion me puso en contacto con los delirios y la inoperancia de la gestión pública. Todo comenzó con la desaforada demagogia con que los funcionarios mexicanos pretenden ser grandiosos: "No te midas, tenemos recursos; si necesitas una toma en helicóptero, hazla; sabemos que el cine de época requiere de dinero; hay un 'preetiquetado' para afrontar una superproducción; si es necesario montar una batalla, hazlo". Como tantos proyectos oficiales, este monumento a la ambición estaba hueco.

El sismo de 1985 reveló la usura que había permitido edificar escuelas, hospitales y viviendas con presupuesto gubernamental sin atender a los cimientos. La pieza decisiva de un edificio público es la placa que informa quién lo inauguró. Lo que no se ve (los materiales de resistencia) caen en el olvido.

Los empeños públicos suelen seguir el método de construcción de los castillos de naipes. Nuestra película debía ser estrenada en noviembre. Para septiembre, los funcionarios ya habían descubierto que su grandeza no se ajustaba al costoso mundo real. Adaptar la historia a la pantalla era menos complicado que adaptarla al presupuesto. Una secuencia de combate fue progresivamente pauperizada. De una fantasía bélica tipo *Lawrence de Arabia* pasamos a una reunión de Estados Mayores en un palacete, con generales que descendían en coches de época. Luego, Relaciones Exteriores descubrió que tampoco había dinero para carruajes ni majestuosas locaciones y la "batalla" se convirtió en una especie de mesa redonda donde polemizaban seis militares.

La auténtica "guerra secreta en México" tiene que ver con el manejo de los dineros públicos. La devastación de la ciudad obligó a recapacitar: los festejos del 75 aniversario de la Revolución representaban un derroche que debía ser suspendido. La producción se canceló. Me alcanzaron a pagar el "tratamiento inicial" del guion, pero —metáfora de metáforas— el cheque se perdió en una oficina de Relaciones Exteriores en Tlatelolco, afectada por el terremoto. Recuperarlo fue tan difícil como encontrar el acta de nacimiento de Doroteo Arango.

En la segunda mitad del siglo XX las obras públicas siguieron un proceso similar al de nuestra película: las promesas fueron superiores a las posibilidades de ejercerlas y una casta de millonarios repentinos ingresó en sus cuentas el presupuesto para las varillas.

En 1985 el Multifamiliar Juárez, la Unidad Habitacional Tlatelolco, el Hospital General, la sede de la Cancillería, las oficinas del Seguro Social junto al Monumento a la Revolución y otros edificios inaugurados como alardes públicos incumplían las normas de seguridad. Esa demagogia en piedra estaba destinada a desplomarse o ser deshabitada.

La calle del Oro

Mientras avanzábamos hacia el norte en la combi, alguien habló del cometa Halley y la curiosa circunstancia de que la cauda no pudiera verse. Como las supersticiones se clasifican de modos imaginativos, otro brigadista dijo con absoluta convicción:

—Si el cometa está ahí, pero no se ve, la tragedia es segura.

En esa jornada sin más información que las conjeturas, lo escuchamos como si fuera Nostradamus.

Poco a poco la ciudad le dio la razón. Pasamos de un paisaje figurativo a uno progresivamente abstracto. En Insurgentes, a la altura de la colonia Roma, encontramos edificios que seguían en pie, pero habían perdido las paredes; desde la calle era posible ver las cocinas, la ropa en los clósets y los muebles, como si se tratara de casas de muñecas. Otras construcciones quedaron reducidas a escombros. Montones de cascajo interrumpían la circulación en la avenida. Entre las casas había súbitos baldíos, huecos amorfos, cráteres, oquedades. La combi trituraba vidrios a su paso. El aire olía a gas.

En su extenso poema "Tierra roja", Francisco Segovia imagina las zozobras de una expedición a Marte. Ante la indescifrable extrañeza del paisaje, exclama:

No son nativas
las piedras de esta tierra

No hay mejor manera de describir lo que sentimos al llegar a la calle del Oro, que comunica Insurgentes con la glorieta de Miravalle. Desperdigadas, rotas, definitivamente ajenas, las piedras *no eran de ahí.*

Ignoro por qué nos dejaron en esa esquina. El nombre no podía ser más irónico. ¿Qué riqueza podíamos hallar en la calle del Oro?

Los montañistas siguieron, rumbo a la Plaza de Río de Janeiro, donde escalarían edificios de los que no podía salir la gente.

Nuestra misión consistía en convertir una caótica montaña de desechos en ordenados trozos de desechos, transformar restos inverosímiles en restos comprensibles.

Me situé sobre un montículo, a unos tres metros sobre el nivel de la calle. Después de unas paletadas encontré una factura con la dirección del inmueble. Estaba en los remanentes de un sexto piso. El edificio se había pulverizado en tres metros de escombros.

No lejos de ahí, en el Hospital General, un equipo internacional de médicos enfrentaba un desafío superior sin apoyo del gobierno en otro sexto piso. La Unidad de Gineco Obstetricia se había venido abajo, sepultando a veinticinco médicos y cien pacientes, y una doctora seguía con vida, prensada por una trabe.

En *Nada, nadie. Las voces del temblor,* Elena Poniatowska recoge la escena, narrada por Marie-Pierre Toll. Para liberar a la joven médico de la viga se requería equipo de ingeniería y ella estaba gravemente herida. Durante veintiocho horas sus colegas la mantuvieron con vida a base de transfusiones y finalmente pudo ser salvada. Uno de los voluntarios que participó en el rescate dijo que resistió ahí por tanto tiempo, entre ruinas que podían desplomarse de un momento a otro, porque sabía que los demás médicos que trabajaban en la Unidad de Gineco Obstetricia ya habían muerto. Entre ellos se encontraba Xavier Cara, uno de mis mejores amigos de adolescencia, pero entonces yo no lo sabía. Mientras dábamos paletadas en la calle del Oro, un grupo de cirujanos trataba de salvar a una doctora en nombre de todos los que ya habían muerto.

Trabajamos durante horas sin grandes resultados. Sacábamos trozos de cemento, papeles, el brazo de una silla, el aspa de un ventilador, formas sueltas, partes de algo, fragmentos ya inservibles. Los llevábamos a una carretilla y los apilábamos en la calle, donde otros trataban de darles cierto orden. Construíamos ruinas para salvarnos de la ruina.

¿Sirvió de algo esa fatiga? No rescatamos a nadie y acaso sólo nos rescatamos a nosotros mismos, convenciéndonos de que podíamos reaccionar, hacer algo útil. O quizás eso no sucedió completamente en vano.

Otros planean y deciden las batallas, pero al final de la contienda alguien debe recoger los restos. La paz comienza con los pordioseros de la gloria, los que se hacen cargo de los escombros, recogen los zapatos, los botones, los peines rotos, las armas ya sin uso, lo que antes tuvo un sentido y un destino. Eso éramos nosotros, la gente de la basura, las inmundicias, las deyecciones, los detritus, los que llevan trozos de un lado a otro en una insistente letanía de los objetos.

¿En qué momento la serenidad reclama sus derechos? De pronto, algo definitivo se despeja, la suciedad tantas veces manoseada se convierte en una forma de la calma y el cansancio de los que no tienen más respuesta que el cansancio adquiere otro sentido e indica que ya no hay guerra y la paz es posible porque se respira algo distinto y venturoso: el aire huele a sopa.

Goethe escribió una singular crónica sobre la guerra franco-prusiana en la que entrevistó a un soldado alemán convencido de que su ejército perdería la guerra. ¿Qué profecía lo guiaba? Aquel soldado había tenido oportunidad de probar la sopa del adversario. En medio de las fatigas y los rigores de campaña, descubrió con asombro que el encargado del vivaque enemigo condimentaba con exquisito esmero. Era imposible vencer a una tropa alimentada por caldos tan sabrosos.

En *Guerra y paz*, Tolstói practica la técnica de la "aproximación infinitesimal" para explorar los detalles que secretamente definen la historia y que Goethe comprobó en su crónica.

Hacia las seis de la tarde, una señora me tocó el hombro:

—Toma, güero —me tendió un vaso de plástico. Contenía sopa de pasta, en forma de pepitas. Nunca un guiso me supo mejor. El nombre de la calle cobró otro sentido ante esas pepitas: el oro de la ciudad eran sus restos.

El hombre topo

Los verdaderos héroes estaban en otra parte. Mi amigo A., con quien había compartido la preparatoria, se dedicó a rescatar gente en cavidades a las que sólo se podía entrar a riesgo de perder la vida o una parte del cuerpo.

A. escribía su nombre y su teléfono en sus extremidades por si quedaba sin una de ellas. En las muchas ocasiones en las que hemos hablado de su inmersión a las criptas repentinas formadas por derrumbes, me asombra el tono neutro con que refiere sus lances arrojados. Esa aparente sangre fría no proviene de un déficit emocional ni de una arrogante indiferencia ante el peligro, sino de la certeza de que la supervivencia es una técnica, algo que depende de decisiones prácticas, nunca de un arrebato.

En la adolescencia, A. era indiferente a los estudios y enfrentaba la vida con curiosa calma, pero los momentos críticos requieren de un temple especial y él demostró una insólita capacidad para tomar decisiones bajo presión. El rescatista no es un buscador de peligros refractario a la emoción; es un analista que tiene prisa.

Los astronautas despegan de la corteza terrestre con el mismo temple con que los hombres topo se sumergen en las ruinas. La diferencia es que en el cosmos y en la nave espacial hay instrucciones de uso que no existen en los túneles formados por derrumbes. En esas circunstancias, mover un ladrillo puede liberar un cuerpo o provocar otro desplome.

A. se acostumbró a tomar decisiones que nunca dependieron de una corazonada. Salvó vidas a riesgo de perder la suya, y algo cambió para él bajo la tierra.

Una de las consecuencias más sorprendentes del terremoto fue que creó un tejido solidario que no existe en los días tranquilos. En *La peste*, Albert Camus se pregunta por qué se requiere de una tragedia mayúscula para que la bondad colectiva aflore.

Cuando nos quedamos sin luz en la colonia Roma –el cuerpo adolorido por la presencia de músculos no usados hasta entonces–, busqué algún modo de volver a casa. Estaba cubierto de polvo del pelo a los zapatos y apenas tenía fuerza para sostener la pala.

Un taxi se detuvo sin que le hiciera la parada:

–¿A dónde lo llevo, joven?

–No tengo dinero.

–El viaje es gratis.

–Voy hasta Tlalpan.

–Todos los viajes son gratis.

La generosidad colectiva no duró mucho, pero pudo no haber existido. Durante días adquirimos una personalidad de emergencia, superior a la nuestra.

Quienes afrontaron riesgos superiores pasaron por una prueba más exigente, que los llevó a una suerte de conversión espiritual. Los astronautas regresan a la Tierra con un aire místico que los hace lucir desubicados: ingenieros aeronáuticos que de pronto hablan como profetas. Algo parecido sucedió con los hombres topo. A. no volvió a ser el mismo. Asumió el peligro con cálculos racionales y mantuvo la entereza en circunstancias agobiantes. Pero la supresión del nerviosismo le otorgó no sólo la posibilidad de seguir vivo, sino un extraño placer. Entre escombros y vigas a punto de vencerse, sobrevivió con la tensión controlada de un piloto de Fórmula 1 o un corresponsal de guerra. Al regresar a la superficie, encontró un mundo pardo, indiferente, ajeno a la adrenalina.

Se ha estudiado mucho el estrés postraumático, la angustia contenida durante el drama que aflora cuando se está a salvo. En ocasiones, el sobreviviente se siente culpable de no haber muerto con los suyos. Arthur Koestler escribió un hermoso ensayo sobre un piloto británico que rompió todos los records de heroísmo, pero no aceptó la inmerecida condena de estar vivo y quiso identificarse con sus colegas muertos en una última misión suicida. En ocasiones, para alguien que se ha arriesgado al límite, la vida sin peligros carece de sabor. Esto lleva a la búsqueda de insólitas compensaciones. Fue lo que ocurrió con A. Seguramente simplifico su historia; lo cierto es que sus jornadas de hombre topo incrementaron el gusto que desde antes tenía por los animales salvajes y por traficar con ellos. Nada más lógico para un topo que volver a la superficie a confraternizar con bestias.

Tiempo después, esta actividad lo llevó a la cárcel, donde volvió a cambiar, ahora sin remedio. Un héroe de la supervivencia se convirtió en un hombre frágil, disminuido. Capaz de entrar y salir de un túnel que se cerraba segundos después de su aventura, fue vencido por la humillación del presidio.

Cuando salió de la cárcel asistimos a un concierto de los Rolling Stones en el Foro Sol. Yo iba en compañía de mi hijo, entonces de trece años. A la salida, comenzamos a subir el paso a desnivel para cruzar Circuito Interior. Había demasiada gente y todos se empujaban. Cubrí a mi hijo con los brazos para protegerlo de algún golpe, pero el más afectado era A. Sufrió una crisis nerviosa en la escalera y tuvimos que bajar de ahí. El hacinamiento le había recordado su celda en la cárcel: "Durante un año no pude extender el brazo sin tocar a otra persona".

Aguardamos a que la multitud se fuera. Poco a poco, A. recuperó la respiración, pero sus ojos veían la ignominia del presidio. Salvar gente le había provocado una adicción al riesgo que compensó con animales de alto riesgo. Un tigre le tiró dos dientes y un cocodrilo le mordió el pie. Comerció con fieras para empresarios y políticos. Esos vínculos lo llevaron a trabajar por un tiempo en Gobernación. Entró en la ruleta de los favores y las influencias, en algún momento perdió un apoyo decisivo, su negocio de animales salvajes fue investigado y acabó en la cárcel.

Las manos que habían sacado gente de las piedras ahora temblaban ante el contacto con desconocidos. Fuimos los últimos en abandonar el Foro Sol.

Ahora A. vende perros y cada cierto tiempo le compro uno. Le pido un labrador y me da algo parecido que luego crece como un perro salchicha extrañamente peludo. Quienes contemplan nuestras locas transacciones creen que me estafa.

No saben que le pago a un héroe.

Réplicas

El 20 de septiembre, a las 7:39 de la noche, hubo un sismo de magnitud 5.6. Aunque fue mucho más leve que el anterior, su impacto psicológico resultó mayor. Acababa de regresar de mi jornada en la calle del Oro, donde había visto edificios que se quedaron a unos segundos de desplomarse. Esa sacudida era el empujón que faltaba para acabar con la ciudad. Salí a la intemperie y me arrodillé a rezar.

El historiador Antonio Rubial comenta que en el Virreinato la duración de los temblores se medía por credos. La réplica duró para mí dos padrenuestros.

El segundo temblor no causó más averías que el susto. El auténtico *aftershock* fue psicológico y no todas sus consecuencias resultaron negativas. Una pareja de amigos llevaba años tratando de concebir un hijo. Se habían hecho exámenes, todo estaba en orden, pero alguno de los misteriosos traumas que inciden en el organismo impedía el embarazo. En la noche de la réplica hicieron el amor. La sensación de peligro había sido tan grande, y la certeza de estar vivos tan honda, que olvidaron sus terrores íntimos y fueron al fin lo que deseaban ser desde el principio, dos cuerpos a la deriva que se unían. Nueve meses después nació una niña. Los amigos más cercanos propusimos que se llamara Réplica. Los padres se negaron a usar ese nombre absurdo, por más que argumentamos que en los días del terremoto lo verdadero era idéntico a lo absurdo.

Hubo otra clase de réplicas sociales. La ayuda que llegó tarde y en contra de la voluntad presidencial, desembocó en los oscuros callejones de la corrupción. En la antesala de un consultorio médico, una persona me ofreció cobijas canadienses destinadas a las víctimas.

Por suerte, otras reacciones involucraron la ética, aunque no siempre en forma tranquilizadora. El terremoto obligó a un forzoso examen de conciencia. Nadie se salva sin dar ni pedir explicaciones. Los sobrevivientes son especulativos: podías morir y no lo hiciste, ¿tiene sentido vivir como vives si el techo se puede venir abajo?, ¿vale la pena estar con esa persona, en ese trabajo, en esa ciudad? Ciertas réplicas llevaron los nombres de "divorcio", "crisis vocacional", "mudanza".

Hacia finales de septiembre, cené en casa del poeta y novelista Alejandro Sandoval. Él cumple años el 23 y yo el 24 de ese mes. El ambiente no podía ser festivo, pero de cualquier forma nos reunimos y hablé de lo que había visto como brigadista. Luego dije algo que Alejandro traería a mi memoria años después. Comenté que lo más grave del terremoto no era lo que ya habíamos vivido, sino los daños que nos seguirían alcanzando con el tiempo. Esas noticias aplazadas nos aguardaban como un veneno lento.

¿Cuánta gente había muerto sin que lo supiéramos de cierto? Salvarse había sido una chiripa. Bastaba pensar en los sitios aniquilados en los que muchos de nosotros habíamos pasado largas horas: el bar del Hotel del Prado, el cine Regis, la galería del INBA en la calle de Dinamarca, el café Súper Leche. En otro día y a otra hora habríamos muerto ahí. ¿Quiénes sí habían caído? Tarde o temprano alguien nos preguntaría: "¿Te acuerdas de Fulano...?" El drama difería sus efectos y sus réplicas.

Uno de mis mejores amigos de la preparatoria, también condiscípulo de A., fue Xavier Cara. Descubrimos al mismo tiempo la pasión por la literatura, asistimos al taller de Miguel Donoso Pareja en la Universidad, publicamos en la antología de cuentos *Zeppelin compartido* y memorizamos cuentos enteros de Cortázar con la mnemotecnia que sólo da la idolatría. Xavier me regaló *Rayuela*, con una dedicatoria tan larga como uno de los capítulos "prescindibles". Ahí describe mi constitución de joven flaco, los granos de mi cara, mis complejos de "intelectual burgués", el posible fracaso de nuestra vocación literaria y de nuestra militancia política y la "pseudoconcreción" en la que desembocaban todos nuestros actos. Éramos vírgenes, menores de edad, gente sin brújula. Dudábamos entre dedicarnos a escribir o ser médicos. Los tiempos eran distintos a los de Chéjov y nos parecía imposible hacer las dos cosas, sospechando que fallaríamos en ambas. Teníamos la vida por delante, lo cual significaba que aún no teníamos nada. Pero éramos amigos en esa edad en la que sólo importa la amistad. En su dedicatoria, Xavier describía una complicidad que juzgaba eterna, algo lógico porque en la juventud todo es eterno.

A la salida del Colegio Madrid, en el barrio de Mixcoac, caminábamos por Félix Cuevas hasta avenida Coyoacán. Ahí, Xavier tomaba un camión a la colonia Cárcel de Mujeres y yo el mío a la Del Carmen. En los grandes días, compartíamos en esa esquina una torta en Don Polo. Como nos faltaba vida, hablábamos de lo no sucedido: las mujeres, la vocación definitiva.

Xavier estudió Medicina y yo me dediqué a escribir. La vida nos separó con sus horarios, sus rigores, sus mudanzas. En 1992 publiqué la novela *El disparo de argón*, que se ubica en un hospital. De manera vicaria, había sido médico por escrito. Me pareció un buen motivo para buscar a mi amigo. Entonces supe que había muerto siete años antes, mientras hacía guardia en el Hospital General. Al luchar con los sucesivos borradores, había dialogado mentalmente con él, pensando en cómo juzgaría determinada escena, sin saber que hablaba con un muerto.

Me pareció absurdo no haberlo buscado antes, dar por sentado que nos encontraríamos. Esa tristeza fue relevada por la irritación.

Xavier Cara murió por la corrupción del gobierno mexicano. El edificio de Gineco Obstetricia, destinado a recibir la vida, había sido construido por acólitos de la muerte.

Alterado por la noticia, no hablé de otra cosa en muchos días. Me encontré a Alejandro Sandoval y me recordó que, siete años antes, había comentado que el terremoto no dejaría de suceder y nos seguiría tocando con los años.

Cuando me mudo de casa o de país, lo primero que empaco es mi ejemplar de *Rayuela*. La novela de Cortázar ha envejecido, pero la dedicatoria es mi principal fetiche, una caja negra con un último mensaje: "Un amigo es aquél que siente por uno", escribió con caligrafía de preparatoriano.

Estas palabras quieren darle la razón.

El lago implícito

Carlos Monsiváis decía que, en el ámbito cultural mexicano, una persona con menos de ocho trabajos califica como desempleada. La adaptación de *La guerra secreta en México* ocupaba parte de mi tiempo, pero trabajaba de manera más formal en la agencia Notimex, coordinando, bajo las temperamentales órdenes de Alejandro Rossi, el servicio sindicado de escritores. Después del terremoto, le pedimos un artículo al geofísico Cinna Lomnitz. De acuerdo con sus estudios, el sismo de 1985 resultó particularmente dañino porque las ondas de resonancia se desplazaron como lo hubieran hecho en la cuenca de un lago.

Construida sobre el agua, la Ciudad de México se hunde sobre un subsuelo pantanoso. Aun así, vivimos con la superstición de estar en tierra firme. Pero la geología tiene otra memoria y no olvida la cavidad lacustre. Nuestros días transcurren sobre un lago implícito.

El 19 de septiembre el lago no volvió a la superficie: volvió su espectro. Las ondas sísmicas crearon el flujo y reflujo de una marejada mientras las casas naufragaban.

La mayoría de las capitales del mundo crecen junto a un río, un lago, el mar, una orilla de agua. ¿Tiene sentido edificar hasta secarlo todo? "Debajo de los adoquines está la playa", decía una consigna del movimiento estudiantil francés de 1968. La frase buscaba volver al paraíso destruido por un progreso estéril, un gesto poético equivalente al de Vicente Huidobro al asignarse su epitafio: "Abrid la tumba / al fondo de esta tumba se ve el mar".

Inventar oasis es un gesto rebelde. La Ciudad de México creció animada por el principio opuesto. En nuestras calles, el grafiti de París es dolorosamente literal: el asfalto cubre un lago.

Hacia el final de *Nada, nadie. Las voces del temblor*, Elena Poniatowska recoge testimonios en un albergue. Uno de ellos es una metáfora de la edificación en el DF: "Ese niño que está en el rincón es muy difícil de convencer para que hable o coma. Perdió a su madre, a su abuelita y a sus cuatro hermanos. Se cree que vivía en la colonia Roma. Ayer empezó a jugar con unos cubitos de madera. Los arma formando una torre y después los tira". El miedo y la ausencia de sus familiares habían reducido al niño al silencio. Sólo sus manos temblorosas decían algo. Los cubos en el suelo explicaban su orfandad.

Durante años, fuimos parecidos a ese niño. Hablamos poco del terremoto y escribimos menos al respecto. Ignacio Padilla escribió un largo ensayo acerca de la ausencia de una literatura de la tragedia de 1985, comparándola con el clima de negación que se abatió en la Alemania de la posguerra y que W. G. Sebald describió en *Sobre la historia natural de la destrucción*. Las circunstancias son muy distintas. Conscientes de la ignominia que habían perpetrado, los alemanes no podía verse como víctimas de la aniquilación. Ni siquiera podían contemplar el paisaje en ruinas. Sebald comenta que a fines de los años cuarenta resultaba fácil reconocer a los extranjeros en los trenes porque eran los únicos que se atrevían a mirar por las ventanas. Los chilangos no padecimos una vergüenza equivalente; en todo caso, podíamos estar orgullosos de haber respondido cuando el gobierno no lo hizo.

El 31 de mayo de 1986 Miguel de la Madrid inauguró el Mundial de Futbol en el Estadio Azteca. Ese día surgió el "partido del temblor". La sociedad civil sometió al mandatario a un repentino plebiscito: congregados por una razón celebratoria, al oír la voz del presidente, ciento diez mil aficionados nos unimos en una sola mentada de madre.

No fue la vergüenza lo que impidió una extensa literatura del terremoto. Acaso fue el pudor. En 1985 concluí mi libro *Tiempo transcurrido*, que narra dieciocho años mexicanos a través de crónicas imaginarias. La tragedia podía darle otro remate, pero no quise modificar la última historia. En el prólogo, justifiqué así mi decisión: "Desconfío de los que en momentos de peligro tienen más opiniones que miedo".

Sí, tuvimos miedo, miedo de morir, miedo de que otros hubieran muerto, miedo de expresar el miedo. Ser débil exige valentía. Si el presidente quiso ocultar que era vulnerable, nosotros debíamos aprender a serlo.

Recurrimos a recursos caseros para detectar terremotos: colgamos un tenedor del techo junto a una cuchara; si los oíamos chocar, había que salir corriendo.

A veces, padecíamos sacudidas imaginarias. Colocamos un vaso de agua en el buró para medir nuestro nerviosismo. Al sentir un sobresalto, veíamos el vaso: si el agua estaba quieta, el problema no era la tierra; éramos nosotros.

¿Con qué autoridad explica la supervivencia alguien cuyo sistema de alarma son un tenedor y una cuchara colgados del techo? El terremoto desnudó tramas de corrupción y confirmó la inoperancia del gobierno. Muchas cosas podían ser criticadas. Más allá de eso, había algo más profundo: la sensación de estar inermes, la precariedad esencial de respirar a diario. Es difícil hablar de eso. De un modo cierto, animal, primario, nos supimos impotentes. El terremoto nos dio una lección elemental, tan antigua como el primer asentamiento humano: no somos dueños de la ciudad; si acaso, podemos lidiar con los desechos para que la ciudad exista. Es nuestra carta de ciudadanía: perteneces al sitio donde estás dispuesto a limpiar la mierda.

Como Francisco Segovia en su imaginario viaje a Marte, el 19 de septiembre de 1985 supimos que las piedras no eran nativas de esta tierra, pero nosotros sí lo éramos.

CEREMONIAS: LA RÉPLICA, UNA POSDATA DEL MIEDO

El 19 de septiembre de 2017 la Ciudad de México volvió a cimbrarse con un sismo. Treinta y dos años después del terremoto de 1985 cumplimos otra cita con la incertidumbre. De nuevo nos volcamos a las tareas de rescate, acopio de víveres, recaudación de fondos y de nuevo la sociedad civil fue más eficaz que las iniciativas oficiales. Esta vez el gobierno no fue omiso, como ocurrió en tiempos de Miguel de la Madrid, pero en modo alguno fue el líder de la resistencia. En sentido estricto, mostramos las virtudes del anarquismo, concepto que por distorsión ideológica se asocia con el caos cuando en realidad implica un orden sin autoridad.

A casi cuatro décadas de la anterior tragedia seguíamos en la ciudad. ¿Qué explica esta voluntad de permanencia? El terremoto de Lisboa llevó a Rousseau a reflexionar sobre los riesgos de formar parte de un entorno y asumir que los objetos que nos rodean son aun más importantes que nuestra propia vida:

> Sin salirnos del tema de Lisboa, reconoceréis, por ejemplo, que no era la naturaleza la que había juntado allí veinte mil casas de seis o siete pisos y que, si los habitantes de esa ciudad hubiesen estado más dispersos y más ligeramente alojados, los daños hubiesen sido menores o nulos. Todo el mundo hubiera huido y, al día si-

guiente, se les habría visto a veinte leguas de allí y tan contentos. ¡Pero hay que quedarse, empeñarse en buscar entre las ruinas, exponiéndose a nuevas sacudidas, porque lo que se deja allí vale más que lo que uno puede llevarse!

Rousseau critica la arriesgada y caprichosa manera de construir en las ciudades. No es la naturaleza la que encarama un piso sobre otro. El sismo de 2017 volvió a revelar que en México se edifica al margen de las normas (de manera trágica, así se construyen numerosas escuelas). La capital ha sido víctima de una sostenida especulación inmobiliaria. Cada gran predio que se libera se convierte en un inmenso centro comercial. Eso pasó con el Parque Delta, principal estadio de beisbol de la ciudad, y eso pasará con el Estadio Azul. Cuando el aeropuerto se traslade a Texcoco, veremos aparecer en las antiguas pistas de los aviones rutilantes logos de las franquicias transnacionales. A lo largo de dos kilómetros de avenida Universidad hay hasta seis inmensas catedrales del comercio, como si la urbe careciera de otro sentido que las ventas. Por otra parte, cada vez se construyen más edificios que rebasan los veinte pisos en un terreno reblandecido por el fango y sujeto a desplazamientos telúricos. La densificación hará aun más agobiante el tráfico. El principio rector de esta avasallante expansión es el beneficio económico que reciben los desarrolladores urbanos y el consecuente apoyo que brindan a quienes gobiernan la ciudad y aspiran a gobernar el país.

El terremoto ejerció una crítica demoledora a la insensatez con que se construye. Rousseau ha vuelto a tener razón: no es la naturaleza la que pone en riesgo a las mujeres y a los hombres, sino la forma en que se reúnen. Partidario de la vida solitaria, el autor del *Emilio* se alejó progresivamente de las tareas mundanas y deploró que la gente permaneciera en las ciudades, atada a sus pertenencias: "¡Cuántos desdichados habrán perecido en ese desastre por querer coger el uno sus trajes, el otro sus papeles, el otro su dinero!" La avaricia nubla la mirada.

Sin embargo, aunque Rousseau denuncia la insensatez de correr riesgos innecesarios, a contrapelo de sus intenciones demuestra que una persona vale lo mismo que su entorno. Salvar el pellejo es importante, pero resulta empobrecedor hacerlo a costa de perder no sólo las propiedades, sino algo más profundo: los recuerdos, las historias, el coro colectivo que nos constituye. La voluntad de permanencia puede deberse a la codicia de no perder lo propio, pero también, y esto es lo significativo, a un peculiar altruismo: la aceptación de que la ciudad no nos pertenece; nosotros le pertenecemos.

El 19 de septiembre cayó en martes. Dos días después yo debía entregar mi columna semanal para el periódico *Reforma*. El único tema que tenía en mente era el terremoto. El editor Ricardo Cayuela Gally y su familia se habían trasladado a mi casa después de perder su departamento en la colonia Condesa. Improvisábamos la cotidianidad como podíamos. Mi hija Inés insistió, con absoluta justicia, en ayudar a la gente más necesitada. Localizó un sitio de apoyo para Jojutla, Morelos, al que llevamos víveres y medicinas, y mediante el pintor Francisco Toledo y Almadía Ediciones canalizamos recursos para los damnificados de Oaxaca.

En este contexto, tuve que entregar mi artículo. No me sentía capaz de hacer un análisis de lo ocurrido y me parecía intrascendente contar mi experiencia personal, menos significativa que la de otras personas. Al mismo tiempo, recordé otra frase que cristalizó en los días posteriores al terremoto que padecí en Chile en 2010 y que dio lugar a mi libro *8.8: El miedo en el espejo*: "Nadie sobrevive en silencio". Después de una tragedia, el lenguaje es como el revuelto alfabeto de la máquina de escribir: llega en desorden, pero poco a poco se articula para otorgarle sentido a lo que no lo tiene. Hablamos para entender aquello que desafía el entendimiento. Con más superstición que certidumbre, pensamos que, si algo puede ser dicho, también puede ser superado. Las palabras sanan.

José Woldenberg, que publica un día antes que yo en *Reforma*, confesó que sólo podía pensar en la tragedia, pero no tenía nada que aportar en ese momento. Para no evadir su compromiso como colaborador semanal, citó pasajes del libro *Temblores*, de Mario Huacuja.

Pensé en describir el principal acto en los trabajos de rescate. Un brigadista alzaba un puño y los demás guardaban silencio para escuchar si alguien vivía. Ese gesto solidario debería determinar nuestra vida en común: abrir un espacio para oír al otro, la víctima, el más necesitado.

Sin embargo, en vez de hacer una narración de esa escena, preferí registrarla al modo de una letanía, frases sueltas que reiteraran un mismo tema. No pensé en escribir un poema, aunque muchos lo leyeron de ese modo. Si tuviera que escoger un género para el texto, no optaría por uno literario, sino sismológico: se trata de una "réplica". Partí de una frase que había escrito al recordar el terremoto de 1985 treinta años después de la tragedia y que aparece en la página 385 de este libro: "perteneces al sitio donde estás dispuesto a limpiar la mierda". En un estado más o menos sonambúlico, escribí una columna heterodoxa que los compañeros de *Reforma* me ayudaron a acomodar en la página, solicitando las palabras necesarias para llenar el espacio.

Fue un texto de circunstancia, como cualquier otro. El poeta Pedro Serrano, que escribió un hermoso ensayo sobre "El puño en alto", me recordó que, a fin de cuentas, toda escritura obedece a la peculiar contingencia que la provoca.

Nadie puede calcular la repercusión o el olvido en que caerán sus palabras. "El puño en alto" dejó de pertenecerme en el momento mismo de su publicación. Quienes lo hicieron suyo demostraron que todo lenguaje es colectivo, que no hay literaturas individuales y que el sentido último de un texto no depende de quien lo escribe, sino de quien lo lee.

Me costaba trabajo terminar este libro. La Ciudad de México es una enciclopedia inagotable. Aunque me propuse renunciar a la voluntad totalizadora, una y otra vez cedí a la tentación de pensar que debía agregarle más detalles a mi retrato del monstruo. Pero vivir en este valle rodeado de volcanes significa constatar que hay límites externos. No sabía cómo ponerle punto final a mi trabajo, pero la tierra sí lo supo.

Mi despedida es esta letanía:

El puño en alto

Eres del lugar donde recoges la basura.
    Donde dos rayos caen en el mismo sitio.
    Porque viste el primero, esperas el segundo.
    Y aquí sigues.
    Donde la tierra se abre y la gente se junta.

Otra vez llegaste tarde:
    estás vivo por impuntual, por no asistir a la cita que
        a las 13:14 te había dado la muerte,
    treinta y dos años después de la otra cita, a la que
        tampoco llegaste a tiempo.
    Eres la víctima omitida.
    El edificio se cimbró y no viste pasar la vida ante tus
        ojos, como sucede en las películas.
    Te dolió una parte del cuerpo que no sabías que existía:
    La piel de la memoria, que no traía escenas de tu
        vida, sino del animal que oye crujir a la materia.
    También el agua recordó lo que fue cuando era dueña
        de este sitio.
    Tembló en los ríos.
    Tembló en las casas que inventamos en los ríos.
    Recogiste los libros de otro tiempo, el que fuiste hace
        mucho ante esas páginas.

Llovió sobre mojado
    después de las fiestas de la patria,
    más cercanas al jolgorio que a la grandeza.
    ¿Queda cupo para los héroes en septiembre?
    Tienes miedo.

Tienes el valor de tener miedo.
No sabes qué hacer, pero haces algo.
No fundaste la ciudad ni la defendiste de invasores.

Eres, si acaso, un pordiosero de la historia.
El que recoge desperdicios después de la tragedia.
El que acomoda ladrillos,
junta piedras,
encuentra un peine,
dos zapatos que no hacen juego,
una cartera con fotografías.
El que ordena partes sueltas,
trozos de trozos,
restos, sólo restos.
Lo que cabe en las manos.

Eres el que no tiene guantes.
El que reparte agua.
El que regala sus medicinas porque ya se curó de
    espanto.
El que vio la luna y soñó cosas raras, pero no supo
    interpretarlas.
El que oyó maullar a su gato media hora antes y sólo
    lo entendió con la primera sacudida, cuando el
    agua salía del excusado.
El que rezó en una lengua extraña porque olvidó
    cómo se reza.
El que recordó quién estaba en qué lugar.
El que fue por sus hijos a la escuela.
El que pensó en los que tenían hijos en la escuela.
El que se quedó sin pila.
El que salió a la calle a ofrecer su celular.
El que entró a robar a un comercio abandonado

y se arrepintió en un centro de acopio.
El que supo que salía sobrando.
El que estuvo despierto para que los demás
    durmieran.

El que es de aquí.
El que acaba de llegar y ya es de aquí.
El que dice "ciudad" por decir tú y yo
y Pedro y Marta y Francisco y Guadalupe.
El que lleva dos días sin luz ni agua.
El que todavía respira.
El que levantó un puño para pedir silencio.
Los que le hicieron caso.
Los que levantaron el puño.
Los que levantaron el puño para escuchar si alguien
    vivía.
Los que levantaron el puño para escuchar si alguien
    vivía y oyeron un murmullo.
Los que no dejan de escuchar.